计量经济学资源环境案例解析

JILIANG JINGJIXUE ZIYUAN HUANJING ANLI JIEXI

程胜　曹妍　编著

图书在版编目(CIP)数据

计量经济学资源环境案例解析/程胜,曹妍编著. —武汉:中国地质大学出版社,2022.7

ISBN 978-7-5625-5265-9

Ⅰ.①计… Ⅱ.①程… ②曹… Ⅲ.①计量经济学-资源经济学-环境经济学-案例 Ⅳ.①F224.0 ②X193

中国版本图书馆 CIP 数据核字(2022)第 077240 号

计量经济学资源环境案例解析		程胜 曹妍 编著
责任编辑:韩 骑	选题策划:张晓红 韩 骑	责任校对:徐蕾蕾
出版发行:中国地质大学出版社(武汉市洪山区鲁磨路388号)		邮编:430074
电 话:(027)67883511	传 真:(027)67883580	E-mail:cbb@cug.edu.cn
经 销:全国新华书店		http://cugp.cug.edu.cn
开本:787 毫米×1092 毫米 1/16		字数:286 千字 印张:11.75
版次:2022 年 7 月第 1 版		印次:2022 年 7 月第 1 次印刷
印刷:武汉邮科印务有限公司		
ISBN 978-7-5625-5265-9		定价:58.00 元

如有印装质量问题请与印刷厂联系调换

前　言

从经济学形成与发展来看,经济学这栋大厦是建立在"稀缺"这个基本事实上。这种稀缺不仅包括矿产、森林和能源等有形资产的匮乏,还包括空气、注意力和时空等无形资产的不足。同时,经济物品的稀缺性会根据情况而改变,如自然资源等。在人类发展的很长一段时间里,人类认为自然资源是无限的,它取之不尽用之不竭,自然界的承受能力是无限的。也正如此,自第一次工业革命以来,人类充分享受着"征服者"的乐趣,推动了社会财富的快速积累。然而,人类在肆意掠夺自然资源的过程中付出了惨重的环境代价,越来越多的证据也表明自然资源枯竭、环境恶化使得我们传统的经济发展模式和政策无法为可持续发展奠定基础。自然资源稀缺性的研究可以追溯到马尔萨斯,《增长的极限》一书则是延续了马尔萨斯的理论体系,从人口、资金、粮食、不可再生资源、环境污染等方面出发建立全球模型,认为全球增长存在极限。与此相对,部分学者认为技术创新具有无限性,目前人类经济活动所面临的资源困境都是暂时的,且都可以通过技术进步解决。可见,两派之争的源头在于自然资源稀缺性,关注焦点从经济增长的自然极限,转变为资源稀缺的有效利用,再到可持续发展。

从经济学研究目的来看,经济学研究是透过大量复杂的经济现象,识别经济变量之间的因果关系,揭示经济系统的运行规律。但由于经济观测数据具有非实验性,人们往往无法像自然科学一样通过可控实验识别经济变量之间的因果关系。因此,计量经济学在经济研究中具有十分重要的基础作用。正如引入数学的运用是这门学科成熟的标志一样,运用以数据为基础的计量经济学分析方法是经济学精确化的重要标志。

基于此,本教材结合资源环境的演变逻辑,将各个重大时期的资源环境经济约束转化为可计算的科学问题,有机地融入到计量经济学的学习中。本教材通过经典案例剖析,解构资源环境问题的经济学蕴意,并利用计量经济学技术手段进行问题求解。通过对计量经济学基本思想、概念和模型的学习,结合资源环境经济的典型案例,学生能掌握计量经济分析的基本原理,并进一步提升学习计量经济学资源环境专题的能力。书中避免使用过多数学语言和推导,减轻对读者数学基础的要求,同时考虑到计量经济分析广泛应用计量软件的实际情况,在计量经济建模、参数估计和预测分析等方面加强了计量软件的应用,淡化了对计算方法、技巧的介绍和要求。总之,本教材深入浅出,结构紧凑,适合作为计量经济学课程的基础教材。

教材编写过程中得到了博士生江奇胜和硕士生李欣然、苏中瑞、黄喆宁、韩凌宇、张宗佑、蔡晓慧、李昭燕、邓明婕、吴秋阳和朱江捷的帮助,感谢他们在资料收集和校对过程中投入的大量时间和精力,他们的辛勤付出为本教材的顺利出版奠定了坚实的基础。

一本好的教材,重在特色,贵在质量,为此,教材编写历经 3 年,反复磨砺,但鉴于编著者水平有限,书中难免存在不妥和错误之处,恳请读者批评指正。

编著者
2022 年 6 月

目 录

第1章 简单线性回归模型 …………………………………………………… (1)
1.1 变量、参数、数据与模型 ……………………………………………… (1)
1.2 线性回归模型的经典假定 ……………………………………………… (5)
1.3 简单线性回归模型参数的估计 ………………………………………… (6)
1.4 拟合优度的度量 ………………………………………………………… (9)
1.5 回归系数的假设检验和区间估计 ……………………………………… (10)
1.6 资源环境案例分析 ……………………………………………………… (12)
习题 …………………………………………………………………………… (17)

第2章 多元线性回归 ……………………………………………………… (21)
2.1 多元线性回归模型的经典假定 ………………………………………… (21)
2.2 多元线性回归模型的估计及检验 ……………………………………… (26)
2.3 资源环境案例分析 ……………………………………………………… (33)
习题 …………………………………………………………………………… (38)

第3章 多重共线性 ………………………………………………………… (44)
3.1 多重共线性介绍 ………………………………………………………… (44)
3.2 多重共线性的检验 ……………………………………………………… (47)
3.3 多重共线性的处理 ……………………………………………………… (51)
3.4 实例分析 ………………………………………………………………… (59)
习题 …………………………………………………………………………… (66)

第4章 异方差 ……………………………………………………………… (70)
4.1 异方差的来源与后果 …………………………………………………… (70)
4.2 异方差的检验 …………………………………………………………… (71)
4.3 异方差的处理 …………………………………………………………… (85)
习题 …………………………………………………………………………… (89)

第5章 自相关 ……………………………………………………………… (92)
5.1 自相关产生的原因 ……………………………………………………… (92)
5.2 自相关的检验 …………………………………………………………… (93)
5.3 自相关的处理 …………………………………………………………… (100)
习题 …………………………………………………………………………… (108)

第6章 分布滞后模型与自回归模型 ……………………………………… (113)
6.1 滞后模型 ………………………………………………………………… (113)
6.2 分布滞后模型 …………………………………………………………… (114)
6.3 自回归模型 ……………………………………………………………… (121)

  6.4 自回归模型的估计 ·· (128)
  6.5 本章小结 ·· (131)
  习题 ·· (132)
第 7 章 虚拟变量回归 ·· (135)
  7.1 虚拟变量 ·· (135)
  7.2 虚拟解释变量回归 ·· (139)
  7.3 虚拟被解释变量回归 ·· (145)
  7.4 本章小结 ·· (149)
  习题 ·· (149)
第 8 章 时间序列模型 ·· (154)
  8.1 伪回归与平稳性检验 ·· (154)
  8.2 协整 ·· (162)
  8.3 格兰杰因果关系检验 ·· (166)
  8.4 ARIMA 模型 ·· (168)
  8.5 GARCH 模型 ·· (173)
  习题 ·· (178)
参考文献 ·· (181)

第1章 简单线性回归模型

运用计量经济学研究经济问题,一般可以遵循以下四个步骤:建立模型,设定变量和数学关系式;估计参数,分析变量间的具体关系;检验模型,检验结论的可靠性及科学性;应用模型,将建立的模型应用到经济问题中。

本章以经典的单方程计量经济模型为对象,介绍计量经济模型在经济问题中的应用过程。单方程计量经济模型是相对于联立方程计量经济模型而言的,它以单一经济现象为研究对象,只包含一个方程式,是最简单的计量经济模型。经典单方程计量经济学的理论与方法,是联立方程计量经济模型的基础,也是计量经济学内容体系中的重要部分。本章从简单线性回归模型入手,介绍计量经济模型的设定及估计问题,为后面各章的学习打下基础。

1.1 变量、参数、数据与模型

1.1.1 理论模型的设立

在设定理论模型前,要深入分析所研究的经济问题,根据研究目的选择适当的变量来表征模型中所包含的因素,并根据经济行为理论和样本数据显示出的变量间的关系设定相应的数学式。例如对供给不足情况下的生产函数,我们可以用"产出量是由资本、劳动、技术等投入要素决定的,在一般情况下,随着各种投入要素的增加,产出量也随之增加,但要素决定的边际产出是递减的"来进行语言描述,也可以用经济数学模型来描述。经济数学模型所采用的数学方法不同,对经济活动的揭示程度也不同。在这里,我们着重区分数理经济模型和计量经济模型。

数理经济模型揭示经济活动中各个因素之间的理论关系,用确定性的数理方程加以描述,例如,上述用语言描述的生产活动,可以用生产函数描述为如下形式:

$$Q = f(T, K, L) \tag{1-1}$$

式中,Q 表示产出量;T 表示技术;K 表示资本;L 表示劳动。或者更具体地用某一种生产函数描述为:

$$Q = A(t) K^\alpha L^\beta \tag{1-2}$$

式中,$A(t)$ 为综合技术水平;α 为资本在总产量中所占的份额,$0 < \alpha < 1$;β 为劳动所得在总产量中所占的份额,$0 < \beta < 1$。

式(1-1)与式(1-2)描述了技术、资本、劳动与产出量之间的理论关系,认为这种关系是准确实现的。利用数理经济模型,可以分析经济活动中各种因素之间的相互影响,为控制经济活动提供理论指导,但无法揭示因素之间的定量关系。

计量经济模型用随机性的数学方程描述经济活动,揭示了各个因素之间的定量关系。例如,上述生产活动中各因素之间的关系,可以用随机数学方程描述为:

$$Q = A(t) K^{\alpha} L^{\beta} \mu \tag{1-3}$$

式中,μ 为随机干扰项,$\mu \leqslant 1$。这就是计量经济学的一个理论模型。

理论模型的设计主要包含三部分工作:变量选择,确定变量之间的数学关系,拟定模型中待估计参数的数值范围。

1.1.2 计量经济模型中的变量

计量经济模型中的变量可以分为若干类型。从描述的经济活动的形态来看,经济变量可以分为流量和存量。某些变量具有时间维度,是一定时期测度的总量,它们是一定时期内累计发生的数量,如国内生产总值、投资量、消费量等,这类变量反映的是经济活动的"流量"。另一些变量不具有时间维度,是在一定时点上测度的总量,它们表明某一时点所存在状态的总量,如金融资产、金融负债等,这类变量反映的是经济活动的"存量"。

从因果关系上看,变量可以分为两类。作为研究对象的变量,也就是因果关系中的"果",如生产函数中的产出量 Q,是模型中的被解释变量(explained variable),被解释变量是模型要分析研究的对象,也常被称为因变量(dependent variable)、回归子(regressand)等;而作为"原因"的变量,如生产函数中的技术 T、资本 K、劳动 L,是模型中的解释变量(explanatory variable),解释变量是说明被解释变量变动主要原因的变量,也常被称为自变量(independence variable)、回归元(regressor)等。表述被解释变量和解释变量的术语比较多,为了表述上尽量一致,避免混淆,本书中统一使用解释变量表示被解释变量变动原因的变量,使用被解释变量或因变量表示分析研究的对象,即作为变动结果的变量。

根据变量的性质,又可把变量分为内生变量和外生变量。内生变量是其数值由模型所决定的变量,是模型求解的结果,如生产函数中的产出量 Q。外生变量是其数值由模型以外的因素决定的变量,如生产函数中的技术 T、资本 K、劳动 L。在计量经济模型中,外生变量的变化能够影响内生变量的变化,而内生变量却不能反过来影响外生变量。在内生变量中,有一些是过去时期的内生变量或称滞后的内生变量,如在研究消费—收入模型时可能涉及上一期的收入或上一期的消费支出,又如在研究某地区居民收入对消费的影响时可能涉及全国居民的收入,这种过去时期的、滞后的或更大范围的内生变量,不受本模型研究范围的内生变量的影响,但能够影响我们所研究的本期的内生变量,这种内生变量称为前定内生变量。在模型中,前定内生变量的作用等同于外生变量,并与外生变量一起被称为前定变量。在单一方程模型中,前定变量一般作为解释变量,内生变量一般作为被解释变量;而在联立方程模型中,内生变量既可作为被解释变量,又可以作为解释变量。

确定了被解释变量之后如何选择解释变量是计量经济模型建立的关键。

首先,需要正确理解和把握所研究的经济现象中暗含的经济学理论和经济行为规律,这是正确选择解释变量的基础。例如,在上述生产问题中,已经明确指出属于供给不足的情况,那么,影响产出量的因素就应该在投入要素方面,而在当前,一般的投入要素主要是技术、资本与劳动。如果属于需求不足的情况,那么影响产出量的因素就应该在需求方面,而不在投入要素方面。这时,如果研究的对象是消费品生产,应该选择居民收入等变量作为解释变量;如果研究的对象是生产资料生产,应该选择固定资产投资总额等变量作为解释变量。由此可见,同样是建立生产模型,所处的经济环境不同、研究的行业不同,解释变量的选择是不同的。

其次,选择解释变量要考虑数据的可得性,这就要求对经济统计学有透彻的了解。计量经济模型是在样本数据,即变量的样本观测值的支持下,采用一定的数学方法估计参数,以揭示变量之间的定量关系。所以选择的变量必须是统计指标体系中存在的、有可靠数据来源的。如果必须引入个别对被解释变量有重要影响的政策变量、条件变量,则采用虚拟变量的样本观测值的选取方法。

最后,选择解释变量时要考虑所有入选变量之间的关系,使得每一个解释变量都是独立的,这是计量经济模型所要求的。当然,在开始时要做到这一点是困难的,如果在所有入选的变量中出现相关的变量,可以在建模过程中检验并予以剔除。

从这里可以看出,建立模型的第一步就已经体现了计量经济学是经济理论、经济统计学和数学三者结合的学科。

1.1.3　计量经济模型参数的估计

模型参数的估计方法是计量经济学的核心内容。在建立了理论模型并收集整理了符合模型要求的样本数据后,就可以选择适当的方法估计模型,得到模型参数的估计量。估计模型中参数的方法有很多种。例如,对于单一方程模型,最常用的是普通最小二乘法、极大似然估计法等。对于联立方程模型,常用二段最小二乘法和三段最小二乘法去估计参数。这些估计方法都建立在一定的基础上,当估计条件不完全满足时,还需要一些特殊的估计方法。由于抽样波动的存在,加之前提条件、估计方法及所确定的估计量不一定那么完备,所得到的参数估计值与总体参数的真实值并不一致,这就要求所得到的参数估计值应符合"尽可能地接近总体参数真实值"的准则。如何在各种条件下寻求模型参数合理的估计方法,是计量经济学的主要内容。不过,理论计量经济学并不侧重于直接研究参数估计值本身,而是着重论述所导出的参数估计量是否符合"尽可能地接近总体参数真实值"这样的准则。通常选择参数估计量时应考察其无偏性、有效性等统计性质,或者考察大样本时的统计性质。在后面的章节将用大量的篇幅讨论估计问题,在此不再赘述。

1.1.4　计量经济学中应用的数据

样本数据的收集与整理,是建立计量经济模型过程中对模型质量影响极大的一项工作。从工作程序上讲,它是在理论模型建立之后进行,但实际上经常是同步进行的,因为能否收集到合适的样本观测值是决定是否舍去解释变量的主要因素之一。

可用于估计参数的数据主要有以下几类。

1. 时间序列数据(time series data)

时间序列数据是一批按照时间先后排列的统计数据,一般由统计部门提供,在建立计量经济模型时应充分加以利用,以减少收集数据的工作量。例如,逐年的国内生产总值和消费支出、逐月的物价指数,等等。利用时间序列数据时要注意以下几个问题:一是所选择的样本区间内经济行为一致性问题;二是样本数据在不同样本点之间的可比性问题;三是样本观测值过于集中的问题;四是模型随机干扰项的序列相关问题。

2. 截面数据(cross-section data)

同一时间(时期或时点)某个指标在不同空间的观测数据,称为截面数据。"不同空间"可以指不同的地理区域,也可以指不同的行业、部门或个人。例如,工业普查数据、人口普查数据、家庭调查数据等。用截面数据作为计量经济模型的样本数据,应注意以下几个问题:一是样本与母体的一致性问题;二是模型随机干扰项的异方差问题。

3. 面板数据(panel data)

面板数据是指时间序列数据和截面数据相结合的数据。面板数据可以用于分析各样本在时间序列上组成的数据特征,还可以综合利用样本信息,通过模型中的参数分析个体之间的差异情况以及描述个体的动态变化特征。

4. 虚拟变量数据(dummy variables data)

时间序列数据和截面数据都是反映定量事实的数据,这是计量经济分析中用的最多、最基本的数据。但是还有一些定性的事实,不能直接用一般的数据去计量,如政府政策的变动、自然灾害、政治因素、战争与和平状态,等等。在计量经济研究中常发现,某些客观存在的定性现象确实对所研究的经济变量有明显的影响,需要把它们引入计量经济模型中,这时常用人为构造的虚拟变量去表示这类客观存在的定性现象的"非此即彼"的状态。虚拟变量数据也称为二进制数据,一般取 0 或 1,通常以 1 表示某种状态发生,以 0 表示该种状态不发生。这样的虚拟变量虽然是人为构造的,但反映了客观存在的定性现象,也可以视为一种数据用作模型参数的估计和检验。

1.1.5 计量经济模型的建立

在计量经济研究中,模型是对实际经济现象或过程的一种数学模拟,再完美的模型也不可能将所有的因素都纳入其中,模型只不过是对复杂经济现象的一种简化与抽象。因此模型只能在一定的假设前提下,忽略众多次要因素,突出若干所关注的主要经济变量,把有关经济变量的相互依存关系表现为方程式。模型的建立主要靠对现实经济问题的深入研究,既要遵循科学的理论原则,也要运用适当的方法,通常可以利用某些经济变量的相互关系来建立计量经济模型。

1. 行为关系

行为关系是指描述决策者经济行为的某些变量与其他变量的关系。例如,居民消费行为与其收入、物价水平等的关系。利用行为关系建立的模型称为行为方程式。

2. 技术(工艺)关系

技术(工艺)关系反映由科学技术水平决定的经济变量间的数量关系,如说明投入的生产要素与产出的生产成果的技术关系,式(1-2)即为著名的科布-道格拉斯生产函数。根据生产技术关系建立的模型称为技术方程式。

又如投入产出模型中的生产量 x_j 与消耗量 x_{ij} 间的关系为:

$$x_{ij} = a_{ij}x_j \tag{1-4}$$

3. 制度关系

制度关系是指经济现象之间由政府政策和制度所决定的关系。例如,销售税的数量取决于销售额和税率,其中,税率是由政府规定的。这样建立的模型称为制度方程式。

4. 定义关系

定义关系是指根据定义而表达的恒等式。这类关系是由经济理论或客观存在的经济关系所决定的恒等关系,例如,国内生产总值＝消费＋投资＋净出口。

国民经济中许多平衡关系都可以用来建立恒等关系,这样的模型称为定义方程式,在联立方程组模型中经常利用定义方程式。但是,定义方程式的恒等关系中没有随机误差项和需要估计的参数,一般不宜用于建立单一方程模型。

以上几种方程式中,最重要、最常用的是行为方程式和技术方程式,这两种方程式中都有未知参数需要估计,而且每种方程式说明了经济结构的某一方面,所以这两种方程式也称为结构方程式。

1.2 线性回归模型的经典假定

对简单线性回归模型的基本假定有两个方面:一是对变量和模型的假定;二是对随机扰动项 ε_i 统计分布的假定。

在简单线性回归模型中对变量和模型的假定,首先是假设解释变量 x_i 是确定性变量,是非随机的,这是因为在重复抽样中,x_i 取一组固定的值,或者 x_i 取一组随机值,但与随机扰动项 ε_i 不相关。其次是假定模型中的变量没有测量误差。此外,还要假设模型对变量和函数形式的设定是正确的,即不存在设定误差。

为了使模型的估计具有良好的统计性质,计量经济研究中对无法直接观测的随机扰动项 ε_i 的分布,做出如下几个基本假定。

假定1:零均值假定,即随机扰动项 ε_i 的条件期望或条件均值为零。

$$E(\varepsilon_i) = 0 \tag{1-5}$$

假定2:同方差假定,即随机扰动项 ε_i 的条件方差都等于某一个常数 σ^2。

$$\operatorname{Var}(\varepsilon_i) = E\left[\varepsilon_i - E(\varepsilon_i)\right]^2 = E(\varepsilon_i^2) = \sigma^2 \tag{1-6}$$

假定3:无自相关假定,随机扰动项 ε_i 的逐次值互不相关,或者说对于所有的 i 和 $j(i \neq j)$,ε_i 和 ε_j 的协方差为零。

$$\operatorname{Cov}(\varepsilon_i, \varepsilon_j) = E[\varepsilon_i - E(\varepsilon_i)][\varepsilon_j - E(\varepsilon_j)] = E(\varepsilon_i, \varepsilon_j) = 0 \tag{1-7}$$

假定4:随机扰动项 ε_i 与解释变量 x_i 不相关。

$$\operatorname{Cov}(\varepsilon_i, x_i) = E[\varepsilon_i - E(\varepsilon_i)][x_i - E(x_i)] = 0 \tag{1-8}$$

这一假定表明模型中的 x_i 和 ε_i 是各自独立影响 y_i 的,这样才能分清楚解释变量 x_i、随机扰动项 ε_i 对 y_i 的影响各为多少。

假定 5:正态性假定,即假定随机扰动项 ε_i 服从期望为零、方差为 σ^2 的正态分布。

$$\varepsilon_i \sim N(0, \sigma^2) \tag{1-9}$$

以上这些对随机扰动项 ε_i 分布的假定是德国数学家高斯最早提出的,也称为高斯假定或古典假定。满足以上古典假定的线性回归模型,也称为古典线性回归模型(classical linear regression model,CLRM)。

顺便指出,由于 $y_i = \beta_1 + \beta_2 x_i + \varepsilon_i$,$y_i$ 的分布性质取决于 ε_i,为此,对 ε_i 的零均值、同方差、无自相关及正态性假定也可以用对 y_i 的假定来表示。

由假定 1 式(1-5)有

$$E(y_i) = \beta_1 + \beta_2 x_i \tag{1-10}$$

由假定 2 式(1-6)有

$$\text{Var}(y_i) = \sigma^2 \tag{1-11}$$

由假定 3 式(1-7)有

$$\text{Cov}(y_i, y_j) = 0 \quad (i \neq j) \tag{1-12}$$

由假定 5 式(1-9)有

$$y_i \sim N(\beta_1 + \beta_2 x_i, \sigma^2) \tag{1-13}$$

容易证明,以上对 y_i 分布性质的假定与对随机扰动项 ε_i 分布的古典假定是等价的。

1.3 简单线性回归模型参数的估计

单方程计量经济模型分为线性模型和非线性模型两大类:在线性模型中,变量之间的关系呈线性关系;在非线性模型中,变量之间的关系呈非线性关系。线性回归模型是线性模型中的一种,它的数学基础是回归分析,即用回归分析方法建立线性模型,用以揭示经济现象中的因果关系。

一元线性回归模型是最简单的计量经济模型,在模型中只有一个解释变量,其一般形式为:

$$y_i = \beta_0 + \beta_1 x_i + \varepsilon_i, \quad i = 1, 2, \cdots, n \tag{1-14}$$

式中,y_i 为被解释变量;x_i 为解释变量;β_0 与 β_1 为带估参数;ε_i 为随机干扰项。

1.3.1 参数的普通最小二乘估计

计量经济学研究的直接目的是确定总体回归函数 $y_i = \beta_0 + \beta_1 x_i + \varepsilon_i$,然而能够得到的只是来自总体的若干样本的观测值,所以要用样本回归函数尽可能准确地估计总体回归函数。估计方法有很多种,例如:用产生该样本概率最大的原则去确定样本回归函数,称为极大似然准则;用使估计的剩余平方和最小的原则确定样本回归函数,称为最小二乘准则。本章仅介绍使用最广泛的普通最小二乘法(ordinary least squares,OLS)。

已知一组样本观测值 $(x_i, y_i)(i = 1, 2, \cdots, n)$,要求样本回归函数尽可能好地拟合这组值,即样本回归线上的点 $\hat{y}_i$ 与真实观测点 y_i 的"总体误差"尽可能地小,或者说被解释变量的估计值与观测值在总体上最为接近。最小二乘法给出的判断标准是:二者之差的平方和最小,即在给定样本观测值之下,选择出 $\hat{\beta}_0$、$\hat{\beta}_1$,使得 y_i 与 $\hat{y}_i$ 之差的平方和 Q 最小。

$$Q = \sum_{i=1}^{n}(y_i - \hat{y}_i)^2 = \sum_{i=1}^{n}[y_i - (\hat{\beta}_0 + \hat{\beta}_1 x_i)]^2 \qquad (1\text{-}15)$$

样本回归线上的点 $\hat{y}_i$ 与真实观测点 y_i 之差有正有负,其简单代数和会相互抵消而趋于零。为了在数学上便于处理,可采用平方和反映二者在总体上的接近程度,这就是最小二乘原理。根据微积分学的运算,当 Q 对 $\hat{\beta}_0$、$\hat{\beta}_1$ 的一阶偏导数为 0 时,Q 达到最小,即:

$$\begin{cases} \dfrac{\partial Q}{\partial \hat{\beta}_0} = 0 \\ \dfrac{\partial Q}{\partial \hat{\beta}} = 0 \end{cases} \qquad (1\text{-}16)$$

可推得用于估计 $\hat{\beta}_0$、$\hat{\beta}_1$ 的下列方程组:

$$\begin{cases} \sum(y_i - \hat{\beta}_0 - \hat{\beta}_1 x_i) = 0 \\ \sum(y_i - \hat{\beta}_0 - \hat{\beta}_1 x_i)x_i = 0 \end{cases} \qquad (1\text{-}17)$$

或

$$\begin{cases} \sum y_i = n\hat{\beta}_0 + \hat{\beta}_1 \sum x_i \\ \sum y_i x_i = \hat{\beta}_0 \sum x_i + \hat{\beta}_1 \sum x_i^2 \end{cases} \qquad (1\text{-}18)$$

解得

$$\begin{cases} \hat{\beta}_0 = \dfrac{\sum x_i^2 \sum y_i - \sum x_i \sum y_i x_i}{n \sum x_i^2 - (\sum x_i)^2} \\ \hat{\beta}_1 = \dfrac{n \sum y_i x_i - \sum y_i \sum x_i}{n \sum x_i^2 - (\sum x_i)^2} \end{cases} \qquad (1\text{-}19)$$

方程组(1-19)的参数估计量可以写成:

$$\begin{cases} \hat{\beta}_1 = \dfrac{\sum(x_i - \bar{x})(y_i - \bar{y})}{\sum(x_i - \bar{x})^2} \\ \hat{\beta}_0 = \bar{y} - \hat{\beta}_1 \bar{x} \end{cases} \qquad (1\text{-}20)$$

方程组(1-20)称为 OLS 估计量的离差形式(deviation form)。在计量经济学中,往往以小写字母表示对均值的离差。由于 $\hat{\beta}_0$、$\hat{\beta}_1$ 的估计结果是从最小二乘原理得到的,故称为普通最小二乘估计量(ordinary least squares estimators)。

1.3.2 最小二乘估计量的性质

当估计出模型参数后,需要考虑参数估计值能否代表总体参数的真实值,即衡量参数估计值的精度。由于参数的估计值是随抽样而变化的随机变量,加之估计方法和假设前提不一定那么完备,这会使估计的参数与总体参数的真实值有差距,因此需要有一定的评价标准,这个标准应使参数估计值"尽可能接近"总体参数的真实值。选择参数的估计量时通常考虑以下标准。

1. 线性

线性,即估计量 $\hat{\beta}_0$、$\hat{\beta}_1$ 是 y_i 的线性组合,由式(1-20)可知:

$$\hat{\beta}_1 = \frac{\sum (x_i - \bar{x})(y_i - \bar{y})}{\sum (x_i - \bar{x})^2} = \frac{\sum (x_i - \bar{x}) y_i}{\sum (x_i - \bar{x})^2} - \frac{\bar{y} \sum (x_i - \bar{x})}{\sum (x_i - \bar{x})^2} = \sum k_i y_i \tag{1-21}$$

式中,$k_i = \dfrac{x_i}{\sum x_i^2}$。同样可得:

$$\hat{\beta}_0 = \bar{y} - \hat{\beta}_1 \bar{x} = \frac{1}{n} \sum y_i - \sum k_i y_i \bar{x} = \sum \left(\frac{1}{n} - \bar{x} k_i\right) y_i = \sum w_i y_i \tag{1-22}$$

式中,$w_i = \dfrac{1}{n} - \bar{x} k_i$。

2. 无偏性

无偏性,即估计量 $\hat{\beta}_0$、$\hat{\beta}_1$ 的均值(期望)等于总体回归参数真实值 β_0 和 β_1。由线性得:

$$\begin{aligned}\hat{\beta}_1 &= \sum k_i y_i = \sum k_i (\beta_0 + \beta_1 x_i + \varepsilon_i) \\ &= \beta_0 \sum k_i + \beta_1 \sum k_i x_i + \sum k_i \varepsilon_i\end{aligned} \tag{1-23}$$

易知

$$\sum k_i = \frac{\sum x_i}{\sum x_i^2} = 0, \sum k_i x_i = 1 \tag{1-24}$$

故

$$\begin{cases}\hat{\beta}_1 = \beta_1 + \sum k_i \varepsilon_i \\ E(\hat{\beta}_1) = E(\beta_1 + \sum k_i \varepsilon_i) = \beta_1 + \sum k_i E(\varepsilon_i) = \beta_1\end{cases} \tag{1-25}$$

同样地,容易得出:

$$E(\hat{\beta}_0) = E(\beta_0 + \sum w_i \varepsilon_i) = E(\beta_0) + \sum w_i E(\varepsilon_i) = \beta_0 \tag{1-26}$$

3. 有效性

有效性,即在所有线性无偏估计量中,最小二乘估计量 $\hat{\beta}_0$、$\hat{\beta}_1$ 具有最小方差。

首先,$\hat{\beta}_1$、$\hat{\beta}_0$ 是关于 y_i 的线性函数,可以求得它们的方差为:

$$\begin{aligned}\text{Var}(\hat{\beta}_1) &= \text{Var}\left(\sum k_i y_i\right) = \sum k_i^2 \text{Var}(\beta_0 + \beta_1 x_i + \varepsilon_i) \\ &= \sum k_i^2 \text{Var}(\varepsilon_i) = \sum \left[\frac{x_i - \bar{x}}{\sum (x_i - \bar{x})^2}\right]^2 \sigma^2 = \frac{\sigma^2}{\sum (x_i - \bar{x})^2}\end{aligned} \tag{1-27}$$

$$\mathrm{Var}(\hat{\beta}_0) = \mathrm{Var}(\sum w_i y_i) = \sum w_i^2 \mathrm{Var}(\beta_0 + \beta_1 x_i + \varepsilon_i)$$

$$= \sum \left(\frac{1}{n} - \bar{x} k_i\right)^2 \sigma^2 = \sum \left[\left(\frac{1}{n}\right)^2 - 2 \frac{1}{n} \bar{x} k_i + \bar{x}^2 k_i^2\right] \sigma^2$$

$$= \left\{\frac{1}{n} - \frac{2}{n} \bar{x} \sum k_i + \bar{x}^2 \sum \left[\frac{x_i - \bar{x}}{\sum (x_i - \bar{x})^2}\right]^2\right\} \sigma^2$$

$$= \left[\frac{1}{n} + \frac{\bar{x}^2}{\sum (x_i - \bar{x})^2}\right] \sigma^2 = \frac{\sum (x_i - \bar{x})^2 + n \bar{x}^2}{n \sum (x_i - \bar{x})^2} \sigma^2 = \frac{\sum x_i^2}{n \sum (x_i - \bar{x})^2} \quad (1\text{-}28)$$

其次,假设 $\hat{\beta}_1^*$ 是其他估计方法得到的关于 β_1 的线性无偏估计量:

$$\hat{\beta}_1^* = \sum c_i y_i \quad (1\text{-}29)$$

式中,$c_i = k_i + d_i$,d_i 为不全为零的常数,则容易证明:

$$\mathrm{Var}(\hat{\beta}_1^*) \geqslant \mathrm{Var}(\hat{\beta}_1) \quad (1\text{-}30)$$

同理,设 $\hat{\beta}_0^*$ 是其他估计方法得到的关于 β_0 的线性无偏估计量:

$$\mathrm{Var}(\hat{\beta}_0^*) \geqslant \mathrm{Var}(\hat{\beta}_0) \quad (1\text{-}31)$$

4. 一致性

在样本容量较小的时候,有时很难找到最佳无偏估计量,这时还需要考虑当样本容量充分大或趋于无穷大时估计量的渐进性质。

当样本容量趋于无穷大时,如果估计量 $\hat{\beta}_i$ 的抽样分布依概率收敛于总体参数的真实值 β_i:

$$P \lim_{n \to \infty} \hat{\beta}_i = \beta_i \quad (1\text{-}32)$$

或

$$\lim_{n \to \infty} P[(|\hat{\beta}_i - \beta_i|) < \theta] = 1 \quad (1\text{-}33)$$

也就是说,当样本容量 $n \to \infty$ 时,估计量 $\hat{\beta}_i$ 与总体参数真实值 β_i 的距离 $\hat{\beta}_i - \beta_i$ 的绝对值小于任意给定正数 θ 的概率等于 1,则称估计量 $\hat{\beta}_i$ 为一致估计量。

由以上分析可以看出,普通最小二乘估计量具有线性、无偏性、有效性和一致性等性质,是最佳线性无偏估计量,这就是著名的高斯-马尔科夫定理(Gauss-Markov theorem)。

1.4 拟合优度的度量

拟合优度检验是检验模型对样本观测值的拟合程度,检验方法是构造一个可以表征拟合程度的指标,在这里称为统计量,它是样本的函数。从检验对象中计算出该统计量的数值,然后与某一标准进行比较,得出检验结论。在计量经济学中,度量模型拟合优度的可决系数建立在对被解释变量总变量分解的基础上。

已知由一组样本观测值 $(x_i,y_i)(i=1,2,\cdots,n)$ 得到如下样本回归直线：

$$\hat{y}_i = \hat{\beta}_0 + \hat{\beta}_1 x_i \tag{1-34}$$

y 的第 i 个观测值与样本均值的离差 $y_i - \bar{y}$ 可分解为两部分之和：

$$y_i - \bar{y} = (y_i - \hat{y}_i) + (\hat{y}_i - \bar{y}) \tag{1-35}$$

式中，$\hat{y}_i - \bar{y}$ 为样本回归线理论值(回归拟合值)与观测值 y_i 的平均值之差，可以认为是由回归线解释的部分；$y_i - \hat{y}_i$ 为实际观测值与回归拟合值之差，是回归线不能解释的部分。显然，如果 y_i 落在样本回归线上，则 y 的第 i 个观测值与样本均值的离差全部来自样本回归拟合值与样本均值的离差，也就是完全可以由样本回归线解释，完全拟合。对于所有样本点，则需要考虑这些点与样本均值离差的平方和。由于：

$$\sum (y_i - \bar{y})^2 = \sum (y_i - \hat{y}_i)^2 + \sum (\hat{y}_i - \bar{y})^2 \tag{1-36}$$

记 $\sum (y_i - \bar{y})^2 = \text{TSS}$，称为总离差平方和(total sum of squares)，反映样本观测值总体离差的大小；记 $\sum (\hat{y}_i - \bar{y})^2 = \text{ESS}$，称为回归平方和(explained sum of squares)，反映由模型中解释变量所解释的那部分离差大小；记 $\sum (y_i - \hat{y}_i)^2 = \text{RSS}$，称为残差平方和(residual sum of squares)，反映样本观测值与估计值偏离的大小，也是模型中解释变量未解释的那部分离差的大小。

这样，式(1-36)也可以写为：

$$\text{TSS} = \text{ESS} + \text{RSS} \tag{1-37}$$

根据上述关系，定义：

$$R^2 = \frac{\text{ESS}}{\text{TSS}} = 1 - \frac{\text{RSS}}{\text{TSS}} \tag{1-38}$$

式中，R^2 为可决系数(coefficient of determination)，可用于检验模型的拟合优度。显然，如果样本回归线对样本观测值拟合程度越好，各样本观测点与回归线靠得越近，由样本回归做出解释的离差平方和在总离差平方和中所占的比重也将越大，残差平方和所占的比重越小。如果模型与样本观测值完全拟合，则有 $R^2 = 1$。当然这种情况很少发生，但毫无疑问的是，该统计量越接近1，模型的拟合优度越高。

实际计算可决系数时，在估计出 $\hat{\beta}_1$ 后，一个较为简单的计算式为：

$$R^2 = \hat{\beta}_1^2 \frac{\sum (x_i - \bar{x})^2}{\sum (y_i - \bar{y})^2} \tag{1-39}$$

这里用样本回归函数的离差形式来计算回归平方和：

$$\text{ESS} = \sum \hat{y}_i^2 = \sum (\hat{\beta}_1 x_i)^2 = \hat{\beta}_1^2 \sum x_i^2 \tag{1-40}$$

1.5 回归系数的假设检验和区间估计

1.5.1 回归系数的假设检验

简单线性回归模型的系数 β_0、β_1 和方差 σ^2 都不能直接观测或准确计算，只能通过样本观测值去估计,所得到的样本回归系数的估计量是随抽样而变动的随机变量,我们还需要进行统计推断去进一步检验这一结果。

参数的假设检验是要根据已知的样本观测值,判断它是否与对总体参数作的某一个假设相一致。假设检验的基本思想是概率性质的反证法,为了检验原假设H_0是否正确,先假定这个假设是正确的,如果得到一个不合理的结果,则表明"假设H_0为正确"是错误的,即原假设H_0不正确,要拒绝原假设H_0;反之,如果没有得到一个不合理的结果,则不能拒绝原假设H_0。

假设检验的基本流程:先根据实际问题提出一个论断,称为统计假设,记为H_0;然后根据样本有关的信息,对H_0的真伪进行判断,做出拒绝H_0或接受H_0的决策。用以进行变量显著性检验的方法主要有三种:F检验、t检验、z检验。它们的区别在于构造的统计量不同。应用最为普遍的是t检验,在此进行介绍。

对于一元线性回归方程中的$\hat{\beta}_1$,已知它服从正态分布:

$$\hat{\beta}_1 \sim N\left(\beta_1, \frac{\sigma^2}{\sum (x_i - \bar{x})^2}\right) \tag{1-41}$$

进一步根据数理统计学的定义,如果真实的σ^2未知,而用它的无偏估计量$\hat{\sigma}^2 = \dfrac{\sum e_i^2}{n-2}$替代时,可构造如下统计量:

$$t = \frac{\hat{\beta}_1 - \beta_1}{\sqrt{\dfrac{\hat{\sigma}^2}{\sum (x_i - \bar{x})^2}}} = \frac{\hat{\beta}_1 - \beta_1}{S_{\hat{\beta}_1}} \tag{1-42}$$

则该统计量服从自由度为$n-2$的t分布。因此,可用该统计量作为β_1显著性检验的t统计量。

如果变量x是显著的,那么参数β_1应该显著地不为0。于是,在变量显著性检验中设计的原假设与备择假设分别为:

$$H_0: \beta_1 = 0, \quad H_1: \beta_1 \neq 0 \tag{1-43}$$

给定一个显著性水平α,比如0.05,查t分布表得到临界值$t_{\frac{\alpha}{2}}(n-2)$,则$|t| > t_{\frac{\alpha}{2}}(n-2)$为原假设$H_0$下的一个小概率事件。

在参数估计完成后,很容易计算t的数值。如果发生了$|t| > t_{\frac{\alpha}{2}}(n-2)$,则在$1-\alpha$的置信度下拒绝原假设$H_0$,即变量$x$是显著的,通过变量显著性检验;如果未发生$|t| > t_{\frac{\alpha}{2}}(n-2)$,则在$1-\alpha$的置信度下接受原假设$H_0$,即变量$x$是不显著的,未通过变量显著性检验。

对于一元线性回归方程中的β_0,可构造如下t统计量进行显著性检验:

$$t = \frac{\hat{\beta}_0 - \beta_0}{\sqrt{\dfrac{\hat{\sigma}^2 \sum x_i^2}{n \sum (x_i - \bar{x})^2}}} = \frac{\hat{\beta}_0 - \beta_0}{S_{\hat{\beta}_0}} \tag{1-44}$$

同样地,该统计量服从自由度为$n-2$的t分布,检验的原假设一般仍为$\beta_0 = 0$。

1.5.2 回归系数的置信区间

用 OLS 法得到的参数估计值只是对总体回归函数参数的点估计值，尽管在重复抽样中可以预期它的期望会等于参数的真实值，但不能说明所得参数点估计值的可靠性。假设可以通过一次抽样的结果检验总体参数可能值的范围（最常用的假设为总体参数值为零），但它并没有指出在一次抽样中样本参数值距总体参数的真实值有多"近"。要判断样本参数的估计值在多大程度上可以"近似"地替代总体参数的真实值，通常需要构造一个以样本参数估计值为中心的"区间"，来考察它包含着真实参数值的可能性（概率）。这种方法就是参数检验的置信区间估计。

要判断估计的参数值 $\hat{\beta}_i$ 离真实参数值 β_i 有多"近"（$i=0,1$），可预先选择一个概率 $\alpha(0<\alpha<1)$，并求一个正数 δ，使得随机区间（random interval）$(\hat{\beta}_i-\delta, \hat{\beta}_i+\delta)$ 包含参数 β 的真实值的概率为 $1-\alpha$，即：

$$P(\hat{\beta}_i-\delta \leqslant \beta_i \leqslant \hat{\beta}_i+\delta) = 1-\alpha \tag{1-45}$$

如果存在这样一个区间，称之为置信区间（confidence interval）；$1-\alpha$ 称为置信系数（置信度，confidence coefficient），α 称为显著性水平（level of significance）；置信区间的端点称为置信限（confidence limit）或临界值（critical values）。

在变量的显著性检验中已经知道：

$$t = \frac{\hat{\beta}_i - \beta_i}{S_{\hat{\beta}_i}} \sim t(n-2), \quad i=0,1 \tag{1-46}$$

也就是说，如果给定置信度 $1-\alpha$，从 t 分布表中查得自由度为 $n-2$ 的临界值 $t_{\frac{\alpha}{2}}$，那么 t 值处在 $(-t_{\frac{\alpha}{2}}, t_{\frac{\alpha}{2}})$ 的概率是 $1-\alpha$，表示为：

$$P(-t_{\frac{\alpha}{2}} < t < t_{\frac{\alpha}{2}}) = 1-\alpha \tag{1-47}$$

即

$$P\left(-t_{\frac{\alpha}{2}} < \frac{\hat{\beta}_i - \beta_i}{S_{\hat{\beta}_i}} < t_{\frac{\alpha}{2}}\right) = 1-\alpha \tag{1-48}$$

$$P(\hat{\beta}_i - t_{\frac{\alpha}{2}} \times S_{\hat{\beta}_i} < \beta_i < \hat{\beta}_i + t_{\frac{\alpha}{2}} \times S_{\hat{\beta}_i}) = 1-\alpha \tag{1-49}$$

于是得到 $1-\alpha$ 置信度下 β_i 的置信区间为 $(\hat{\beta}_i - t_{\frac{\alpha}{2}} \times S_{\hat{\beta}_i}, \hat{\beta}_i + t_{\frac{\alpha}{2}} \times S_{\hat{\beta}_i})$。

1.6 资源环境案例分析

1.6.1 研究目的和要求

我国大部分地区四季分明，人们普遍反映这些年冬季气温越来越高了，事实上全球气温都在升高。目前年平均气温与 1880 年相比大约上升了 0.8℃。北半球春天的冰雪解冻期比 150 年前提前了 9 天，而秋天的霜冻开始时间却晚了 10 天左右。在中国，人们对气候变化的关注越来越多,尤其是丹麦哥本哈根气候大会的召开,使低碳理念、低碳生活成为民众关注的焦点。微软公司前首席技术官内森·梅尔沃德发表了一篇论文,断言二氧化碳与近年来的气候变暖几乎没有关系。为了验证这一观点是否具有科学性,本案例基于1980年1月到2008年12月的月度大气二氧化碳浓度数据和全球平均气温数据,通过简单线性回归分析方法研究二者的相关性。

1.6.2 数据预处理

为了分析全球平均气温变化与大气二氧化碳浓度的关系,选择"全球平均气温变化(单位:℃)"为被解释变量(用 y 表示);选择"大气二氧化碳浓度(单位:ppm,$1 \text{ppm} = 1 \times 10^{-6}$)"为解释变量(用 x 表示)。运用R语言(受R语言编程规则限制,书中涉及R语言编程的变量大小写、上下标或与正文有区别,请读者注意)作计量经济分析,数据处理步骤如下。

1. 导入数据

首先将收集到的表格数据读入到工作目录,代码如下:

```
> #读取表格文件
> data=read.table("/Users/apple/Desktop/climate-change.csv",sep=",",header=T)
```

2. 数据检验

数据导入完成后,检验数据的行和列,代码如下:

```
> #检查列和行的数量,应为4列,300行
> print(is.data.frame(data))
[1] TRUE
> print(ncol(data))
[1] 4
> print(nrow(data))
[1] 300
```

检验结果显示,数据帧为4列300行。检验结果正常,可以对表格中的变量数据进行提取。

3. 设置变量

用字母 x 表示大气二氧化碳浓度,用字母 y 表示全球平均气温变化,代码如下:

```
> #设置变量,x表示大气二氧化碳浓度,y表示当前周期内的全球平均气温与一个参考值之差
> x<-c(data$CO2)
> y<-c(data$Temp)
```

1.6.3 建立回归模型

完成数据的预处理之后,对数据进行回归分析,找到其中的线性相关关系,并得出线性回归方程。

1. 相关性分析

相关系数用字母 r 表示,用来度量两个变量间的线性关系。

根据相关系数的检验标准,相关系数的值介于 -1 与 $+1$ 之间,即 $-1 \leqslant r \leqslant +1$。当 $r > 0$ 时,表示两变量为正相关,当 $r < 0$ 时,表示两变量为负相关。当 $|r| = 1$ 时,表示两变量为完

全线性相关,即函数关系。当 $r=1$ 时,称为完全正相关,而当 $r=-1$ 时,称为完全负相关。当 $r=0$ 时,表示两变量间无线性相关关系。判断相关性时,先看 P 值,再看 r 值,代码如下:

```
> #相关性分析（x,y是长度相同的向量，备择假设默认为"two sides"）
> #检验方法默认为Pearson检验，置信水平默认为0.95
> cor.test(x,y)

        Pearson's product-moment correlation

data:  x and y
t = 19.677, df = 298, p-value < 2.2e-16
alternative hypothesis: true correlation is not equal to 0
95 percent confidence interval:
 0.6978867 0.7971065
sample estimates:
      cor
0.7517197
```

从运行结果可以得到大气二氧化碳浓度与全球平均气温的相关系数 $r=0.7517197>0.7$,P 值为 2.2×10^{-16},表明大气二氧化碳浓度与全球平均气温两者高度相关,存在显著的正相关关系。

2. 回归分析

接下来,我们用 R 语言对上面数据进行回归模型的参数估计,采用 lm() 函数来实现一元线性回归的建模过程。

从回归参数的式可知,在计算过程中并不一定要知道 y 和 x 是否有线性相关的关系。如果不存在相关关系,那么回归方程就没有任何意义了,如果 y 和 x 是有相关关系的,即 y 会随着 x 的变化而线性变化,这个时候一元线性回归方程才有意义。所以,我们需要用假设检验的方法,来验证相关性的有效性。

通常会采用三种显著性检验的方法,描述如下。

t 检验法:检验模型某个自变量 x_i 对于 y 的显著性,通常用 P 值判断显著性,t 值小于 0.01 时说明这个自变量 x_i 与 y 相关关系显著。

F 检验法:所有的自变量 x 从整体上看相对于 y 的线性显著性,也是用 P 值判断显著性,F 值小于 0.01 时说明自变量整体上与 y 相关关系显著。

R^2 相关系统检验法:用来判断回归方程的拟合程度,R^2 的取值在 0 和 1 之间,越接近 1 说明拟合程度越好。

从运行结果可以看出:

(1) 回归系数的估计 $\beta_0=-3.727537$,$\beta_1=0.0109617$,相应的标准误差(简称"标准误")为 $SE(\beta_0)=0.2027646$,$SE(\beta_1)=0.0005571$,它们的 P 值均很小,故非常显著。

(2) 相关系数 $R^2=0.5651$,拟合优度较高,表明在大气二氧化碳浓度与全球平均气温回归关系的数据中,有 56.51% 的数据可以由大气二氧化碳浓度和全球平均气温的线性关系来解释,可见二者之间有较强的相关关系(图 1-1),代码如下。

```
> lm.ab<-lm(y~x)#建立线性回归模型
> #lm.ab#打印参数回归的结果
> plot(y~x)#画出散点图
> abline(lm.ab)#绘制线性回归线
> boxplot(y~x)
> summary(lm.ab)#计算结果

Call:
lm(formula = y ~ x)

Residuals:
     Min       1Q   Median       3Q      Max
-0.42353 -0.08104 -0.00323  0.06535  0.45479

Coefficients:
              Estimate Std. Error t value Pr(>|t|)
(Intercept) -3.7275377  0.2027646  -18.38   <2e-16 ***
x            0.0109617  0.0005571   19.68   <2e-16 ***
---
Signif. codes:  0 '***' 0.001 '**' 0.01 '*' 0.05 '.' 0.1 ' ' 1

Residual standard error: 0.119 on 298 degrees of freedom
Multiple R-squared:  0.5651,    Adjusted R-squared:  0.5636
F-statistic: 387.2 on 1 and 298 DF,  p-value: < 2.2e-16
```

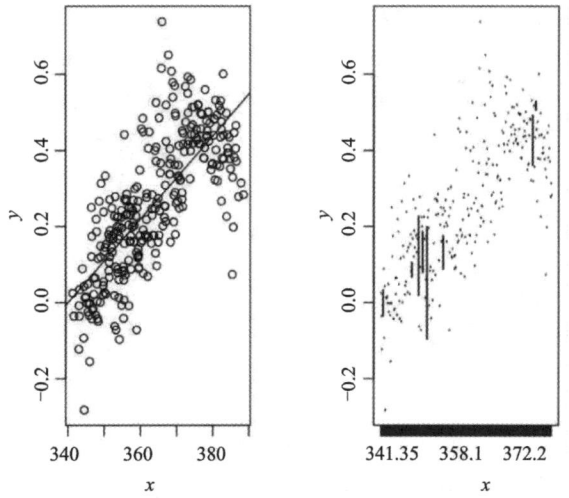

图 1-1　大气二氧化碳浓度 x 与全球平均气温 y 的散点图和箱线图

(3) F 分布的 P 值为 2.2×10^{-16}，小于 0.01，因此方程是非常显著的，这与 R^2 的结果一致。

(4) 由置信区间的计算式，在显著性 $\alpha=0.05$ 的水平下，查表知临界值 $t_{\frac{0.05}{2}}(300-2)=1.960$，再将 $\beta_1=0.0109617$，$\mathrm{SE}(\beta_1)=0.0005571$ 代入可知，β_1 的置信区间为 $(0.009809784,0.012053616)$。

(5)线性回归方程与回归系数的检验都是显著的,因此得到的回归方程为:
$$y = -3.727537 + 0.0109617x \qquad (1\text{-}50)$$

上述回归方程表明,大气二氧化碳浓度每升高 1ppm,全球平均气温上升 0.0109617℃。

1.6.4 诊断线性回归

1. 残差分析

回归模型进行显著性检验后,还要作残差分析(预测值和实际值之间的差),检验模型的正确性,残差必须服从正态分布 $N(0, \sigma^2)$。计算模型的各项残差值,并绘制残差散点图(图 1-2),代码如下:

```
> y.res<-residuals(lm.ab)#计算残差
> y.rst<-rstandard(lm.ab)#计算标准化残差
> y.stu<-rstudent(lm.ab)#学生化残差
> y.fit<-predict(lm.ab)#计算预测值
> op<-par(mfrow=c(1,2))#将两张残差图一并输出
> plot(y.res~y.fit)#残差图
> plot(y.rst~y.fit)#标准化残差图
> par(op)
```

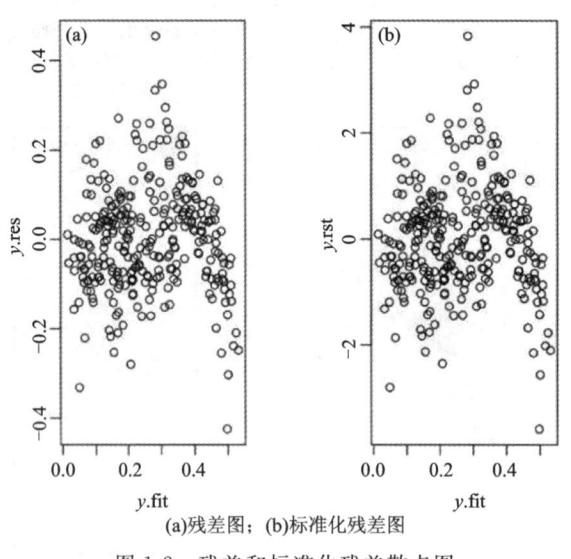

(a)残差图;(b)标准化残差图

图 1-2　残差和标准化残差散点图

由图 1-2 的残差和标准化残差图可以看出,残差具有相同的分布,且满足模型的各个假设条件。

2. 拟合诊断

通过拟合诊断来验证模型的质量,简单绘制模型对象的回归诊断图(图 1-3),代码如下:

```
> op<-par(mfrow=c(2,2))
> plot(lm.ab)
> par(op)
```

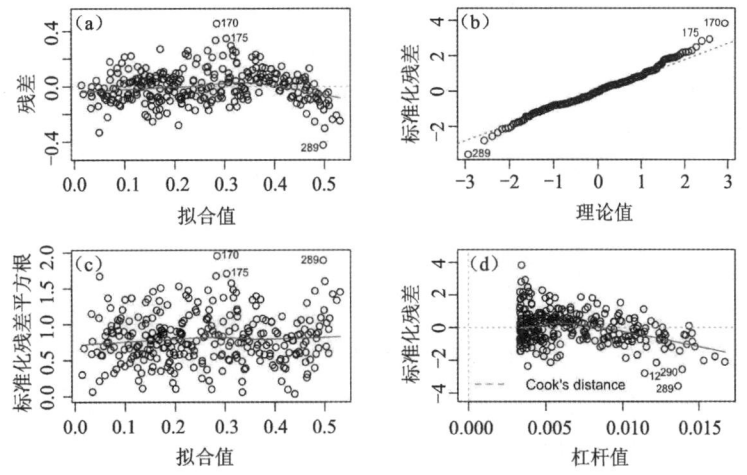

(a) 残差图；(b) 标准Q-Q图；(c) 标准化残差平方根散点图；(d) 标准化残差和杠杆对比图

图 1-3　回归诊断图

从回归的四个图形结果来看：

(1) 残差图(residuals vs fitted)：对残差和拟合值作图，残差和拟合值之间数据点均匀分布在残差为 0 的两侧，呈现出随机的分布，实线是一条平稳的曲线，并没有明显的形状特征，说明残差数据表现非常好。

(2) 标准 Q-Q 图(normal Q-Q)：用来描述残差是否符合正态分布。图中的数据点按对角直线排列，趋于一条直线，并被对角直线穿过，可认为样本近似服从正态分布。对于近似服从正态分布的标准化残差，应该有 95% 的样本点落在[-2,2]区间内。

(3) 标准化残差平方根散点图(scale-location)：对标准化残差平方根和拟合值作图。类似于残差图，点的分布基本是随机的，实线为一条平稳的曲线，无明显的形状特征。

(4) 标准残差和杠杆对比图(residuals vs leverage)：对标准化残差和杠杆值作图，实线为二者的趋势线，虚线为 Cook 距离线。Cook 距离通常用于诊断回归分析中是否存在异常数据，Cook 距离越大，样本越有可能是强影响点。如果从回归统计量和计算中排除这些个案，回归系数就会发生改变。

习题

1. 在计量模型中，为什么会存在随机干扰项？
2. 简单线性回归模型的基本假定有哪些？
3. 简述普通最小二乘法的性质。
4. 为什么可以用可决系数度量模型拟合优度？
5. 下列模型中，哪些是线性回归模型？哪些不是？

(1) $y_i = \beta_0 + \beta_1 x_i + \varepsilon_i$

(2) $y_i = e^{\beta_0 + \beta_1 x_i + \varepsilon_i}$

(3) $y_i = \beta_0 + \beta_1^2 x_i + \varepsilon_i$

(4) $y_i = \beta_0 + (0.5 - \beta_0) e^{-\beta_1 (x_i - 1)} + \varepsilon_i$

6. 将非线性模型 $y = 1/(\alpha + \beta e^{-x} + \varepsilon)$ 转为线性模型。

7. 用 C 表示全球平均气温变化，x 表示大气二氧化碳浓度，全球平均气温变化对大气二氧化碳浓度的简单线性回归模型为 $C = \beta_0 + \beta_1 x + \varepsilon$，其中 ε 是随机误差项。

(1) ε 中可能包含什么因素？这些因素与二氧化碳浓度有关系吗？

(2) 在其他条件不变的情况下，简单线性回归分析可以揭示大气二氧化碳浓度对全球平均气温的影响吗？

8. 假设得到模型 $y = \beta_0 + \beta_1 x$ 的最小二乘估计。

(1) 假设把变量 x 的值扩大 20 倍，那么原回归的截距和斜率会发生什么变化？

(2) 假设把变量 y 的值扩大 20 倍，原回归的截距和斜率会发生什么变化？

9. 假设在模型 $y_i = \beta_0 + \beta_1 x_i + \varepsilon_i$ 中，现将每个 x 的值扩大 5 倍，那么 y 的残差及拟合值会不会发生改变？如果将每个 x 的值增加 5，又会怎样？

10. 假设有回归：$\hat{y}_t = 6.691 - 0.48 x_t$，其中，$\hat{y}$ 表示中国人均二氧化碳排放量，x 表示可再生能源投资量，t 表示时间。

(1) 这个回归是横截面回归还是时间序列回归？做出回归线。

(2) 截距是否有经济含义？要如何解释？

(3) 真实的总体回归函数是否可以求出？

11. 一种农产品的产量 y 和施肥量 x 在 5 块地的数据汇总如下（单位：kg/亩，1 亩 $\approx 666 m^2$）：

$$\sum x_i = 220 \quad \sum y_i = 2600 \quad \sum x_i^2 = 1117$$

$$\sum y_i^2 = 5788 \quad \sum x_i y_i = 2988657$$

现发现第 6 块地的数据为：$x_6 = 20, y_6 = 200$。要求汇总 6 块地数据后进行下列计算。

(1) 估计农产品产量对施肥量的回归模型 $y = \alpha + \beta x + \varepsilon$。

(2) 估计可决系数。

12. 下表为 2005 年到 2020 年中国的粮食产量 y 和农作物播种面积 x。

年份	粮食产量/$\times 10^4$t	农作物播种面积/$\times 10^3 hm^2$
2005	48402.2	155488
2006	49804.2	152149
2007	50413.9	153010
2008	53434.3	155566
2009	53940.9	157242
2010	55911.30	158579
2011	58849.3	160360
2012	61222.6	162071
2013	63048.20	163702

续表

年份	粮食产量/×10⁴t	农作物播种面积/×10³hm²
2014	63964.8	165183
2015	66060.3	166829
2016	66043.5	166939
2017	66160.7	166332
2018	65789.2	165902
2019	66384.3	165931
2020	66949.2	167487

(1)建立粮食产量 y 和农作物播种面积 x 的简单线性回归方程。

(2)解释回归系数的经济意义。

13. 下表为 2005 年到 2020 年我国的牲畜头数 x 和肉产品产量 y 的数据。

年份	牲畜头数/万头	肉产品产量/×10⁴t
2005	12894.8	6938.9
2006	12325.7	7099.9
2007	11998.2	6916.4
2008	11529.7	7370.9
2009	11380.8	7706.7
2010	11074.6	7993.6
2011	10580.0	8023.0
2012	10248.4	8471.1
2013	10008.6	8632.8
2014	9952.0	8817.9
2015	9929.8	8749.5
2016	9559.90	8628.3
2017	9763.6	8654.4
2018	9625.5	8624.6
2019	9877.4	7758.8
2020	10265.1	7748.4

(1)建立我国的牲畜头数 x 和肉产品产量 y 的简单线性回归模型,检验模型的显著性。

(2)当牲畜头数为 12000 万头时,估计肉产品产量的点预测值。

14.根据自己的专业选择一个相关的实际问题,自己收集数据,建立一个简单的线性回归模型,用所学的方法估计和检验所得到的模型。

第 2 章 多元线性回归

简单线性回归模型主要研究一个解释变量和一个被解释变量之间的线性关系,但是在实际生活中,由于现实问题的复杂性,一个变量可能同时和多个变量存在关系。例如,影响一个国家碳排放总量的因素不仅有能源消费总量,还有经济发展水平、产业结构、人口规模等多种因素,又如消费者对贵金属的需求不仅受该商品价格的影响,而且可能受消费者的收入水平、通货膨胀、股票资本市场等因素的影响。因此,有必要将只有一个解释变量的简单线性回归模型推广到有多个解释变量的情形。

2.1 多元线性回归模型的经典假定

2.1.1 二元线性回归模型

多元线性回归模型与简单线性回归模型不同,简单线性回归模型中只有一个解释变量,其他的影响因素均被纳入了随机扰动项,这很可能遗漏了其他因素。多元线性回归模型把多个解释变量纳入模型,即将原归入随机扰动项的某些因素纳入了模型,这对于计量分析有重要意义。多元线性回归模型有多个解释变量,可以同时估计和检验多个因素对被解释变量的影响,从而避免重要解释变量被遗漏,导致产生设定误差。

首先考察比较简单的二元回归:

$$y_i = \beta_1 + \beta_2 x_{2i} + \beta_3 x_{3i} + \varepsilon_i \quad (i=1,\cdots,n) \tag{2-1}$$

式中,x_{2i} 和 x_{3i} 为两个解释变量;β_1 为截距项;β_2 为在给定 x_3 的条件下,x_2 对 y 的边际效应(忽略扰动项 ε_i);β_3 为在给定 x_2 的条件下,x_3 对 y 的边际效应。

OLS 估计量的最优化问题仍为残差平方和最小化:

$$\min_{\hat{\beta}_1,\hat{\beta}_2,\hat{\beta}_3} \sum_{i=1}^n e_i^2 = \sum_{i=1}^n (y_i - \hat{\beta}_1 - \hat{\beta}_2 x_{2i} - \hat{\beta}_3 x_{3i})^2 \tag{2-2}$$

将式(2-2)分别对 $\hat{\beta}_1$、$\hat{\beta}_2$、$\hat{\beta}_3$ 求偏导数,可得到此最小化问题的一阶条件,求解后可获得 $\hat{\beta}_1$、$\hat{\beta}_2$、$\hat{\beta}_3$ 的 OLS 估计量。

例如,在生产理论中,著名的 Cobb-Douglas 生产函数描述了制造业产出量与投入的劳动力和资本之间的关系,其形式为:

$$y = AK^{\alpha}L^{\beta}e^{\varepsilon} \qquad (2\text{-}3)$$

式中，A 为综合技术水平；y 为产出量；K、L 分别为资本和投入的劳动力；α、β 为参数；e^{ε} 为乘积形式的扰动项。这里的被解释变量 y 与解释变量 K、L 之间的关系是非线性的，但只要在方程两边同时取对数，即可转换为线性模型：

$$\ln y = \ln A + \alpha \ln K + \beta \ln L + \varepsilon \qquad (2\text{-}4)$$

如果将 $\ln y$ 视为被解释变量，将 $\ln K$ 和 $\ln L$ 视为解释变量，ε 为扰动项，则该式对于参数 $\ln A$、α、β 是线性的。

案例 2-1

随着全球人口急剧增长及经济的快速发展，过量使用化石燃料导致全球气候变化，进而使经济、社会发展受阻及造成粮食短缺。这些问题在全世界范围内得到密切关注，并要求采取量化、监测等措施帮助减少温室气体的排放。联合国政府间气候变化专门委员会(IPCC)第四次评估报告指出，过去的 50 年里，地球温度的快速升高是由人类活动排放的温室气体导致的。因此，研究人类活动和人口数量对二氧化碳排放量的影响对发展低碳循环经济、实现土地利用碳减排、促进土地低碳可持续利用具有重要的现实意义。从《湖北省统计年鉴》中选取湖北省 1997—2016 年的建设用地面积 x_2、人口数量 x_3 和碳排放总量 y 作为样本数据，见表 2-1。

表 2-1 1997—2016 年中国碳排放总量等数据

年份	建设用地面积/$\times 10^4 \text{hm}^2$	人口数量/万	碳排放总量/$\times 10^4 \text{t}$
1997	121.74	5873	2855.57
1998	122.25	5907	2894.40
1999	123.71	5938	3190.45
2000	125.54	5960	3534.40
2001	128.14	5975	3993.93
2002	133.52	5988	4491.08
2003	134.44	6002	4541.40
2004	135.54	6016	4701.30
2005	136.8	5710	5136.12
2006	137.8	5693	5361.42
2007	139.66	5699	5366.06
2008	140.04	5711	4237.77
2009	142.78	5720	4921.59
2010	146.35	5728	5594.11
2011	152.47	5757.5	7303.29
2012	158.34	5779	8139.07

续表 2-1

年份	建设用地面积/$\times 10^4 \mathrm{hm}^2$	人口数量/万	碳排放总量/$\times 10^4 \mathrm{t}$
2013	163.16	5799	9760.57
2014	166.77	5816	10825.05
2015	169.6	5851.5	11810.29
2016	171.65	5885	12430.21

其中建设用地分为三大类：工矿用地、交通用地和商住用地。这三大类均与人类生产生活紧密联系，表现出强烈的碳源特性，其碳排放量通过能源消费总量来间接测算。

在 R 语言中的命令及相应结果（图 2-1）如下：

fit<-lm(y~x2+x3,data=co2)

summary(fit)

```
Call:
lm(formula = y ~ x2 + x3, data = co2)

Residuals:
    Min      1Q  Median      3Q     Max
-873.7  -606.8   199.5   463.9   738.8

Coefficients:
              Estimate Std. Error t value Pr(>|t|)
(Intercept) -42318.282   8126.119  -5.208 7.11e-05 ***
x2               3.679      1.300   2.830   0.0116 *
x3             188.664      9.157  20.604 1.84e-13 ***
---
Signif. codes:  0 '***' 0.001 '**' 0.01 '*' 0.05 '.' 0.1 ' ' 1

Residual standard error: 604.7 on 17 degrees of freedom
Multiple R-squared:  0.9631,    Adjusted R-squared:  0.9587
F-statistic: 221.7 on 2 and 17 DF,  p-value: 6.643e-13
```

图 2-1 模型回归结果

根据图 2-1，模型估计的结果为（括号内数据为参数估计的 t 检验统计量，下同）：

$$\hat{y}_i = -42318.282 + 3.679\, x_{2i} + 188.664\, x_{3i}$$

$$(-5.208) \quad (2.83) \quad (20.604)$$

$$R^2 = 0.9631 \quad \bar{R}^2 = 0.9587 \quad F = 221.7 \quad n = 20$$

多元线性回归模型的估计结果表明，在其他变量不变的情况下，建设用地面积每增加 $100\mathrm{km}^2$，平均来说碳排放总量将会增加 $3.679 \times 10^4 \mathrm{t}$；人口数量每增加 1 万，平均来说碳排放总量将会增加 $188.664 \times 10^4 \mathrm{t}$。

由结果可以看出，模型的可决系数 $R^2 = 0.9631$，修正的可决系数 $\bar{R}^2 = 0.9587$，这说明碳排放总量有 96.31% 的变化可以由解释变量解释，修正后有 95.87% 的变化可以被解释，表明模型对样本的拟合程度很好；根据 F 统计量和 t 统计量可知，回归方程不仅整体是显著的，单个变量也是显著的，即建设用地面积和人口数量两个变量联合起来确实对碳排放总量有显著的影响,且在建设用地面积不变的情况下,人口数量对碳排放总量在一定程度上有显著的影响,在人口数量不变的情况下,建设用地面积对碳排放总量在一定程度上有显著的影响。

2.1.2 多元线性回归模型介绍

一般的多元线性回归模型可以写为:

$$y_i = \beta_1 x_{1i} + \beta_2 x_{2i} + \beta_3 x_{3i} + \cdots + \beta_k x_{ki} + \varepsilon_i (i=1,2,\cdots,n) \quad (2-5)$$

式中,ε_i 为扰动项;x_{1i} 为个体 1 的第 i 个解释变量;x_{2i} 为个体 2 的第 i 个解释变量,以此类推。一般地,x_{ki} 的第一个下标表示解释变量(共有 k 个解释变量),第二个下标 i 表示观测次数(每个变量有 n 个观测值,即样本容量为 n)。

在大多数情况下,回归方程都会含有常数项,所以通常令 $x_{1i} \equiv 1$(恒等于 1),则方程(2-5)可简化为:

$$y_i = \beta_1 + \beta_2 x_{2i} + \beta_3 x_{3i} + \cdots + \beta_k x_{ki} + \varepsilon_i (i=1,2,\cdots,n) \quad (2-6)$$

在有多个解释变量的多元线性回归模型中,多个解释变量会同时对被解释变量的变化发挥作用,如果要考察其中某一个解释变量对被解释变量的影响,就必须保持其他解释变量不变。对于社会经济等问题,要像自然科学实验一样控制其他条件不变进行实验通常是不现实的,常常只能通过观测各种因素都在变化的实际经济运行过程,来取得非实验的观测数据。在多元线性回归模型中,回归系数 β_j($j=1,2,\cdots,k$)表示的是在控制其他解释变量不变的情况下,第 j 个解释变量的单位变动对被解释变量平均值的影响,这样的回归系数称为偏回归系数。多元线性回归模型中的偏回归系数可以实现在保持某些控制变量不变的情况下,分析我们所关注的解释变量对被解释变量的真实影响。

在总体线性回归函数中,各个回归系数是未知的,只能够通过样本观测值进行估计。如果将被解释变量的样本条件均值 $\hat{y}_i$ 表示为各个解释变量的线性函数,可得到多元样本线性回归函数:

$$\hat{y}_i = \hat{\beta}_1 + \hat{\beta}_2 x_{2i} + \hat{\beta}_3 x_{3i} + \cdots + \hat{\beta}_k x_{ki} \quad (2-7)$$

式中,$\hat{\beta}_j$($j=1,2,\cdots,k$)是对总体回归参数 β_j 的估计。

与简单回归类似,多元回归中由样本估计的被解释变量样本条件均值 $\hat{y}_i$ 与实际观测值 y_i 之间通常也存在着偏差,即残差项 e_i,所以多元样本线性回归函数也可表示为:

$$y_i = \hat{y}_i + e_i \quad (2-8)$$

多元线性回归模型要解决的问题仍然是如何根据变量的样本观测值去估计回归模型中的各个参数,即用样本回归函数去估计总体回归函数,并且对估计的参数及回归方程进行统计检验,最后利用回归模型进行预测和分析。

2.1.3 多元线性回归模型的矩阵表示

多元线性回归模型包含了多个解释变量,相应的分析和计算更为复杂,为了表达和分析的简便,用矩阵表示和运算多元线性回归模型。式(2-6)实际可以写成方程组的形式:

$$\begin{cases} y_1 = \beta_1 + \beta_2 x_{21} + \beta_3 x_{31} + \cdots + \beta_k x_{k1} + \varepsilon_1 \\ y_2 = \beta_1 + \beta_2 x_{22} + \beta_3 x_{32} + \cdots + \beta_k x_{k2} + \varepsilon_2 \\ \vdots \\ y_n = \beta_1 + \beta_2 x_{2n} + \beta_3 x_{3n} + \cdots + \beta_k x_{kn} + \varepsilon_n \end{cases} \quad (2\text{-}9)$$

该方程组可以表示为矩阵的形式：

$$\begin{bmatrix} y_1 \\ y_2 \\ \vdots \\ y_n \end{bmatrix} = \begin{bmatrix} 1 & x_{21} & x_{31} & \cdots & x_{k1} \\ 1 & x_{22} & x_{32} & \cdots & x_{k2} \\ \vdots & \vdots & \vdots & & \vdots \\ 1 & x_{2n} & x_{3n} & \cdots & x_{kn} \end{bmatrix} \begin{bmatrix} \beta_1 \\ \beta_2 \\ \vdots \\ \beta_k \end{bmatrix} + \begin{bmatrix} \varepsilon_1 \\ \varepsilon_2 \\ \vdots \\ \varepsilon_n \end{bmatrix} \quad (2\text{-}10)$$

记

$$\boldsymbol{Y} = \begin{bmatrix} y_1 \\ y_2 \\ \vdots \\ y_n \end{bmatrix}_{n \times 1}, \boldsymbol{\beta} = \begin{bmatrix} \beta_1 \\ \beta_2 \\ \vdots \\ \beta_k \end{bmatrix}_{k \times 1}, \boldsymbol{\varepsilon} = \begin{bmatrix} \varepsilon_1 \\ \varepsilon_2 \\ \vdots \\ \varepsilon_n \end{bmatrix}_{n \times 1}, \boldsymbol{X} = \begin{bmatrix} 1 & x_{21} & x_{31} & \cdots & x_{k1} \\ 1 & x_{22} & x_{32} & \cdots & x_{k2} \\ \vdots & \vdots & \vdots & & \vdots \\ 1 & x_{2n} & x_{3n} & \cdots & x_{kn} \end{bmatrix}_{n \times k}$$

这样，多元总体线性回归函数的矩阵形式可以表示为：

$$\boldsymbol{Y} = \boldsymbol{X}\boldsymbol{\beta} + \boldsymbol{\varepsilon} \quad (2\text{-}11)$$

类似地，多元样本线性回归函数的矩阵形式可以表示为：

$$\boldsymbol{Y} = \boldsymbol{X}\hat{\boldsymbol{\beta}} + \boldsymbol{e} \quad (2\text{-}12)$$

或

$$\hat{\boldsymbol{Y}} = \boldsymbol{X}\hat{\boldsymbol{\beta}} \quad (2\text{-}13)$$

其中

$$\hat{\boldsymbol{\beta}} = \begin{bmatrix} \hat{\beta}_1 \\ \hat{\beta}_2 \\ \vdots \\ \hat{\beta}_k \end{bmatrix}_{k \times 1}, \boldsymbol{e} = \begin{bmatrix} e_1 \\ e_2 \\ \vdots \\ e_n \end{bmatrix}_{n \times 1}, \hat{\boldsymbol{Y}} = \begin{bmatrix} \hat{y}_1 \\ \hat{y}_2 \\ \vdots \\ \hat{y}_n \end{bmatrix}_{n \times 1}$$

分别为回归系数估计值向量、残差向量和样本估计值向量。

2.1.4 多元线性回归模型的假定

在多元线性回归中，为了达到 OLS 估计值的良好统计性质，便于对模型进行检验，需要做出以下一些假定。

(1)零均值假定。假定随机扰动项的均值对于任意的 i 始终为 0，即：

$$E(\varepsilon_i) = 0 \quad (i = 1, 2, 3, \cdots, n) \quad (2\text{-}14)$$

(2)同方差假定和无自相关假定。假定随机扰动项之间互不相关且方差相同：

$$\begin{aligned} \text{Cov}(\varepsilon_i, \varepsilon_k) &= E[(\varepsilon_i - E\varepsilon_i)(\varepsilon_k - E\varepsilon_k)] \\ &= E(\varepsilon_i \varepsilon_k) = \begin{cases} \sigma^2, i = k \\ 0, i \neq k \end{cases} \quad (i, k = 1, 2, \cdots, n) \end{aligned} \quad (2\text{-}15)$$

即
$$\text{Var}(\varepsilon_i) = \sigma^2 \tag{2-16}$$

(3) 无多重共线性假定。$\boldsymbol{X}$ 矩阵各列向量线性无关，即不存在某个解释变量是另一个解释变量的倍数或可以由其他解释变量表示出来。解释变量矩阵 $\boldsymbol{X}$ 列满秩：
$$\text{Rank}(\boldsymbol{X}) = k \tag{2-17}$$

此时，方阵 $\boldsymbol{X}'\boldsymbol{X}$ 满秩，从而 $\boldsymbol{X}'\boldsymbol{X}$ 可逆，$(\boldsymbol{X}'\boldsymbol{X})^{-1}$ 存在。

(4) 随机扰动项与解释变量互不相关假定，即：
$$\text{Cov}(x_{ji}, \varepsilon_i) = 0 \quad (j = 2, 3, \cdots, k; i = 1, 2, \cdots, n) \tag{2-18}$$

(5) 正态性假定。假定随机扰动项 ε_i 服从正态分布，即：
$$\varepsilon_i \sim N(0, \sigma^2) \tag{2-19}$$

2.2 多元线性回归模型的估计及检验

2.2.1 多元线性回归模型参数的最小二乘估计

与简单线性回归模型类似，多元线性回归模型也需要使得估计的残差平方和最小，即：
$$e = \boldsymbol{Y} - \hat{\boldsymbol{Y}} = \boldsymbol{Y} - \boldsymbol{X}\hat{\boldsymbol{\beta}} \tag{2-20}$$

$$\sum_{i=1}^{n} e_i^2 = e^{\mathrm{T}}e = (\boldsymbol{Y} - \boldsymbol{X}\hat{\boldsymbol{\beta}})^{\mathrm{T}}(\boldsymbol{Y} - \boldsymbol{X}\hat{\boldsymbol{\beta}}) = \boldsymbol{Y}^{\mathrm{T}}\boldsymbol{Y} - 2\hat{\boldsymbol{\beta}}^{\mathrm{T}}\boldsymbol{X}^{\mathrm{T}}\boldsymbol{Y} + \hat{\boldsymbol{\beta}}^{\mathrm{T}}\boldsymbol{X}^{\mathrm{T}}\boldsymbol{X}\hat{\boldsymbol{\beta}} \tag{2-21}$$

对式 (2-21) 进行求解可得：
$$\hat{\boldsymbol{\beta}} = (\boldsymbol{X}^{\mathrm{T}}\boldsymbol{X})^{-1}\boldsymbol{X}^{\mathrm{T}}\boldsymbol{Y} \tag{2-22}$$

这就是多元线性回归模型参数向量 $\boldsymbol{\beta}$ 的最小二乘估计的矩阵形式。

案例 2-2

随着我国经济发展速度的加快，城镇化水平的提高，生活质量的改善，人民对于粮食的需求不断上升。本案例从《中国统计年鉴》中选取 2007—2018 年中国的粮食产量 y、粮食播种面积 x_2、耕地浇灌面积 x_3 和农用化肥施用量 x_4 作为样本，见表 2-2。

表 2-2 2007—2018 年中国粮食产量等数据

年份	粮食产量/$\times 10^4$ t	粮食播种面积/$\times 10^3$ hm²	耕地浇灌面积/$\times 10^3$ hm²	农用化肥施用量/$\times 10^4$ t
2007	50413.90	105999.00	56518.30	5107.80
2008	53434.30	107545.00	58471.70	5239.00
2009	53940.90	110255.00	59261.40	5404.40
2010	55911.30	111695.00	60347.70	5561.70
2011	58849.30	112980.00	61681.60	5704.20
2012	61222.60	114368.00	62490.50	5838.80
2013	63048.20	115908.00	63473.30	5911.90

续表 2-2

年份	粮食产量/×10⁴ t	粮食播种面积/×10³ hm²	耕地浇灌面积/×10³ hm²	农用化肥施用量/×10⁴ t
2014	63964.80	117455.00	64539.50	5995.90
2015	66060.30	118963.00	65872.60	6022.60
2016	66043.50	119230.00	67140.60	5984.10
2017	66160.70	117989.00	67815.60	5859.40
2018	65789.20	117038.00	68271.60	5653.40

将解释变量和被解释变量表示为矩阵形式:

$$\boldsymbol{Y} = \begin{bmatrix} 50413.90 \\ 53434.30 \\ \vdots \\ 65789.20 \end{bmatrix}, \boldsymbol{X} = \begin{bmatrix} 1 & 105999.00 & 56518.30 & 5107.80 \\ 1 & 107545.00 & 58471.70 & 5239.00 \\ \vdots & \vdots & \vdots & \vdots \\ 1 & 117038.00 & 68271.60 & 5653.40 \end{bmatrix}$$

将数据代入式(2-22),可以得到 $\hat{\boldsymbol{\beta}}$:

$$\hat{\boldsymbol{\beta}} = (\boldsymbol{X}^\mathrm{T}\boldsymbol{X})^{-1}\boldsymbol{X}^\mathrm{T}\boldsymbol{Y} = \begin{bmatrix} -27310 \\ -0.4221 \\ 1.276 \\ 9.753 \end{bmatrix}$$

所估计的样本回归模型为:

$$\hat{y}_i = -27310 + 0.4221\, x_{2i} + 1.276\, x_{3i} + 9.753\, x_{4i}$$
$$(-1.695)\ (-0.878)\ \ (4.183)\ \ \ (2.584)$$

在 R 语言中的命令及相应结果(图 2-2)如下:

fit<-lm(y~x2+x3+x4,data=food)
summary(fit)

```
Call:
lm(formula = y ~ x2 + x3 + x4, data = food)

Residuals:
    Min      1Q  Median      3Q     Max
-888.81 -437.05   62.88  448.63  782.51

Coefficients:
             Estimate Std. Error t value Pr(>|t|)
(Intercept) -2.731e+04  1.611e+04  -1.695  0.12855
x2          -4.221e-01  4.806e-01  -0.878  0.40537
x3           1.276e+00  3.050e-01   4.183  0.00307 **
x4           9.753e+00  3.775e+00   2.584  0.03241 *
---
Signif. codes:  0 '***' 0.001 '**' 0.01 '*' 0.05 '.' 0.1 ' ' 1

Residual standard error: 629.2 on 8 degrees of freedom
Multiple R-squared:  0.9912,    Adjusted R-squared:  0.9879
F-statistic: 299.6 on 3 and 8 DF,  p-value: 1.486e-08
```

图 2-2 模型回归结果

2.2.2 参数最小二乘估计的性质

估计出模型参数后,需考虑参数估计值的精度,即是否能代表总体参数的真值,或者说需考察参数估计量的统计性质。我们可以从线性、无偏性、最小方差性考察模型参数的优劣性,这3个准则也称作估计量的最小样本性质,拥有这类性质的估计量称为最佳线性无偏估计量。

1. 线性

OLS 估计量 $\hat{\boldsymbol{\beta}}$ 为线性估计量,是被解释变量观测值 $\boldsymbol{Y}$ 的线性组合。由式(2-22)可以看出,$\hat{\boldsymbol{\beta}}$ 等于取固定值的解释变量构成的 $(\boldsymbol{X}^T\boldsymbol{X})^{-1}\boldsymbol{X}^T$(将其视为系数矩阵)与被解释变量观测值列向量 $\boldsymbol{Y}$ 的乘积,故 $\hat{\boldsymbol{\beta}}$ 为线性估计量。

2. 无偏性

$\hat{\boldsymbol{\beta}}$ 不会系统地高估或低估 $\boldsymbol{\beta}$,式为 $E(\hat{\boldsymbol{\beta}}) = \boldsymbol{\beta}$。

对式(2-22)取期望可知:

$$
\begin{aligned}
E(\hat{\boldsymbol{\beta}}) &= E[(\boldsymbol{X}^T\boldsymbol{X})^{-1}\boldsymbol{X}^T\boldsymbol{Y}] = E[(\boldsymbol{X}^T\boldsymbol{X})^{-1}\boldsymbol{X}^T(\boldsymbol{X}\boldsymbol{\beta}+\boldsymbol{\varepsilon})] \\
&= E[(\boldsymbol{X}^T\boldsymbol{X})^{-1}(\boldsymbol{X}^T\boldsymbol{X}\boldsymbol{\beta}+\boldsymbol{X}^T\boldsymbol{\varepsilon})] = E[\boldsymbol{\beta}+(\boldsymbol{X}^T\boldsymbol{X})^{-1}\boldsymbol{X}^T\boldsymbol{\varepsilon}] \\
&= \boldsymbol{\beta}+(\boldsymbol{X}^T\boldsymbol{X})^{-1}\boldsymbol{X}^T E(\boldsymbol{\varepsilon}) = \boldsymbol{\beta}
\end{aligned}
\quad (2\text{-}23)
$$

由此可知,$\hat{\boldsymbol{\beta}}$ 是 $\boldsymbol{\beta}$ 的无偏估计。

3. 最小方差性

参数向量 $\boldsymbol{\beta}$ 的最小二乘估计 $\hat{\boldsymbol{\beta}}$ 是 $\boldsymbol{\beta}$ 的所有线性无偏估计量中方差最小的估计量。为此,我们先计算最小二乘估计量 $\hat{\boldsymbol{\beta}}$ 的方差,根据式(2-22)可知:

$$
\begin{aligned}
\text{Var}(\hat{\boldsymbol{\beta}}) &= \text{Var}[(\boldsymbol{X}^T\boldsymbol{X})^{-1}\boldsymbol{X}^T\boldsymbol{Y}] = \text{Var}[(\boldsymbol{X}^T\boldsymbol{X})^{-1}\boldsymbol{X}^T(\boldsymbol{X}\boldsymbol{\beta}+\boldsymbol{\varepsilon})] \\
&= \text{Var}[\boldsymbol{\beta}+(\boldsymbol{X}^T\boldsymbol{X})^{-1}\boldsymbol{X}^T\boldsymbol{\varepsilon}] = \text{Var}[(\boldsymbol{X}^T\boldsymbol{X})^{-1}\boldsymbol{X}^T\boldsymbol{\varepsilon}] \\
&= (\boldsymbol{X}^T\boldsymbol{X})^{-1}\boldsymbol{X}^T \text{Var}(\boldsymbol{\varepsilon})[(\boldsymbol{X}^T\boldsymbol{X})^{-1}\boldsymbol{X}^T]^T \\
&= (\boldsymbol{X}^T\boldsymbol{X})^{-1}\boldsymbol{X}^T \sigma^2 \boldsymbol{I}[(\boldsymbol{X}^T\boldsymbol{X})^{-1}\boldsymbol{X}^T]^T \\
&= \sigma^2 (\boldsymbol{X}^T\boldsymbol{X})^{-1}
\end{aligned}
\quad (2\text{-}24)
$$

式中,$\boldsymbol{I}$ 为单位矩阵;$(\boldsymbol{X}^T\boldsymbol{X})^{-1}$ 为对称矩阵。

设 $\boldsymbol{\beta}$ 的另一个无偏估计量为 $\boldsymbol{\beta}^0$,可知:

$$
\boldsymbol{\beta}^0 = \boldsymbol{A}\boldsymbol{Y} \quad (2\text{-}25)
$$

式中,$\boldsymbol{A}$ 为常数矩阵。

由无偏性可知:

$$
\begin{aligned}
E(\boldsymbol{\beta}^0) &= E(\boldsymbol{A}\boldsymbol{Y}) = E[\boldsymbol{A}(\boldsymbol{X}\boldsymbol{\beta}+\boldsymbol{\varepsilon})] \\
&= E(\boldsymbol{A}\boldsymbol{X}\boldsymbol{\beta}+\boldsymbol{A}\boldsymbol{\varepsilon}) = \boldsymbol{A}\boldsymbol{X}\boldsymbol{\beta}+\boldsymbol{A}E(\boldsymbol{\varepsilon}) \\
&= \boldsymbol{A}\boldsymbol{X}\boldsymbol{\beta} = \boldsymbol{\beta}
\end{aligned}
\quad (2\text{-}26)
$$

即必须有 $\boldsymbol{A}\boldsymbol{X} = \boldsymbol{I}$。$\boldsymbol{\beta}^0$ 方差为:

第 2 章 多元线性回归

$$\begin{aligned}\operatorname{Var}(\boldsymbol{\beta}^0) &= \operatorname{Var}[\boldsymbol{A}(\boldsymbol{X\beta}+\boldsymbol{\varepsilon})] = \operatorname{Var}(\boldsymbol{\beta}+\boldsymbol{A\varepsilon}) \\ &= \operatorname{Var}(\boldsymbol{A\varepsilon}) = \boldsymbol{A}\operatorname{Var}(\boldsymbol{\varepsilon})\boldsymbol{A}^{\mathrm{T}} = \sigma^2 \boldsymbol{A}\boldsymbol{A}^{\mathrm{T}}\end{aligned} \quad (2\text{-}27)$$

要证明最小二乘法估计量的方差 $\operatorname{Var}(\hat{\boldsymbol{\beta}})$ 小于其他线性无偏估计量的方差 $\operatorname{Var}(\boldsymbol{\beta}^0)$，只要证明它们的差值大于或等于 0 即可，即：

$$\operatorname{Var}(\boldsymbol{\beta}^0) - \operatorname{Var}(\hat{\boldsymbol{\beta}}) = \sigma^2 \boldsymbol{A}\boldsymbol{A}^{\mathrm{T}} - \sigma^2 (\boldsymbol{X}^{\mathrm{T}}\boldsymbol{X})^{-1} = \sigma^2 [\boldsymbol{A}\boldsymbol{A}^{\mathrm{T}} - (\boldsymbol{X}^{\mathrm{T}}\boldsymbol{X})^{-1}] \geqslant 0 \quad (2\text{-}28)$$

对于任意半正定矩阵，对角线上的元素均大于或等于 0，于是考虑如下半正定矩阵：

$$\begin{aligned} &[\boldsymbol{A}-(\boldsymbol{X}^{\mathrm{T}}\boldsymbol{X})^{-1}\boldsymbol{X}^{\mathrm{T}}][\boldsymbol{A}-(\boldsymbol{X}^{\mathrm{T}}\boldsymbol{X})^{-1}\boldsymbol{X}^{\mathrm{T}}]^{\mathrm{T}} \\ &= [\boldsymbol{A}-(\boldsymbol{X}^{\mathrm{T}}\boldsymbol{X})^{-1}\boldsymbol{X}^{\mathrm{T}}][\boldsymbol{A}^{\mathrm{T}}-\boldsymbol{X}(\boldsymbol{X}^{\mathrm{T}}\boldsymbol{X})^{-1}] \\ &= \boldsymbol{A}\boldsymbol{A}^{\mathrm{T}} - (\boldsymbol{X}^{\mathrm{T}}\boldsymbol{X})^{-1}\boldsymbol{X}^{\mathrm{T}}\boldsymbol{A}^{\mathrm{T}} - \boldsymbol{A}\boldsymbol{X}(\boldsymbol{X}^{\mathrm{T}}\boldsymbol{X})^{-1} + (\boldsymbol{X}^{\mathrm{T}}\boldsymbol{X})^{-1}\boldsymbol{X}^{\mathrm{T}}\boldsymbol{X}(\boldsymbol{X}^{\mathrm{T}}\boldsymbol{X})^{-1} \\ &= \boldsymbol{A}\boldsymbol{A}^{\mathrm{T}} - (\boldsymbol{X}^{\mathrm{T}}\boldsymbol{X})^{-1} \geqslant 0 \end{aligned} \quad (2\text{-}29)$$

根据式(2-29)可知，式(2-28)成立，即 $\operatorname{Var}(\boldsymbol{\beta}^0) - \operatorname{Var}(\hat{\boldsymbol{\beta}}) \geqslant 0$，这证明了 $\boldsymbol{\beta}$ 的最小二乘估计 $\hat{\boldsymbol{\beta}}$ 在 $\boldsymbol{\beta}$ 的所有无偏估计中是方差最小的。

2.2.3 OLS 估计的分布性质

在多元线性回归中，各个参数的估计量 $\hat{\boldsymbol{\beta}}$ 是随样本观测值而变动的随机变量，必须确定其分布的性质，才可能进行区间估计和假设检验。

根据正态性假定，ε_i 是服从正态分布的，这决定了 y_i 也是服从正态分布的随机变量。由于最小二乘估计的线性性质，β_j 是 y_i 的线性函数，这决定了 $\hat{\boldsymbol{\beta}}$ 也是服从正态分布的随机变量，根据式(2-23)和式(2-24)可知 $\hat{\boldsymbol{\beta}}$ 的期望和方差，即：

$$\hat{\boldsymbol{\beta}} \sim N[\boldsymbol{\beta}, \sigma^2 (\boldsymbol{X}^{\mathrm{T}}\boldsymbol{X})^{-1}] \quad (2\text{-}30)$$

2.2.4 随机扰动项方差的估计

对于扰动项方差 $\operatorname{Var}(\varepsilon_i) = \sigma^2$，由于随机扰动项序列 ε_i 不可观测，将 e_i 序列视为其实现值。据式(2-20)和式(2-22)可知：

$$\begin{aligned} \boldsymbol{e} &= \boldsymbol{Y} - \hat{\boldsymbol{Y}} = \boldsymbol{Y} - \boldsymbol{X}\hat{\boldsymbol{\beta}} = \boldsymbol{Y} - \boldsymbol{X}(\boldsymbol{X}^{\mathrm{T}}\boldsymbol{X})^{-1}\boldsymbol{X}^{\mathrm{T}}\boldsymbol{Y} \\ &= [\boldsymbol{I} - \boldsymbol{X}(\boldsymbol{X}^{\mathrm{T}}\boldsymbol{X})^{-1}\boldsymbol{X}^{\mathrm{T}}]\boldsymbol{Y} = [\boldsymbol{I} - \boldsymbol{X}(\boldsymbol{X}^{\mathrm{T}}\boldsymbol{X})^{-1}\boldsymbol{X}^{\mathrm{T}}][\boldsymbol{X\beta}+\boldsymbol{\varepsilon}] \\ &= [\boldsymbol{I} - \boldsymbol{X}(\boldsymbol{X}^{\mathrm{T}}\boldsymbol{X})^{-1}\boldsymbol{X}^{\mathrm{T}}]\boldsymbol{\varepsilon} = \boldsymbol{P\varepsilon} \end{aligned} \quad (2\text{-}31)$$

$$\operatorname{Var}(\boldsymbol{e}) = \operatorname{Var}(\boldsymbol{P\varepsilon}) = \boldsymbol{P}\operatorname{Var}(\boldsymbol{\varepsilon})\boldsymbol{P}^{\mathrm{T}} = \boldsymbol{PP}^{\mathrm{T}}\sigma^2 = \boldsymbol{P}\sigma^2 \quad (2\text{-}32)$$

式中，$\boldsymbol{P} = \boldsymbol{I} - \boldsymbol{X}(\boldsymbol{X}^{\mathrm{T}}\boldsymbol{X})^{-1}\boldsymbol{X}^{\mathrm{T}}$，可知 $\boldsymbol{P}$ 为对称矩阵，且为幂等矩阵，即 $\boldsymbol{P}^2 = \boldsymbol{P}$，$\boldsymbol{P} = \boldsymbol{P}^{\mathrm{T}}$。

残差平方和的数学期望为：

$$\begin{aligned} E\left(\sum_{i=1}^{n} e_i^2\right) &= E(\boldsymbol{e}^T\boldsymbol{e}) = \operatorname{tr}[E(\boldsymbol{e}\boldsymbol{e}^T)] = \operatorname{tr}[\operatorname{Var}(\boldsymbol{e})] \\ &= \operatorname{tr}[\operatorname{Var}(\boldsymbol{P\varepsilon})] = \operatorname{tr}[\boldsymbol{P}\operatorname{Var}(\boldsymbol{\varepsilon})\boldsymbol{P}^{\mathrm{T}}] = \operatorname{tr}(\boldsymbol{P}\sigma^2) \\ &= \sigma^2 \operatorname{tr}(\boldsymbol{P}) = \sigma^2 \operatorname{tr}[\boldsymbol{I} - \boldsymbol{X}(\boldsymbol{X}^{\mathrm{T}}\boldsymbol{X})^{-1}\boldsymbol{X}^{\mathrm{T}}] \end{aligned} \quad (2\text{-}33)$$

$$= \sigma^2 \{\operatorname{tr}(\boldsymbol{I}) - \operatorname{tr}[\boldsymbol{X}(\boldsymbol{X}^{\mathrm{T}}\boldsymbol{X})^{-1}\boldsymbol{X}^{\mathrm{T}}]\}$$
$$= \sigma^2 \{n - \operatorname{tr}[\boldsymbol{X}(\boldsymbol{X}^{\mathrm{T}}\boldsymbol{X})^{-1}\boldsymbol{X}^{\mathrm{T}}]\} = \sigma^2 [n - \operatorname{tr}(\boldsymbol{I})]$$
$$= (n-k)\sigma^2$$

可以得到对 σ^2 的估计为：

$$s^2 = \frac{1}{n-k}\sum_{i=1}^{n} e_i^2 \tag{2-34}$$

式中，$(n-k)$ 为自由度。根据式(2-34)，OLS 估计量 $\hat{\boldsymbol{\beta}}$ 的方差 $\sigma^2(\boldsymbol{X}^{\mathrm{T}}\boldsymbol{X})^{-1}$ 可用 $s^2(\boldsymbol{X}^{\mathrm{T}}\boldsymbol{X})^{-1}$ 来估计。对于 $\hat{\boldsymbol{\beta}}$ 的第 j 个分量 $\hat{\beta}_j$ 的估计方差为 $s^2(\boldsymbol{X}^{\mathrm{T}}\boldsymbol{X})^{-1}_{jj}$，其中 $(\boldsymbol{X}^{\mathrm{T}}\boldsymbol{X})^{-1}_{jj}$ 代表矩阵 $(\boldsymbol{X}^{\mathrm{T}}\boldsymbol{X})^{-1}$ 上的 (j,j) 元素，即主对角线上的第 j 个元素。称 $\sqrt{s^2(\boldsymbol{X}^{\mathrm{T}}\boldsymbol{X})^{-1}_{jj}}$ 为 OLS 估计量 $\hat{\boldsymbol{\beta}}$ 的标准误，记为 $\mathrm{SE}(\hat{\beta}_j)$：

$$\mathrm{SE}(\hat{\beta}_j) = \sqrt{s^2(\boldsymbol{X}^{\mathrm{T}}\boldsymbol{X})^{-1}_{jj}} \tag{2-35}$$

例如，对于案例 2-2，可以计算出：

$$\sum_{i=1}^{n} e_i^2 = 3167577.22$$

$$s^2 = \frac{1}{n-k}\sum_{i=1}^{n} e_i^2 = \frac{3167577.22}{12-4} = 395947.152$$

将表(2-2)中粮食产量相关数据代入可得：

$$\mathrm{SE}(\hat{\beta}_1) = \sqrt{s^2(\boldsymbol{X}^{\mathrm{T}}\boldsymbol{X})^{-1}_{11}} = 16110, \; \mathrm{SE}(\hat{\beta}_2) = 0.4806$$

$$\mathrm{SE}(\hat{\beta}_3) = 0.305, \; \mathrm{SE}(\hat{\beta}_4) = 3.775$$

2.2.5 拟合优度的检验

在简单线性回归模型中，我们使用 R^2 来衡量模型对观测值的拟合优度。在多元线性回归模型中，我们也要考察模型的拟合优度，即回归平方和 ESS 与总离差平方和 TSS 的比值，这一比值称为多重可决系数：

$$R^2 = \frac{\mathrm{ESS}}{\mathrm{TSS}} = 1 - \frac{\mathrm{RSS}}{\mathrm{TSS}} = 1 - \frac{\sum e_i^2}{\sum (y_i - \bar{y})^2} \tag{2-36}$$

由式(2-36)可以看出，$0 \leqslant R^2 \leqslant 1$，$R^2$ 越高，则对数据的拟合程度越好。如果 $R^2 = 1$，则解释变量可以完全解释被解释变量；反之，如果 $R^2 = 0$，则解释变量对于解释被解释变量没有任何帮助。

多重可决系数 R^2 的缺点是，如果增加解释变量的数目，R^2 只增不减，因为至少可以让新增解释变量的系数为 0 而保持 R^2 不变。为此，我们需要引入修正的可决系数，对解释变量过多进行惩罚：

$$\bar{R}^2 = 1 - \frac{\dfrac{\sum e_i^2}{n-k}}{\dfrac{\sum (y_i - \bar{y})^2}{n-1}} = 1 - \frac{n-1}{n-k} \frac{\sum e_i^2}{\sum (y_i - \bar{y})^2} = 1 - (1-R^2)\frac{n-1}{n-k} \quad (2\text{-}37)$$

可以看出,当 $k>1$ 时,$\bar{R}^2 < R^2$,随着解释变量的增加,$\bar{R}^2$ 将小于 R^2。$\bar{R}^2$ 可能为负值,这时规定 $\bar{R}^2 = 0$。需要注意的是,R^2 和 $\bar{R}^2$ 只用来反映拟合程度的好坏,除此之外并无太多意义。不能单纯地通过可决系数的大小来断定模型的好坏。

对于案例 2-2 来说,通过计算可以得知 $\text{TSS} = \sum (y_i - \bar{y})^2 = 359030776$,$\text{RSS} = \sum e_i^2 = 3167577.22$,可得 $\text{ESS} = 355863199$。

所以可决系数为:

$$R^2 = \frac{\text{ESS}}{\text{TSS}} = \frac{355863199}{359030776} = 0.9912$$

修正的可决系数为:

$$\bar{R}^2 = 1 - (1-R^2)\frac{n-1}{n-k} = 1 - (1-0.9912) \times \frac{12-1}{12-4} = 0.9879$$

可决系数和修正的可决系数均很大,表明模型的拟合程度很好,被解释变量的大部分变化可以被解释变量所解释。

2.2.6 回归方程的显著性检验

回归方程的显著性,旨在对模型中解释变量和被解释变量之间的线性关系在整体上是否显著作出判断。对回归方程整体显著性的检验,是要检验模型中参数 $\beta_2, \beta_3, \cdots, \beta_k$ 是否显著不为 0,原假设和备择假设分别为

$$H_0: \beta_2 = \beta_3 = \cdots = \beta_k = 0$$
$$H_1: \beta_j (j=2,3,\cdots,n) \text{ 不全为 } 0$$

根据数理统计学的知识,在原假设 H_0 成立的条件下,F 统计量为:

$$F = \frac{\text{ESS}/(k-1)}{\text{RSS}/(n-k)} \sim F(k-1, n-k) \quad (2\text{-}38)$$

即 F 统计量服从自由度为 $(k-1, n-k)$ 的 F 分布。给定显著性水平 α,查表可得到临界值 $F_\alpha(k-1, n-k)$,将样本观测值代入式(2-38)算出 F 统计量的值后,将 F 值与临界值 $F_\alpha(k-1, n-k)$ 进行对比。若 $F > F_\alpha(k-1, n-k)$,则拒绝原假设 $H_0: \beta_2 = \beta_3 = \cdots = \beta_k = 0$,说明回归方程整体显著,即模型中的各个解释变量结合起来对被解释变量有显著影响;若 $F < F_\alpha(k-1, n-k)$,则不能拒绝原假设 $H_0: \beta_2 = \beta_3 = \cdots = \beta_k = 0$,说明回归方程不显著,即模型中的各个解释变量联合起来对被解释变量没有显著影响。

回归方程的显著性检验和拟合优度检验是从不同原理出发的两类检验,前者是从样本观测值出发,检验模型总体线性关系的显著性;后者是从已经得到的模型出发,检验它对样本观测值的拟合程度。但两者又是有联系的,一般来说,模型的拟合程度越高,模型总体线性关系

的显著性就越强。可决系数 R^2 与 F 统计量之间有如下关系：

$$F = \frac{n-k}{k-1} \times \frac{R^2}{1-R^2} \tag{2-39}$$

由上式可知，随着可决系数 R^2 的增加，F 统计量将不断增加。当 $R^2 = 0$ 时，$F = 1$；当 $R^2 = 1$ 时，F 为无穷大。也就是说，F 统计量不仅是对回归方程的显著性检验，实际上也是对 R^2 的一个显著性检验。

考虑案例 2-2，我们已经通过计算得知 ESS $= 355863199$，RSS $= 3167577.22$。对于原假设 $H_0 : \beta_2 = \beta_3 = \beta_4 = 0$，考虑显著性水平 $\alpha = 0.05$，在 F 分布表中查出自由度为 $k-1 = 3$ 和 $n-k = 8$ 的临界值 $F_{0.05}(3,8) = 4.07$，计算 F 统计量：

$$F = \frac{\text{ESS}/(k-1)}{\text{RSS}/(n-k)} = \frac{355863199/3}{3167577.22/8} = 299.6$$

因为 $F = 299.6 > F_{0.05}(3,8) = 4.07$，说明回归方程整体是显著的，即列入方程的解释变量"粮食播种面积""耕地浇灌面积"和"农用化肥施用量"联合起来对被解释变量"粮食产量"具有显著的影响。

2.2.7 回归参数的显著性检验

对于多元线性回归模型，方程的总体线性关系是显著的，并不能代表每个解释变量对于被解释变量的影响都是显著的。因此，我们需要分别对每个解释变量进行显著性检验，以此判断解释变量对被解释变量的影响是否显著，检验方法与简单线性回归的检验基本相同。

由式(2-35)我们已经知道了参数估计量 $\hat{\beta}_j$ 的标准误，其标准化随机变量服从标准正态分布：

$$Z = \frac{\hat{\beta}_j - \beta_j}{\sqrt{\text{Var}(\hat{\beta})}} \sim N(0,1) \tag{2-40}$$

由式(2-24)可知，$\text{Var}(\hat{\boldsymbol{\beta}}) = \sigma^2 (\boldsymbol{X}^T \boldsymbol{X})^{-1}$，而 σ^2 未知，但我们可以用式(2-34)中的 s^2 来进行估计，因此可以构造如下 t 统计量：

$$t = \frac{\hat{\beta}_j - \beta_j}{\text{SE}(\hat{\beta}_j)} = \frac{\hat{\beta}_j - \beta_j}{\sqrt{s^2 (\boldsymbol{X}^T \boldsymbol{X})^{-1}_{jj}}} \sim t(n-k) \tag{2-41}$$

该统计量即为用于回归参数显著性检验的 t 统计量。

1. 提出假设

在回归参数显著性检验中，针对某解释变量 $x_i (i = 1, 2, \cdots, n)$ 设计的原假设 H_0 和备择假设 H_1 分别为

$$H_0 : \beta_j = 0$$
$$H_1 : \beta_j \neq 0$$

2. 检验

给定一个显著性水平 α，查自由度为 $n-k$ 的 t 分布表，得到临界值 $t_{\frac{\alpha}{2}}(n-k)$。

若 $|t| \geqslant t_{\frac{\alpha}{2}}(n-k)$，就拒绝原假设 H_0，不拒绝备择假设 H_1，说明在其他解释变量不变的情况下，解释变量 x_i 对被解释变量的影响是显著的。

若 $|t| < t_{\frac{\alpha}{2}}(n-k)$，就不能拒绝原假设 H_0，说明在其他解释变量不变的情况下，解释变量 x_i 对被解释变量的影响是不显著的。

需要注意的是，t 检验与 F 检验在一元线性回归模型中是一致的。

考虑案例 2-2，对于原假设 $H_0:\beta_j=0$，在显著性水平 $\alpha=0.05$ 的情况下，查 t 分布表可知自由度为 $n-k=8$ 的临界值 $t_{\frac{0.05}{2}}(8)=2.31$，在之前我们已经分别计算出了 $\text{SE}(\hat{\beta}_1)=16110$，$\text{SE}(\hat{\beta}_2)=0.4806$，$\text{SE}(\hat{\beta}_3)=0.305$，$\text{SE}(\hat{\beta}_4)=3.775$，将其代入式(2-41)可知对应的 t 统计量分别为 -1.695、-0.878、4.183 和 2.584。

显然，$t_{\beta_3}=4.183$ 和 $t_{\beta_4}=2.584$ 的绝对值均大于 $t_{\frac{0.05}{2}}(8)=2.31$，所以在显著性水平 $\alpha=0.05$ 下可以拒绝原假设，说明在其他解释变量不变的情况下，可以认为解释变量"耕地浇灌面积"和"农用化肥施用量"对被解释变量"粮食产量"的影响是显著的；而 $t_{\beta_2}=-0.878$，其绝对值小于临界值，说明无法拒绝原假设，即在显著性水平 $\alpha=0.05$ 的情况下，解释变量"粮食播种面积"对于被解释变量"粮食产量"的影响是不显著的。

2.2.8 回归参数的置信区间估计

回归参数的假设检验可以用来帮助我们判断解释变量是否对被解释变量有显著的线性影响，但我们并不知道所估计的参数距离参数的真实值有多近，还需要在对参数进行点估计的基础上对多元线性回归模型的参数作区间估计。

由式(2-41)可知，$t_{\frac{\alpha}{2}}(n-k)$ 表示 t 分布表中显著性水平为 α，自由度为 $n-k$ 的临界值，则有：

$$P\left[-t_{\frac{\alpha}{2}}(n-k) \leqslant t = \frac{\hat{\beta}_j-\beta_j}{\text{SE}(\hat{\beta}_j)} \leqslant t_{\frac{\alpha}{2}}(n-k)\right] = 1-\alpha \quad (j=1,2,\cdots,k) \quad (2-42)$$

即

$$P\left[\hat{\beta}_j - t_{\frac{\alpha}{2}} \text{SE}(\hat{\beta}_j) \leqslant \beta_j \leqslant \hat{\beta}_j + t_{\frac{\alpha}{2}} \text{SE}(\hat{\beta}_j)\right] = 1-\alpha$$

$$P\left[\hat{\beta}_j - t_{\frac{\alpha}{2}} \sqrt{s^2 (\boldsymbol{X}^\text{T}\boldsymbol{X})_{jj}^{-1}} \leqslant \beta_j \leqslant \hat{\beta}_j + t_{\frac{\alpha}{2}} \text{SE} \sqrt{s^2 (\boldsymbol{X}^\text{T}\boldsymbol{X})_{jj}^{-1}}\right] = 1-\alpha$$

这就是多元线性回归模型参数 β_j 的置信度为 $1-\alpha$ 的置信区间。

例如，对于案例 2-2 的参数，前文已经计算得出各个参数，只需代入式(2-42)即可，可得 $P(0.5726747 < \beta_3 < 1.979505) = 0.95$，$P(1.049429 < \beta_4 < 18.45735) = 0.95$。

2.3 资源环境案例分析

案例 2-3

近年来，随着人口的迅速增加、社会的快速发展和科学技术的不断进步，人类对于自然资源的需求也日益增长，各种各样的生产活动也给生存环境带来了各种问题，比如全球气候变暖、土地荒漠化、冰川融化、酸雨和雾霾等。生活的各个方面都在遭受环境污染的影响,特别是空气质量的下降,已经严重威胁人类的生命健康,因此治理大气污染刻不容缓。

根据环境空气质量标准,选择空气质量指数(air quality index,AQI,越大表示空气质量越差)作为被解释变量来衡量空气质量,选择细颗粒物(PM2.5)、可吸入颗粒物(PM10)、二氧化硫(SO_2)、一氧化碳(CO)、二氧化氮(NO_2)以及臭氧(O_3)浓度作为解释变量来构造模型。以武汉市 2014 年 1 月到 2020 年 12 月的月度空气质量数据作为样本,建立如下多元线性回归模型:

$$y_i = \beta_1 + \beta_2 x_{2i} + \beta_3 x_{3i} + \beta_4 x_{4i} + \beta_5 x_{5i} + \beta_6 x_{6i} + \beta_7 x_{7i} + \varepsilon_i$$

式中,x_2 代表 PM2.5 浓度;x_3 代表 PM10 浓度;x_4 代表 SO_2 浓度;x_5 代表 CO 浓度;x_6 代表 NO_2 浓度;x_7 代表 O_3 浓度。

利用 R 语言对模型参数进行 OLS 估计(图 2-3)。

代码:fit<-lm(y~x2+x3+x4+x5+x6+x7,data=pollution)
　　　summary(fit)

```
Call:
lm(formula = y ~ x2 + x3 + x4 + x5 + x6 + x7, data = pollution)

Residuals:
    Min      1Q  Median      3Q     Max
-15.6373 -5.4553  0.2954  3.3494 17.9807

Coefficients:
             Estimate Std. Error t value Pr(>|t|)
(Intercept)  -9.56592    8.64022  -1.107 0.271681
x2            0.78124    0.09820   7.956 1.24e-11 ***
x3            0.23004    0.05725   4.018 0.000135 ***
x4           -0.22010    0.26168  -0.841 0.402885
x5           19.01238    9.12139   2.084 0.040442 *
x6           -0.07871    0.10732  -0.733 0.465568
x7            0.18904    0.03383   5.588 3.33e-07 ***
---
Signif. codes:  0 '***' 0.001 '**' 0.01 '*' 0.05 '.' 0.1 ' ' 1

Residual standard error: 7.378 on 77 degrees of freedom
Multiple R-squared:  0.9336,    Adjusted R-squared:  0.9284
F-statistic: 180.3 on 6 and 77 DF,  p-value: < 2.2e-16
```

图 2-3　模型回归结果

根据图 2-3 中的结果,可以将模型估计的结果写为:

$$\hat{y}_i = -9.56592 + 0.78124\, x_{2i} + 0.23004\, x_{3i} - 0.2201\, x_{4i} +$$
$$(-1.107) \quad (7.956) \quad\quad (4.018) \quad\quad (-0.841)$$
$$19.01238\, x_{5i} - 0.07871\, x_{6i} + 0.18904\, x_{7i}$$
$$(2.084) \quad\quad (-0.733) \quad\quad (5.588)$$
$$R^2 = 0.9336 \quad \bar{R}^2 = 0.9284 \quad F = 180.3 \quad n = 84$$

多元线性回归模型的估计结果表明,在假设其他变量不变的情况下,PM2.5 浓度每提升 1μg/m³,AQI 将会上升 0.78124;PM10 浓度每提升 1μg/m³,AQI 将会上升 0.23004;CO 浓

度每提升 1mg/m^3，AQI 将会上升 19.01238；O_3 浓度每提升 $1\mu\text{g/m}^3$，AQI 将会上升 0.18904。

1. 模型检验

(1) 拟合优度：由图 2-3 可以看出，模型的可决系数 $R^2 = 0.9336$，修正的可决系数 $\bar{R}^2 = 0.9284$，这说明 AQI 有 93.36% 的变化可以由解释变量来进行解释，修正后有 92.84% 的变化可以被解释，表明模型对样本的拟合程度很好。

(2) F 检验：对于原假设 H_0，即 $\beta_2 = \beta_3 = \cdots = \beta_k = 0$，给定显著性水平 $\alpha = 0.05$，在 F 分布表中查出自由度为 $k-1=6$ 和 $n-k=77$ 的临界值 $F_\alpha(6,77) = 2.22$。由图 2-3 可知，$F = 180.3$，大于临界值 $F_\alpha(6,77)$，所以应当拒绝原假设 $H_0: \beta_2 = \beta_3 = \cdots = \beta_k = 0$，说明回归方程整体显著，即上述 6 个解释变量（PM2.5，PM10，SO_2，CO，NO_2，O_3）联合起来确实对被解释变量（AQI）有显著的影响。

(3) t 检验：针对原假设 H_0，即 $\beta_j = 0 (j=2,3,4,5,6,7)$，若给定显著性水平 $\alpha = 0.001$，查 t 分布表得自由度为 $n-k=77$ 的临界值 $t_{\frac{0.001}{2}}(77) = 3.421$；若给定显著性水平 $\alpha = 0.01$，查 t 分布表得自由度为 $n-k=77$ 的临界值 $t_{\frac{0.01}{2}}(77) = 2.641$；若给定显著性水平 $\alpha = 0.05$，查 t 分布表得自由度为 $n-k=77$ 的临界值 $t_{\frac{0.05}{2}}(77) = 1.991$；若给定显著性水平 $\alpha = 0.1$，查 t 分布表得自由度为 $n-k=77$ 的临界值 $t_{\frac{0.1}{2}}(77) = 1.665$。由图 2-3 可知，$\hat{\beta}_2$、$\hat{\beta}_3$、$\hat{\beta}_7$ 对应的 t 统计量分别为 7.956、4.018 和 5.588，其绝对值均大于 $t_{\frac{0.001}{2}}(77) = 3.421$，这说明在显著性 $\alpha = 0.001$ 的情况下，都应当拒绝原假设，即在其他解释变量不变的情况下，解释变量 PM2.5，PM10 和 O_3 对被解释变量 AQI 有显著影响。此外，$\hat{\beta}_5$ 对应的 t 统计量为 2.084，其绝对值小于临界值 $t_{\frac{0.01}{2}}(77) = 2.641$，但是大于临界值 $t_{\frac{0.05}{2}}(77) = 1.991$，也就是说在 $\alpha = 0.01$ 的显著性水平下不能拒绝原假设，但在 $\alpha = 0.05$ 的显著性水平下可以拒绝原假设，认为 CO 对于 AQI 有显著影响。对于 $\hat{\beta}_4$ 和 $\hat{\beta}_6$，其对应的 t 统计量分别为 -0.841 和 -0.733，其绝对值均小于临界值 $t_{\frac{0.1}{2}}(77) = 1.665$，表明在 $\alpha = 0.1$ 的显著性水平下，无法拒绝原假设，即 SO_2 和 NO_2 对 AQI 的影响是不显著的。以上结论也可以通过观察图 2-3 中的 P 值得到，$\hat{\beta}_2$、$\hat{\beta}_3$、$\hat{\beta}_7$ 的 P 值均远小于 0.001；$\hat{\beta}_5$ 的 P 值为 0.04，虽然大于 0.01，但是小于 0.05；而 $\hat{\beta}_4$ 和 $\hat{\beta}_6$ 的 P 值分别为 0.403 和 0.466，大于 0.1。

2. 置信区间估计

式(2-42)给出了估计置信区间的方法，在显著性 $\alpha = 0.05$ 的情况下，查表知临界值 $t_{\frac{0.05}{2}}(77) = 1.991$，再将图 2-3 中得到的参数估计值和标准误代入可知：

$$P[\hat{\beta}_2 - t_{\frac{0.05}{2}}\text{SE}(\hat{\beta}_2) \leqslant \beta_2 \leqslant \hat{\beta}_2 + t_{\frac{0.05}{2}}\text{SE}(\hat{\beta}_2)] = 1 - 0.05$$

$$P\begin{Bmatrix} 0.78124 - 1.991 \times 0.0982 \leqslant \beta_2 \\ \leqslant 0.78124 + 1.991 \times 0.0982 \end{Bmatrix} = 0.95$$

$$P(0.5857238 \leqslant \beta_2 \leqslant 0.9767562) = 0.95$$

即 β_2 的 95% 置信区间为 $[0.5857238, 0.9767562]$，同理可以计算其他参数的置信区间。

β_3 的 95% 置信区间为：

$$P\begin{Bmatrix} 0.23004 - 1.991 \times 0.05725 \leqslant \beta_3 \\ \leqslant 0.23004 + 1.991 \times 0.05725 \end{Bmatrix} = 0.95$$

$$P(0.11605525 \leqslant \beta_3 \leqslant 0.34402475) = 0.95$$

β_5 的 95% 置信区间为：

$$P\begin{Bmatrix} 19.01238 - 1.991 \times 9.12139 \leqslant \beta_5 \\ \leqslant 19.01238 + 1.991 \times 9.12139 \end{Bmatrix} = 0.95$$

$$P(0.85169251 \leqslant \beta_5 \leqslant 37.17306749) = 0.95$$

β_7 的 95% 置信区间为：

$$P\begin{Bmatrix} 0.18904 - 1.991 \times 0.03383 \leqslant \beta_7 \\ \leqslant 0.18904 + 1.991 \times 0.03383 \end{Bmatrix} = 0.95$$

$$P(0.121688447 \leqslant \beta_7 \leqslant 0.25639553) = 0.95$$

我们希望所得到的置信水平越高越好，置信区间跨度越小越好。观察所计算的 4 个置信区间可以发现，β_7 的置信区间跨度最小，β_5 的置信区间跨度最大，这表明在同样的置信水平下，β_7 的估计结果精度最高，β_5 的估计结果精度最差。可以通过增加样本容量 n 来降低 $t_{\frac{\alpha}{2}}$，一般情况下也能使得 $SE(\hat{\beta}_j)$ 下降，更好的办法是通过提高模型的拟合优度来降低残差平方和。

案例 2-4

随着全球化进程的推进以及知识化进程的加快，无人驾驶、人工智能和虚拟现实等领域受到了大家的关注，而半导体行业必然成为这些领域的基石。目前，半导体已经在各个领域得到了广泛的应用，且应用范围不断拓宽，包括汽车、计算机、航空航天、移动通信、国防科技等行业和领域，成为国家实力的一种表现。我国在半导体行业虽然有一定程度的发展，但当前的世界格局仍然是由美国、日本、韩国和德国等发达国家主导，且部分高端半导体产品严重依赖于进口，如果我国在半导体上无法实现自主创新，掌握知识产权，那么必将处处受制于人，所以实现半导体的制备技术自主可控已经迫在眉睫，找到促进半导体行业发展的因素，能更好地让我国半导体行业发展。

生活中有着大量的因素影响着我国半导体行业，比如政策因素、研发投入、固定资产投资、劳动投入、进出口贸易量以及社会、地理环境等因素。因为存在大量的影响因素，且部分因素难以量化，所以选取 2014—2019 年半导体产业的固定资产投资（亿元）、研发投入（亿元）和劳动投入（人）作为解释变量，选取 2014—2019 年半导体行业的产值（亿元）作为被解释变量构造模型，建立如下多元线性回归模型：

$$y_i = \beta_1 + \beta_2 x_{2i} + \beta_3 x_{3i} + \beta_4 x_{4i} + \varepsilon_i$$

式中，x_2 代表固定资产投资；x_3 代表研发投入；x_4 代表劳动投入。

利用 R 语言对模型参数进行 OLS 估计，代码及相应的结果（图 2-4）如下：

```
fit<--lm(y~x2+x3+x4,data=semi)
summary(fit)
```

```
Call:
lm(formula = y ~ x2 + x3 + x4, data = semi)
Residuals:
      1        2        3        4        5        6
 42.0236  -0.1517 -74.2119  22.1120 -10.7859  21.0140
Coefficients:
             Estimate Std. Error t value Pr(>|t|)
(Intercept) -1.105e+03  3.241e+02  -3.409   0.0763 .
x2           4.136e+00  9.245e-01   4.474   0.0465 *
x3           5.117e+00  1.041e+00   4.913   0.0390 *
x4          -1.059e-04  1.078e-04  -0.982   0.4295
---
Signif. codes:  0 '***' 0.001 '**' 0.01 '*' 0.05 '.' 0.1 ' ' 1

Residual standard error: 64.5 on 2 degrees of freedom
Multiple R-squared:  0.9995,    Adjusted R-squared:  0.9987
F-statistic:  1264 on 3 and 2 DF,  p-value: 0.0007908
```

图 2-4　模型回归结果

根据图 2-4 中的结果,可以将模型估计的结果写为:

$$\hat{y}_i = -1105 + 4.136\, x_{2i} + 5.117\, x_{3i} - 0.0001059\, x_{4i}$$
$$(-3.409)\quad (4.474)\quad\quad (4.913)\quad\quad (-0.982)$$

$$R^2 = 0.9995 \quad \overline{R}^2 = 0.9987 \quad F = 1264 \quad n = 6$$

多元线性回归模型的估计结果表明,在假设其他变量不变的情况下,半导体产业的固定资产投资每提升 1 亿元,半导体产业的产值将会上升 4.136 亿元;半导体产业的研发投入每提升 1 亿元,半导体产业的产值将会上升 5.117 亿元。

模型检验

(1) 拟合优度:由图 2-4 可以看出,模型的可决系数 $R^2 = 0.9995$,修正的可决系数 $\overline{R}^2 = 0.9987$,这说明半导体产业的产值有 99.95% 的变化可以由解释变量来进行解释,修正后有 99.87% 的变化可以被解释,表明模型对样本的拟合程度很好。

(2) F 检验:对于原假设 H_0,即 $\beta_2 = \beta_3 = \cdots = \beta_k = 0$,给定显著性水平 $\alpha = 0.05$,在 F 分布表中查出自由度为 $k-1 = 3$ 和 $n-k = 2$ 的临界值 $F_\alpha(3,2) = 19.16$。由图 2-4 可知,$F = 1264$,大于临界值 $F_\alpha(3,2)$,所以应当拒绝原假设 H_0,说明回归方程整体显著,即上述三个解释变量(固定资产投资,研发投入,劳动投入)联合起来确实对被解释变量(半导体行业的产值)有显著的影响。

(3) t 检验:针对原假设 H_0,即 $\beta_j = 0 (j = 2,3,4)$,若给定显著性 $\alpha = 0.01$,查 t 分布表得自由度为 $n-k = 2$ 的临界值 $t_{\frac{0.01}{2}}(2) = 9.925$;若给定显著性 $\alpha = 0.05$,查 t 分布表得自由度为 $n-k = 2$ 的临界值 $t_{\frac{0.05}{2}}(2) = 4.303$。由图 2-4 可知,$\hat{\beta}_2$、$\hat{\beta}_3$ 对应的 t 统计量分别为 4.474 和 4.913,其绝对值均大于 $t_{\frac{0.05}{2}}(2) = 4.303$,这说明在显著性 $\alpha = 0.05$ 的情况下,都应当拒绝原假设,即在其他解释变量不变的情况下,解释变量固定资产投资和研发投入对被解释变量半导体行业的产值有显著影响,但是 $\hat{\beta}_2$、$\hat{\beta}_3$ 对应的 t 统计量的绝对值均小于临界值 $t_{\frac{0.01}{2}}(2) =$

9.925，也就是说在 $\alpha=0.01$ 的显著性水平下不能拒绝原假设。此外，$\hat{\beta}_4$ 对应的 t 统计量为 -0.982，其绝对值小于临界值 $t_{\frac{0.05}{2}}(2)=4.303$，表明在 $\alpha=0.05$ 的显著性水平下，无法拒绝原假设，即劳动投入对半导体行业的产值的影响是不显著的。以上结论也可以通过观察图 2-4 中的 P 值得到，$\hat{\beta}_2$、$\hat{\beta}_3$ 的 P 值均小于 0.05；而 $\hat{\beta}_4$ 的 P 值为 0.4295，大于 0.05。

置信区间估计

式(2-42)给出了估计置信区间的方法，在显著性 $\alpha=0.05$ 的情况下，查表知临界值 $t_{\frac{0.05}{2}}(2)=4.303$，再将图 2-4 中得到的参数估计值和标准误代入可知：

$$P[\hat{\beta}_2 - t_{\frac{0.05}{2}}\text{SE}(\hat{\beta}_2) \leqslant \beta_2 \leqslant \hat{\beta}_2 + t_{\frac{0.05}{2}}\text{SE}(\hat{\beta}_2)] = 1 - 0.05$$

$$P\begin{Bmatrix} 4.136 - 4.303 \times 0.9245 \leqslant \beta_2 \\ \leqslant 4.136 + 4.303 \times 0.9245 \end{Bmatrix} = 0.95$$

$$P(0.1578765 \leqslant \beta_2 \leqslant 8.1141235) = 0.95$$

即 β_2 的 95% 置信区间为 [0.1578765, 8.1141235]，同理可以计算 β_3 的 95% 置信区间为：

$$P\begin{Bmatrix} 5.117 - 4.303 \times 1.041 \leqslant \beta_3 \\ \leqslant 5.117 + 4.303 \times 1.041 \end{Bmatrix} = 0.95$$

$$P(0.637577 \leqslant \beta_3 \leqslant 9.596423) = 0.95$$

即 β_3 的 95% 置信区间为 [0.637577, 9.596423]。

习题

1. 多元线性回归模型的基本假设是什么？多元线性回归中的假设与简单线性回归有什么不同？

2. 结合所学知识，请说明参数最小二乘估计的性质并进一步回顾一元线性回归相关知识。

3. 在多元线性回归模型中，我们用什么来考察模型的拟合优度？有什么缺点？

4. 说明如何修正可决系数，以及修正后的可决系数有什么缺点？

5. 根据本章知识，比较回归方程的显著性检验和拟合优度的检验，并简要说明两者的区别与联系。

6. 在多元统计分析中，为什么既要进行 F 检验，又要进行 t 检验？

7. 给定多元线性回归模型：$y_i = \beta_1 + \beta_2 x_{1i} + \beta_3 x_{2i} + \beta_4 x_{3i} + \mu$。

(1) 请写出总体回归方程和样本回归方程。

(2) 请说明总离差平方和、回归平方和、残差平方和之间的关系。

8. 利用案例 2-1 中表 2-1 的湖北省 1997—2016 年的建设用地面积（x_2）、人口数量（x_3）和碳排放总量（y）的数据，回答下列问题。

(1) 建立计量经济模型：$y_i = \beta_1 + \beta_2 x_{2i} + \beta_3 x_{3i} + \mu_i$，估计参数并对模型加以检验。

(2) 如果再建立如下计量经济模型：$y_i = \beta_1 + \beta_2 \ln x_{2i} + \beta_3 x_{3i} + \mu_i$，估计参数并对模型加以检验。

9. 下表给出了2000—2009年间湖北省的能源工业投资、原煤生产量、能源消费量,分析过程中记原煤生产量为 y,能源消费量为 x_1,能源工业投资为 x_2。

年份	能源工业投资/亿元	能源消费量/$\times 10^4$ t 标准煤	原煤生产量/$\times 10^4$ t
2000	239	6269.09	389.32
2001	244.7493	6052	1016.54
2002	270.4859	6713	372.55
2003	245.7819	7708	366.4
2004	269.4469	9120	1016.62
2005	287	10081.9516	1010.39
2006	365	11049.0792	1116.29
2007	364	12143.1177	1084.26
2008	403	12844.7159	1073.19
2009	495	13707.8075	1058.45

(1)建立原煤生产量与消费量、投资量之间的线性模型:
$$y = \beta_0 + \beta_1 x_1 + \beta_2 x_2 + \mu$$
解释各回归系数的意义,用 P 值检验所估计的回归系数是否显著。

(2)建立原煤生产量与消费量、投资量之间的对数函数线性模型:
$$y = \beta_0 + \beta_1 \ln x_1 + \beta_2 \ln x_2 + \mu$$
解释各回归系数的意义,用 P 值检验所估计的回归系数是否显著。

(3)比较前两题的模型,观察两个模型的结论是否相同,并说明你会选择哪个模型。

10. 下表是湖北省2003—2015年环境保护方面的基本情况调查表,包括环境污染治理投资总额、环境保护系统机构人数、脱硫设施、工业废气排放总量,为进一步探究近几年来湖北省的环境保护力度,请结合下列问题进行简要分析。

年份	环境污染治理投资总额/亿元	环境保护系统机构人数/人	脱硫设施/套	工业废气排放总量/$\times 10^8$ m³
2003	31.8	8401	206	6707
2004	44.8	8258	214	8838
2005	62	7196	247	9404
2006	67.7	7244	300	11015
2007	64.3	7493	280	10373
2008	90.1	7536	292	11558

续表

年份	环境污染治理投资总额/亿元	环境保护系统机构人数/人	脱硫设施/套	工业废气排放总量/×10^8 m^3
2009	150.6	7561	333	12523
2010	146.8	7623	351	13865
2011	259.8	7580	432	22840.8
2012	285.5	7476	434	19512.5
2013	252.7	7511	435	19986.9
2014	316.5	7503	497	21701.8
2015	246.8	7669	644	23643

(1)以工业废气排放总量为被解释变量 y，以环境污染治理投资总额、环境保护系统机构人数、脱硫设施为解释变量，分别为 x_1、x_2、x_3 建立线性回归模型：

$$y = \beta_1 + \beta_2 x_1 + \beta_3 x_2 + \beta_4 x_3 + \mu$$

你预计该模型所估计的参数的符号应该是什么，结合结果验证你的猜想。

(2)对模型及各个解释变量的显著性进行检验，根据检验结果你有什么发现？

11.下表是我国某城市的电力消费情况，包括电力消费量、总人口、人均可支配收入、移动电话容量、电话普及率(包括移动电话)、互联网宽带接入端口。

年份	电力消费量/×10^8 kW·h	总人口/万人	人均可支配收入/元	移动电话容量/万户	电话普及率/(部/百人)	互联网宽带接入端口/万个
2013	1629.75	5798	16472.4607	7235.2	93.1335	1153.2
2014	1656.54	5816	18283.2	8255.84	94.81	1266.06
2015	1665.1571	5850	20025.6	8753.3	92.336	2061.13
2016	1763.1099	5885	21786.6	8748.7	92.0204	2594.6797
2017	1868.9963	5904	23757.2	8833.5	95.7792	2605.5062
2018	2071.4302	5917	25814.5	8502.3	104.3197	2961.29
2019	2214.301	5927	28319.5	8712.3	104.7233	3062.2842
2020	2144	5745	27880.6	8592.3	106.71	3221.4

利用表中数据，建立电力消费量关于总人口、人均可支配收入、移动电话容量、电话普及率、互联网宽带接入端口的回归模型，进行相应的回归分析，并检验总人口、人均可支配收入等因素对电力消费量是否有显著的影响，分析其检验结果是否合理。

12.轻工业是助力我国国民经济稳定发展的重要产业，能够为社会群众提供基本的生产生活资料。近年来,我国一直比较重视国内轻工业的发展情况,下表是我国 2001—2011 年规模以上轻工业企业的主要经济指标,主要包括工业生产总值、主营业务收入、主营业务成本、主营业务税金及附加,请结合数据进行相关分析。

年份	工业生产总值/亿元	主营业务收入/亿元	主营业务成本/亿元	主营业务税金及附加/亿元
2001	37636.93	35346.33	28878.1	936.89
2002	43355.74	40929.49	33405.3	1082.35
2003	50497.5	48347.67	39598.4	1192.26
2004	63819.06	61782.92	51349.24	1438.15
2005	78280.27	76126.77	63219.99	1629.99
2006	94845.97	92515.14	76778.93	1872.75
2007	119640.39	116235.06	95662.36	2273.77
2008	145429.08	141207.1	116654.48	2865.32
2009	161498.12	157799.13	129720.76	3463.26
2010	200071.53	197073.87	161815.55	4106.87
2011	237699.77	234307.06	192628.29	4882.85

根据所学过的知识建立合理的线性回归模型,并对回归模型的各个系数进行解释说明。在建立模型进行回归分析后,你有什么新的发现?

13. 目前全世界能源年总消费量约为 134×10^8 t 标准煤,其中石油、天然气、煤等化石能源占 85%,大部分电力也是依赖化石能源生产的,核能、太阳能、水力、风力、波浪能、潮汐能、地热等能源仅占 15%。化石能源价格比较低廉,开发利用的技术也比较成熟,并且已经系统化和标准化。虽然发达国家在 20 世纪 70 年代遭受了两次石油危机打击后,千方百计摆脱对石油的过度依赖,但是在其后 20 多年里,石油仍然是最主要的能源,全球需求量将以年均 1.9% 的速度增长;煤仍然是电力生产的主要燃料,全球需求量将以每年 1.5% 的速度增长。可见化石能源仍然是我们在这个星球上赖以生存和发展的能源基础。本题主要分析了澳大利亚石油资源数据,主要包括石油产量、总的石油消费量、原油进口,请你结合所学知识进行分析。

年份	石油产量/(千桶/日)	总的石油消费量/$\times 10^3$ MBtu	原油进口/(千桶/日)
2000	806	1.7488	405.511
2001	748	1.742	427.117
2002	749	1.7879	427.097

续表

年份	石油产量/(千桶/日)	总的石油消费量/$\times 10^3$ MBtu	原油进口/(千桶/日)
2003	655	1.8572	409.53
2004	574	1.8986	361.613
2005	570	1.9279	405.249
2006	532	1.9529	380.353
2007	549	1.9891	397.334
2008	538	2.0137	410.988
2009	507	2.0154	384.593
2010	548	2.105	426.955
2011	483	2.2178	505.703
2012	479	2.2848	469.989
2013	407	2.3087	471.438
2014	436	2.2837	440.888
2015	384	2.2734	392.67
2016	361	2.269	308.553
2017	348	2.3739	322.241
2018	356	2.4094	356.87

(1) 以总的石油消费量为被解释变量，以石油生产量和原油进口为解释变量进行回归分析，并根据结果说明回归参数的经济意义。

(2) 结合平时所学，思考还有什么因素会影响总的石油消费量，并搜集数据进行分析。

14. 近年来，资源问题受到了很大的关注，以下是国际上 2019—2020 年各月份原油价格、黄金价格、汇率(英镑-美元)、地缘政治风险指数的数据，请结合数据进行分析。

日期	原油价格/(美元/桶)	黄金价格/金衡盎司	汇率	地缘政治风险/指数
2019 年 1 月	59.27	1291.75	1.1444	192.41
2019 年 2 月	64.13	1320.07	1.137	160.61
2019 年 3 月	66.41	1300.9	1.1217	118.28
2019 年 4 月	71.2	1286.45	1.1215	107.11
2019 年 5 月	70.53	1283.95	1.1167	211.71

续表

日期	原油价格/(美元/桶)	黄金价格/金衡盎司	汇率	地缘政治风险/指数
2019年6月	63.3	1359.04	1.1368	245.62
2019年7月	64	1412.98	1.1074	190.57
2019年8月	59.25	1498.8	1.0989	262.22
2019年9月	62.33	1511.31	1.0898	187.87
2019年10月	59.37	1495.02	1.115	195.28
2019年11月	62.74	1470.02	1.1015	135.67
2019年12月	65.85	1476.04	1.121	120.85
2020年1月	63.6	1560.67	1.1093	380.1
2020年2月	55	1598.39	1.1025	124.35
2020年3月	32.98	1591.93	1.1029	78.77
2020年4月	23.34	1682.93	1.0955	65.51
2020年5月	31.02	1716.38	1.1098	104.33
2020年6月	39.93	1732.22	1.1231	139.8
2020年7月	42.81	1843.31	1.1774	109.43
2020年8月	44.26	1968.57	1.1936	89.42
2020年9月	41.09	1922.21	1.1718	122.97
2020年10月	40.47	1900.28	1.1647	121.99
2020年11月	43.22	1863.49	1.1928	107.65
2020年12月	49.85	1855.96	1.2213	103.57

请分别以原油价格、黄金价格为被解释变量,进行多元回归分析。

15. 在本章案例解析及练习题的基础上,联系自己所学的专业将模型改造成多元线性回归模型,选择自己关注的研究,并搜集数据,用本章的方法估计和检验这个多元线性回归模型,你将如何评价自己进行的这项研究?

第 3 章 多重共线性

3.1 多重共线性介绍

3.1.1 多重共线性的含义

对于模型：

$$y_i = \beta_0 + \beta_1 x_{i1} + \beta_2 x_{i2} + \cdots + \beta_k x_{ik} + \mu_i \tag{3-1}$$

其基本假设之一是解释变量 $x_1, x_2, \cdots, x_k$ 是相互独立的。如果某两个或多个解释变量之间出现了相关性，则称解释变量 $x_1, x_2, \cdots, x_k$ 间存在多重共线性。

如果存在不全为 0 的常数 $c_1, c_2, \cdots, c_k$，使得：

$$c_1 x_{i1} + c_2 x_{i2} + \cdots + c_k x_{ik} = 0 \tag{3-2}$$

即某一个解释变量可以用其他解释变量的线性组合表示，这时称解释变量 $x_1, x_2, \cdots, x_k$ 间存在完全多重共线性。

用矩阵表示，解释变量的数据矩阵为：

$$\boldsymbol{X} = \begin{bmatrix} 1 & x_{21} & x_{31} & \cdots & x_{k1} \\ 1 & x_{22} & x_{32} & \cdots & x_{k2} \\ \vdots & \vdots & \vdots & & \vdots \\ 1 & x_{2n} & x_{3n} & \cdots & x_{kn} \end{bmatrix} \tag{3-3}$$

当 $\mathrm{Rank}(\boldsymbol{X}) < k$ 时，表明在数据矩阵 $\boldsymbol{X}$ 中，至少有一个列向量可以用其余的列向量线性表示，则说明存在完全多重共线性。

事实上，在实际的经济问题中，完全多重共线性并不常见，常见的是解释变量之间存在不完全多重共线性。如果存在不全为 0 的常数 $c_1, c_2, \cdots, c_k$，使得：

$$c_1 x_{i1} + c_2 x_{i2} + \cdots + c_k x_{ik} + v_i = 0 \tag{3-4}$$

式中，v_i 为随机干扰项，这时称解释变量 $x_1, x_2, \cdots, x_k$ 间存在不完全多重共线性。

如果 k 个解释变量之间不存在完全或不完全的线性关系，则称无多重共线性。这时自变量矩阵 $\boldsymbol{X}$ 是满秩矩阵，即 $\mathrm{Rank}(\boldsymbol{X}) = k$。

3.1.2 多重共线性产生的原因

完全多重共线性的情况并不多见,一般出现的是在一定程度上的共线性,即不完全多重共线性。一般来说,多重共线性可能由以下因素导致。

1. 数据收集的有限性

这样产生的多重共线性是非本质的,虽然可以通过收集更多的数据解决,但是对于一些获取样本比较困难的研究,无法通过扩大样本量消除多重共线性。例如实验过程已经完成或经费受到限制,无法收集新的数据。

2. 样本资料的限制

例如在二氧化碳排放影响因素的回归分析中,总体存在一种约束,即技术水平越高,能源消费结构会更优,这样在收集样本时就会因为这个原因导致技术水平和能源消费结构之间存在很强的相关性,导致严重的多重共线性。

3. 模型设定有误

例如在解释变量取对数的回归模型中,引入了某个解释变量平方的对数项,这时就存在完全多重共线性。又或者在构建模型时,引入的两个解释变量具有重合的性质,导致近似多重共线性。

4. 变量具有相同的趋势

特别在时间序列数据中,回归模型所包含的解释变量间可能具有一致的时间趋势,即它们同时随着时间增减。例如一个地区的国内生产总值往往与其工业总产值、社会商品零售总额之间存在着共同增长的趋势。

3.1.3 多重共线性造成的后果

1. 完全多重共线性下参数估计量不存在

多元线性回归模型:

$$Y = X\beta + \mu \tag{3-5}$$

其普通最小二乘参数估计量为:

$$\hat{\beta} = (X^{T}X)^{-1} X^{T}Y \tag{3-6}$$

如果出现完全共线性,则 $(X^{T}X)^{-1}$ 不存在,无法得到参数的估计量。

例如,对二元线性回归模型:

$$y = \beta_0 + \beta_1 x_1 + \beta_2 x_2 + \mu \tag{3-7}$$

如果两个解释变量完全相关,如 $x_2 = \lambda x_1$,则该二元线性回归模型退化为一元线性回归模型:

$$y = \beta_0 + (\beta_1 + \lambda \beta_2) x_1 + \mu \tag{3-8}$$

这时,只能确定综合参数 $\beta_1 + \lambda \beta_2$ 的估计值:

$$\widehat{\beta_1 + \lambda \beta_2} = \frac{\sum x_{i1} y_i}{\sum x_{i1}^2} \tag{3-9}$$

无法确定 β_1、β_2 各自的估计值。

2. 近似多重共线性下 OLS 估计量的方差变大

在近似共线性下,虽然可以得到普通最小二乘参数估计量,但是由参数估计量方差:

$$\text{Var}(\hat{\beta}) = \sigma^2 (\boldsymbol{X}^\text{T}\boldsymbol{X})^{-1} \tag{3-10}$$

可见,由于此时 $|X^\text{T}X| \approx 0$,引起 $(X^\text{T}X)^{-1}$ 主对角线元素较大,使得参数估计量的方差增大,从而不能对总体参数作出准确推断。仍以二元线性回归模型,即式(3-7)为例。离差形式下容易推出 $\hat{\beta}_1$ 的方差为:

$$\text{Var}(\hat{\beta}_1) = \frac{\sigma^2 \sum x_{i2}^2}{\sum x_{i1}^2 \sum x_{i2}^2 - (\sum x_{i1}x_{i2})^2} = \frac{\dfrac{\sigma^2}{\sum x_{i1}^2}}{1 - \dfrac{(\sum x_{i1}x_{i2})^2}{\sum x_{i1}^2 \sum x_{i2}^2}} = \frac{\sigma^2}{\sum x_{i1}^2} \cdot \frac{1}{1-r^2} \tag{3-11}$$

式中,$\dfrac{(\sum x_{i1}x_{i2})^2}{\sum x_{i1}^2 \sum x_{i2}^2}$ 恰为 x_1 与 x_2 的线性相关系数的平方 r^2,由于 $r^2 \leqslant 1$,故 $\dfrac{1}{1-r^2} \geqslant 1$。

当完全不共线性时:

$$r^2 = 0, \quad \text{Var}(\hat{\beta}_1) = \frac{\sigma^2}{\sum x_{i1}^2} \tag{3-12}$$

当近似共线性时:

$$0 < r^2 < 1, \quad \text{Var}(\hat{\beta}_1) = \frac{\sigma^2}{\sum x_{i1}^2} \cdot \frac{1}{1-r^2} > \frac{\sigma^2}{\sum x_{i1}^2} \tag{3-13}$$

当完全共线性时:

$$r^2 = 1, \quad \text{Var}(\hat{\beta}_1) = +\infty \tag{3-14}$$

即多重共线性使得参数估计量的方差增大,以至于当完全共线性时,参数估计量的方差变得无限大。

3. 参数估计量经济意义不合理

如果模型中两个解释变量具有线性相关性,如 x_1 和 x_2,那么它们中的一个变量可以由另一个变量表征。这时,x_1 和 x_2 前的参数并不反映各自与被解释变量之间的结构关系,而是反映它们对被解释变量的共同影响,所以各自的参数已经失去了应有的经济含义,于是经常表现出反常的现象,例如估计结果本来应该是正的,结果却是负的。经验告诉我们,在多元线性回归模型的估计中,如果出现参数估计值的经济意义明显不合理的情况,应该首先怀疑是否存在多重共线性。

4. 变量的显著性检验和模型的预测功能失去意义

存在多重共线性时,参数估计值的方差与标准差变大,从而容易使通过样本计算的 t 值小于临界值,做出参数为零的推断,可能将重要的解释变量排除在模型之外。变大的方差容易使预测的"区间"变大,使预测失去意义。

3.2 多重共线性的检验

当自变量之间存在严重的多重共线性时,如果仍然采用最小二乘法估计回归模型,那么模型将不再精确可靠,因此需要对多元回归模型是否存在多重共线性进行检验。

在进行回归分析之前和之后,我们通过观察可以发现一些严重多重共线性存在的迹象。比如说:在自变量的相关系数矩阵中,一些自变量的相关系数值较大;回归系数的代数符号与专业知识或一般经验相反,或者说与自变量或因变量的相关系数符号相反;回归模型的可决系数 R^2 很大并且能以较高的置信度通过 F 检验,但是自变量的 t 检验均不显著;增减变量或者样本量,回归的结果发生了明显的变化;样本数据较少,接近或者少于变量个数。

虽然根据上述经验方法判断多重共线性是简单便捷的,但是它们既没有从数量上去度量多重共线性的影响,也不可能辨识多重共线性的本质,因此经验方法判断多重共线性并不完全可靠。除此之外,使用统计的方法能更加可靠地检查解释变量之间是否存在线性关系。下面介绍了一些常用的多重共线性检验方法。

3.2.1 简单相关系数检验法

多重共线性表现为自变量之间具有相关关系,根据自变量之间的线性相关程度,简单相关系数检验法是判断是否存在多重共线性的一种便捷的方法。一般认为,如果每两个自变量之间的简单相关系数比较高(如高于0.8),可以认为存在比较严重的多重共线性。但是简单相关系数检验法并不能准确地判断多重共线性是否存在,较高的简单相关系数只是多重共线性存在的充分条件,较低的简单相关系数也可能存在多重共线性。

3.2.2 条件数与病态指数

自变量矩阵 X 的列向量如果存在多重共线性,那么就意味着矩阵 $X^T X$ 至少有一个特征根接近于 0,矩阵 $X^T X$ 有多少个特征根近似为 0,自变量之间就有多少个多重共线性关系。条件数 k 和病态指数 CI 可以作为度量特征根近似于 0 的标准,通过矩阵 $X^T X$ 的特征值,可以得到自变量矩阵的条件数 k,其定义为:

$$k = \frac{\text{最大特征值}}{\text{最小特征值}} \tag{3-15}$$

以及病态指数 CI,其定义为:

$$\text{CI} = \sqrt{\frac{\text{最大特征值}}{\text{最小特征值}}} = \sqrt{k} \tag{3-16}$$

一般认为,对于条件数 k,如果 k 小于 100,认为多重共线性的程度较小;如果 k 在 100 和 1000 之间,认为有中强度的多重共线性;如果 k 大于 1000,认为有严重的多重共线性。对于病态指数 CI,如果 CI 小于 10,认为不存在多重共线性;如果 CI 在 10 和 30 之间,认为多重共线性的程度较小;如果 CI 在 30 和 100 之间,认为有较强的多重共线性;如果 CI 大于 100,认为有严重的多重共线性。

3.2.3 方差膨胀因子法

一个常用的多重共线性的诊断方法是使用方差膨胀因子,自变量 x_j 的方差膨胀因子记为 VIF_j,它的计算方法为:

$$\text{VIF}_j = (1 - R_j^2)^{-1} \tag{3-17}$$

式中,R_j^2 是以 x_j 为因变量时对其他自变量回归的可决系数,它度量了 x_j 与其他自变量的线性相关程度。VIF_j 的值越大代表着自变量 x_j 与其他自变量之间的线性相关程度越强,因此方差膨胀因子 VIF_j 可以用于度量多重共线性的严重程度。一般认为,当 $\text{VIF}_j > 10$ 时,说明模型有很强的多重共线性,将严重影响最小二乘的估计值。这是因为,如果有 $\text{VIF}_j > 10$,可以得到 $R_j^2 > 0.9$。也就是说,在计算出所有变量的方差膨胀因子后,如果发现其中最大的方差膨胀因子大于 10,则说明对应的自变量与其他自变量进行线性回归分析时,其可决系数高于 0.9,这时可以认为该自变量是其他自变量的近似线性组合。

案例 3-1

随着工业化、城镇化进程的不断推进,我国的能源消费需求迅速增强,从而导致碳排放量持续增加,引发了许多环境问题。然而由于我国目前处于经济快速发展阶段,碳排放量明显增长的趋势在将来很长一段时间内并不会改变,所以如何控制碳排放增速已经成为我国亟待解决的问题。根据理论分析可知,二氧化碳排放的影响因素可使用 STIRPAT 模型进行研究,该模型的对数形式可以构建多元线性回归模型。为了研究江浙沪地区二氧化碳排放的影响因素,收集了 2000—2011 年间的统计数据,包括二氧化碳排放总量($\times 10^4$ t) y、年末人口总数(万人) x_1 (代表人口规模)、地区生产总值(亿元) x_2 (代表富裕程度)、单位 GDP 能源耗量($\times 10^4$ t 标准煤/亿元) x_3 (代表技术水平)、第二产业产值占地区总产值 x_4 (代表产业结构)、煤炭消费量占能源消费总量的比重 x_5 (代表能源消费结构)、城市人口占总人口的比重 x_6 (代表城市化水平)。首先根据模型设定对数据进行对数处理,进一步使用 cor() 函数计算数据的简单相关系数。其 R 语言编程及结果(图 3-1)如下:

```
>df<-read.csv("carbonemission.csv")
>df<-log(df)
>XX<-cor(df[,1:6])
>XX
```

	x1	x2	x3	x4	x5	x6
x1	1.0000000	0.9468532	-0.9847576	-0.7224680	-0.8556850	0.9810128
x2	0.9468532	1.0000000	-0.9810263	-0.8937422	-0.9099970	0.9223474
x3	-0.9847576	-0.9810263	1.0000000	0.8214045	0.8897847	-0.9546996
x4	-0.7224680	-0.8937422	0.8214045	1.0000000	0.8115319	-0.6834016
x5	-0.8556850	-0.9099970	0.8897847	0.8115319	1.0000000	-0.8247142
x6	0.9810128	0.9223474	-0.9546996	-0.6834016	-0.8247142	1.0000000

图 3-1 案例 3-1 相关系数计算结果

从自变量的简单相关系数结果可以观察到,有多对自变量之间的简单相关系数超过了

0.9,最小的相关系数值也超过了 0.6,从简单相关系数的结果中我们可以判断出数据具有严重的多重共线性。

使用命令 kappa() 可以计算出条件数 k 的值为 2759.531,调用形式为 >kappa(XX,exact=TRUE),k 值远大于 1000,可以认为数据具有严重的多重共线性,这与简单相关系数法判断出的结果一致。在计算 VIF 之前,首先需要使用数据对模型进行 OLS 回归。其 R 语言编程及结果(图 3-2)如下:

> lm.all <- lm(y~., data=df)
> summary(lm.all)

```
Call:
lm(formula = y ~ ., data = df)

Residuals:
   Min     1Q  Median     3Q     Max
-15779  -3043   -1221   3179   13321

Coefficients:
              Estimate  Std. Error  t value  Pr(>|t|)
(Intercept)  -6.651e+05  5.342e+05   -1.245    0.239
x1            6.488e+01  3.717e+01    1.746    0.109
x2           -5.413e-01  4.163e-01   -1.300    0.220
x3           -4.153e+04  1.345e+05   -0.309    0.763
x4           -2.935e+05  2.568e+05   -1.143    0.277
x5            2.282e+05  4.419e+05    0.517    0.616
x6           -4.792e+04  1.119e+05   -0.428    0.677

Residual standard error: 8072 on 11 degrees of freedom
Multiple R-squared:  0.9768,    Adjusted R-squared:  0.9642
F-statistic: 77.29 on 6 and 11 DF,  p-value: 2.383e-08
```

图 3-2 案例 3-1OLS 回归结果

从多元线性回归模型中可以看到,自变量的 t 检验都没有通过,然而模型通过了 F 检验,并且 R^2 达到了 0.9768。加载 R 的程序包"car",使用函数 vif() 可以计算出自变量的方差膨胀因子。其 R 语言编程及结果(图 3-3)如下:

> library(car)
> vif(lm.all)

```
       x1          x2          x3         x4         x5         x6
266.693683  105.939429  249.189928  28.594382  5.993316  36.305271
```

图 3-3 案例 3-1 方差膨胀因子计算结果

从 6 个自变量的 VIF 值可以得到,除了自变量 x_5 能源消费结构的 VIF 值小于 10 之外,其他的自变量都具有十分严重的多重共线性。

案例 3-2

中国高人口密度和快速工业化的结合不可避免地导致废气排放量增加,这些排放加剧了大中型城市的空气污染问题，导致能见度降低和健康问题。因此，作为产生雾霾天气的主要原因之一，PM2.5 的治理十分重要。PM2.5 的浓度与气象要素之间存在着复杂的联系，因此从气象要素中能够一定程度探究 PM2.5 的浓度。为此收集了美国驻北京大使馆的 PM2.5 浓度($\mu g/m^3$) y 以及北京首都国际机场的露点温度(℃) x_1、气温温度(℃) x_2、气压(hPa) x_3 和风速(m/s) x_4 在某个月每小时的气象测量数据。相关 R 语言编程及结果(图 3-4)如下：

```
> df<-read.csv("beijingpm25.csv")
> XX<-cor(df[,1:4])
> XX
```

```
            x1          x2          x3          x4
x1   1.0000000   0.3076253  -0.6987152  -0.1302883
x2   0.3076253   1.0000000  -0.5816497   0.1682752
x3  -0.6987152  -0.5816497   1.0000000   0.1051191
x4  -0.1302883   0.1682752   0.1051191   1.0000000
```

图 3-4 案例 3-2 相关系数计算结果

从自变量的相关系数矩阵中可以看出部分自变量之间具有线性相关关系，但是线性相关关系并不强，根据简单相关系数不能够直接判断出数据是否具有多重共线性。使用命令 kappa() 计算条件数 k，条件数 k 的值为 9.4439，远小于 100，可以认为自变量之间多重共线性的程度比较小。在 PM2.5 影响因素的分析中，直接使用 OLS(图 3-5)对模型进行估计，自变量均以 99% 的置信度通过了 t 检验并且通过了 F 检验，可决系数 R^2 为 0.4284。

```
> lm.all<-lm(y~.,data=df)
> summary(lm.all)
```

```
Call:
lm(formula = y ~ ., data = df)

Residuals:
    Min      1Q   Median      3Q      Max
-104.67  -33.22    -8.52   18.82   884.95

Coefficients:
             Estimate  Std. Error  t value  Pr(>|t|)
(Intercept) 4866.5524    531.0145    9.165   < 2e-16 ***
x1             3.6973      0.5195    7.118  2.85e-12 ***
x2            -2.9993      0.6926   -4.331  1.71e-05 ***
x3            -4.6065      0.5241   -8.790   < 2e-16 ***
x4            -0.6976      0.1360   -5.129  3.83e-07 ***
---
Signif. codes:  0 '***' 0.001 '**' 0.01 '*' 0.05 '.' 0.1 ' ' 1

Residual standard error: 67.19 on 667 degrees of freedom
Multiple R-squared:  0.4284,    Adjusted R-squared:  0.4249
F-statistic:   125 on 4 and 667 DF,  p-value: < 2.2e-16
```

图 3-5 案例 3-2 OLS 回归结果

4 个自变量的 VIF 值均小于 10(图 3-6)，可以认为数据不存在严重的多重共线性。

```
>library(car)
>vif(lm.all)
```

```
        x1       x2       x3       x4
  2.014144 1.683345 2.833695 1.100861
```

图 3-6 案例 3-2 方差膨胀因子计算结果

3.3 多重共线性的处理

3.3.1 修正多重共线性的经验方法

1. 先验信息

通过对经济理论的分析可以事先得到某些参数之间的线性关系,我们可以将这种线性关系作为约束条件加入模型设定中,将这个约束条件和样本信息结合起来进行约束最小二乘估计。

考虑模型:

$$y_i = \beta_1 + \beta_2 x_{2i} + \beta_3 x_{3i} + u_i \tag{3-18}$$

式中,y 为能源消费需求总量;x_2 为能源生产总量;x_3 为能源加工转换效率,如果事先根据理论分析得知 $\beta_3 = 0.3\beta_2$,即能源消费需求总量对能源加工转换效率的变化率是对能源生产总量的相应变化率的 30%,由此可以将模型化简为:

$$y_i = \beta_1 + \beta_2 x_{2i} + 0.3\beta_2 x_{3i} + u_i = \beta_1 + \beta_2 x_i + u_i \tag{3-19}$$

式中,$x_i = x_{2i} + 0.3 x_{3i}$。只要在化简之后的模型中估计出了 $\hat{\beta}_2$,就可以根据 β_2 和 β_3 的关系式得到 $\hat{\beta}_3$ 的估计值。

2. 横截面与时间序列数据并用

这种方法是先验信息法的一个变种,将横截面数据与时间序列数据组合,称为数据并用(pooling the data)。基本做法是:先利用横截面数据估计出部分参数,再利用时间序列数据估计出另外的部分参数,从而得到整个方程的估计。

假如我们要研究中国市场对空气净化器的需求,并且收集到了空气净化器出售数、空气净化器平均价格和消费者收入的时间序列数据,则可设定模型为:

$$\ln y_t = \beta_1 + \beta_2 \ln P_t + \beta_3 \ln I_t + u_t \tag{3-20}$$

式中,y_t 为空气净化器出售数;P_t 为空气净化器平均价格;I_t 为消费者收入;t 为时间。研究目的是估计价格弹性 β_2 和收入弹性 β_3。

在时间序列数据中,价格和收入变量一般都有高度共线的趋势,因此在进行价格与收入的研究时通常会遇到多重共线性的问题。对此,托宾提出了一种解决方案,即如果能够获取消费者定点追踪的横截面数据,或者各种私人或政府机构举办的预算研究,就能够可靠地估计收入弹性 β_3。这是因为在同一个时间节点上,价格不至于有很大的变化。令收入弹性的横截面估计为 $\hat{\beta}_3^*$,利用这个估计值,就可以将前面的时间序列回归写成:

$$y_t^* = \beta_1 + \beta_2 \ln P_t + u_t \tag{3-21}$$

式中,$y_t^* = \ln y_t - \hat{\beta}_3^* \ln I$,即 y_t^* 代表除去收入效应之后的 y_t 值,由此可以得到价格弹性的估计值。虽然时间序列和横截面数据并用是一个不错的方法,但是这之中包含了一个假定:收入弹性的横截面估计和从纯粹的时间序列分析中得到的估计是一样的。横截面估计在不同的截面之间没有太大变化时,可以考虑时间序列和横截面数据并用。

3. 删除不重要的共线性变量

面对多重共线性,最简单的一种思路是剔除引起多重共线性的不太重要的自变量。例如在研究二氧化碳排放影响因素的例子中,根据方差膨胀因子可以判断出共线性最严重的自变量是年末人口总数 x_1,那么就可以考虑先把 x_1 从模型中剔除,然后重新建立回归方程。如果仍然存在比较严重的多重共线性,可以考虑剔除在除去 x_1 之后 VIF 值最大的变量,直到模型中不存在严重的多重共线性。

在选择回归模型时,需要综合回归系数的显著性检验、多重共线性的检验结果以及自变量的经济含义等多个方面,引入或删除不重要的变量。虽然这种解决方式简单便捷,但是从模型中删除一个变量可能会导致设定偏误(设定偏误指的是在分析中使用了不正确设定的模型)。并且剔除变量会对参数的真值有严重的误导,虽然多重共线性对模型的估计具有危害,但是在近似多重共线性的情况下,OLS 估计量仍然是最佳线性无偏估计量。

4. 增加样本容量

由于多重共线性是样本特性,故有可能在关于同样变量的另一个样本中多重共线性没有那么严重。因此增加样本的容量在某种程度上会减轻多重共线性对模型估计的影响,而且对某些样本数据来说,变量间的多重共线性可能正是由样本容量过小造成的。如果样本容量增加,那么 $\sum x_{ji}^2$ 也会增加,由式(3-11)可知,回归参数的方差会减小,标准误差也会减小。因此尽可能地收集足够多的数据可以改进模型参数的估计。所以在进行回归分析时,要尽量使样本容量远大于解释变量的个数。然而,在实际工作中,由于时间、经费以及客观条件的限制,增大样本容量通常是比较困难的。

5. 变换模型形式

多重共线性产生的一个原因是回归模型所包含的自变量间可能具有一致的时间趋势,即随着时间的演变,变量向同一个方向变动。

如果关系式:
$$y_t = \beta_1 + \beta_2 x_{2t} + \beta_3 x_{3t} + u_t \tag{3-22}$$

在时间 t 成立,那么它在时间 $t-1$ 也成立。因此又有:
$$y_{t-1} = \beta_1 + \beta_2 x_{2,t-1} + \beta_3 x_{3,t-1} + u_{t-1} \tag{3-23}$$

如果从式(3-22)中减去式(3-23),就得到:
$$y_t - y_{t-1} = \beta_2 (x_{2t} - x_{2,t-1}) + \beta_3 (x_{3t} - x_{3,t-1}) + v_t \tag{3-24}$$

式中,$v_t = u_t - u_{t-1}$,该式被称为一次差分形式,因为我们不是对原始变量做回归,而是对这些变量的相继差异做回归。一般而言,差分后变量之间的相关性要比差分前要弱得多,所以差分后的模型可以有效地降低出现共线的可能性,此时可直接估计差分方程。然而差分常常会丢失一些信息,差分模型的误差项可能是序列相关的,可能会违背经典线性回归模型的相关假设,在具体运用时要慎重。

6. 变量变换

有时通过对模型中的变量进行变换能够达到降低共线性的目的。常用的变量变换方式有以下 3 种。

(1) 计算相对指标。如原来的是总量指标，可计算人均指标或结构相对数（比重）指标等。经过这样处理的数据有时可以降低共线性。

(2) 将名义数据转换为实际数据。将名义数据剔除价格影响后，反映的信息在统计上常常是指纯的物量的变化，不包含价格变动的影响，有助于描述现象之间真实的数量变化关系。因此在多数经济分析中采用"实际"数据而不是名义数据，有时名义数据转换为实际数据后可降低多重共线性。

(3) 将小类指标合并成大类指标。比如工业增加值、建筑业增加值之间呈现高度线性相关，可将其合并成第二产业增加值。这一合并有助于消除多重共线性。

需要指出，变量数据的变换只是有时可得到较好的结果，但谁也无法保证一定可以得到很好的结果。

3.3.2 逐步回归法

逐步回归法的基本思想是以 y 为因变量，逐个引入自变量构成回归模型，每引入一个自变量就进行一次 F 检验，并且对已经入选的自变量逐个进行 t 检验，将模型中不显著的变量剔除，以保证在引入新的自变量之前模型中只包含显著的变量。通过逐步回归法，可以筛选并剔除引起多重共线性的变量，其具体步骤如下。

(1) 用被解释变量对每一个所考虑的解释变量做简单回归。

(2) 以对被解释变量贡献最大的解释变量所对应的回归方程为基础，按对被解释变量贡献大小的顺序逐个引入其余的解释变量。

这个过程会出现 3 种情形。①若新变量的引入改进了 R^2 和 F 检验，且回归参数的 t 检验在统计上也是显著的，则在模型中保留该变量。②若新变量的引入未能明显改进 R^2 和 F 检验，且对其他回归参数估计值的 t 检验也未带来什么影响，则认为该变量是多余的，应该舍弃。③若新变量的引入未能明显改进 R^2 和 F 检验，且显著地影响了其他回归参数估计值的数值或符号，同时本身的回归参数也通不过 t 检验，则说明出现了严重的多重共线性，应剔除该变量。

案例 3-3

现代经济严重依赖能源消耗，这对能源安全和气候变化具有严重影响。中国作为经济增长迅猛的发展中国家，对当前的全球能源格局具有重大影响，而且这种影响在未来还会进一步增强。自 1978 年改革开放以来，由于经济的持续增长和生活水平的提高，中国的能源需求急剧增加。2009 年，中国能源生产和消费跃居世界第一。能源结构发生了一定程度的变化。煤炭能源稳步增长，石油能源减少，天然气能源增长缓慢，水电、核电等可再生能源或新能源的使用逐步增加。中国经济经历快速发展以后，向结构调整和高质量转向的同时，存在能源资源短缺与环境污染的双重压力，而实行能源消费总量控制是解决该问题的有效途径之一。因此，探索推动能源消耗增加的因素非常重要。

为了研究影响能源消费需求总量的影响因素，结合理论分析认为经济发展水平、收入水平、产业发展、人民生活水平提高、能源转换技术等因素是主要的影响因素。基于此，收集了

1985—2002年中国能源消费总量($\times 10^8$ t 标准煤)y、国内生产总值(亿元)x_1、国民总收入(亿元)x_2、工业增加值(亿元)x_3、建筑业增加值(亿元)x_4、交通运输邮电业增加值(亿元)x_5、人均生活电力消费($kW \cdot h$)x_6、能源加工转换效率(%)x_7的统计数据分别来衡量能源消费需求总量以及它的影响因素。其计算步骤同案例3-1和案例3-2,代码及结果如下(图3-7~图3-9)。

运行:

>df<-read.csv("energyconsumption.csv")
>XX<-cor(df[,1:7])
>XX

```
         x1         x2         x3         x4         x5         x6          x7
x1  1.00000000 0.3873653  0.3830399  0.3940923  0.3559090  0.04946817 -0.02142459
x2  0.38736528 1.0000000  0.9997277  0.9989476  0.9912506  0.43582099  0.22594941
x3  0.38303994 0.9997277  1.0000000  0.9989834  0.9909461  0.44097198  0.21964269
x4  0.39409227 0.9989476  0.9989834  1.0000000  0.9878393  0.43118462  0.23401292
x5  0.35590902 0.9912506  0.9909461  0.9878393  1.0000000  0.46719574  0.17908564
x6  0.04946817 0.4358210  0.4409720  0.4311846  0.4671957  1.00000000 -0.02854934
x7 -0.02142459 0.2259494  0.2196427  0.2340129  0.1790856 -0.02854934  1.00000000
```

图3-7 案例3-3相关系数计算结果

运行:

>kappa(XX,exact=TRUE)

得到条件数 k 的值为22547.43。

运行:

>lm.all<-lm(y~.,data=df)
>summary(lm.all)

```
Call:
lm(formula = y ~ ., data = df)

Residuals:
    Min      1Q  Median      3Q     Max
-5242.2 -1152.5   -10.3  1161.6  4513.0

Coefficients:
              Estimate  Std. Error  t value    Pr(>|t|)
(Intercept) 63243.52981 3533.66239   17.897  0.00000000634 ***
x1             -0.03154    0.00551   -5.723       0.000192 ***
x2             10.61513    1.26034    8.422  0.00000748172 ***
x3            -22.20132    2.86896   -7.738  0.00001573536 ***
x4             13.58984    9.05888    1.500       0.164464
x5            -16.47487    3.78919   -4.348       0.001448 **
x6             -2.75056    3.30708   -0.832       0.424982
x7             -3.15338    0.62095   -5.078       0.000479 ***
---
Signif. codes:  0 '***' 0.001 '**' 0.01 '*' 0.05 '.' 0.1 ' ' 1

Residual standard error: 3355 on 10 degrees of freedom
Multiple R-squared:  0.9865,    Adjusted R-squared:  0.9771
F-statistic: 104.5 on 7 and 10 DF,  p-value: 0.00000001524
```

图3-8 案例3-3OLS回归结果

运行：

>library(car)

>vif(lm.all)

x1	x2	x3	x4	x5	x6	x7
1.502323	2711.774532	2778.132063	674.639980	85.521846	1.467192	1.529253

图 3-9　案例 3-3 方差膨胀因子计算结果

通过前面的检验多重共线性的方法可以判断出数据具有严重的多重共线性，根据方差膨胀因子可以发现共线性最严重的变量依次是 x_3、x_2、x_4 和 x_5。使用逐步回归的方法消除多重共线性，步骤如下：

（1）用被解释变量分别对每个解释变量做简单回归，以可决系数 R^2 为标准确定解释变量的重要程度，将解释变量排序。进行 y 对 x_1 的回归，回归结果中可以发现截距项显著，而变量 x_1 的回归系数是不显著的，模型的可决系数 R^2 为 0.082，没有通过 F 检验（图 3-10）。

>lm.x1<-lm(y~x1,data=df)

>summary(lm.x1)

```
Call:
lm(formula = y ~ x1, data = df)

Residuals:
   Min     1Q Median     3Q    Max
-35284 -14882   -141  17781  32936

Coefficients:
              Estimate    Std. Error t value    Pr(>|t|)
(Intercept) 111651.72480  5834.75689  19.136 0.00000000000189 ***
x1               0.03497     0.02933   1.192            0.251
---
Signif. codes:  0 '***' 0.001 '**' 0.01 '*' 0.05 '.' 0.1 ' ' 1

Residual standard error: 21890 on 16 degrees of freedom
Multiple R-squared:  0.08157,   Adjusted R-squared:  0.02417
F-statistic: 1.421 on 1 and 16 DF,  p-value: 0.2506
```

图 3-10　案例 3-3 中 y 对 x_1 回归结果

其他的解释变量依次进行同样的操作，可以得到如下的结果（括号内为参数估计的 t 检验统计量）：

$$y = 111651.73 + 0.035\, x_1$$

$$(19.14) \quad (1.192)$$

$$R^2 = 0.0816, F = 1.421$$

$$y = 85469.495 + 0.613\, x_2$$

$$(24.25) \quad (10.10)$$

$$R^2 = 0.8645, F = 102.0$$

$$y = 87111.432 + 1.370\, x_3$$
$$(24.67) \quad (9.687)$$
$$R^2 = 0.8541, F = 93.67$$
$$y = 88024.824 + 8.806\, x_4$$
$$(26.01) \quad (9.893)$$
$$R^2 = 0.8595, F = 97.86$$
$$y = 87474.555 + 10.15\, x_5$$
$$(22.69) \quad (8.741)$$
$$R^2 = 0.8268, F = 76.40$$
$$y = 111763.06 + 22.19\, x_6$$
$$(19.55) \quad (1.251)$$
$$R^2 = 0.0891, F = 1.564$$
$$y = 111693.029 + 2.676\, x_7$$
$$(20.70) \quad (0.798)$$
$$R^2 = 0.0383, F = 0.637$$

由此可以得到，解释变量的重要程度依次为国民总收入 x_2、建筑业增加值 x_4、工业增加值 x_3、交通运输邮电业增加值 x_5、人均生活电力消费 x_6、国内生产总值（亿元）x_1、能源加工转换效率 x_7。

(2) 以回归模型 $y = 85469.495 + 0.613\, x_2$ 为基础，依次引入 x_4、x_3、x_5、x_6、x_1、x_7。首先引入 x_4（图 3-11）：

```
>lm1<-lm(y~x2+x4,data=df)
>summary(lm1)
```

```
Call:
lm(formula = y ~ x2 + x4, data = df)

Residuals:
     Min      1Q  Median      3Q     Max
-13716.6 -5270.9  -174.4  6172.6 12656.9

Coefficients:
             Estimate Std. Error t value  Pr(>|t|)
(Intercept) 83341.697   6523.429  12.776 0.00000000183 ***
x2              1.145      1.359   0.843        0.413
x4             -7.680     19.586  -0.392        0.700
---
Signif. codes:  0 '***' 0.001 '**' 0.01 '*' 0.05 '.' 0.1 ' ' 1

Residual standard error: 8642 on 15 degrees of freedom
Multiple R-squared:  0.8658,    Adjusted R-squared:  0.8479
F-statistic: 48.4 on 2 and 15 DF,  p-value: 0.0000002867
```

图 3-11 案例 3-3 引入 x_4 结果

引入建筑业增加值 x_4 后,可决系数 R^2 改进不多,并且变量的回归系数均未通过 t 检验。因此剔除 x_4,进一步引入 x_3(图 3-12):

>lm2<-lm(y~x2+x3,data=df)

>summary(lm2)

```
Call:
lm(formula = y ~ x2 + x3, data = df)

Residuals:
     Min      1Q   Median      3Q     Max
-10435.5  -4716.8   -566.9   3130.9  12143.6

Coefficients:
              Estimate Std. Error t value  Pr(>|t|)
(Intercept) 70030.826   5788.900  12.097 0.00000000387 ***
x2              7.065      2.106   3.356       0.00434 **
x3            -14.515      4.735  -3.065       0.00785 **
---
Signif. codes:  0 '***' 0.001 '**' 0.01 '*' 0.05 '.' 0.1 ' ' 1

Residual standard error: 6811 on 15 degrees of freedom
Multiple R-squared:  0.9167,    Adjusted R-squared:  0.9055
F-statistic: 82.49 on 2 and 15 DF,  p-value: 0.000000008061
```

图 3-12　案例 3-3 引入 x_3 结果

引入工业增加值 x_3 后,可决系数 R^2 有明显的改进,并且变量的回归系数均通过了 t 检验。因此将变量 x_3 保留,进一步引入 x_5(图 3-13):

>lm3<-lm(y~x2+x3+x5,data=df)

>summary(lm3)

```
Call:
lm(formula = y ~ x2 + x3 + x5, data = df)

Residuals:
     Min      1Q   Median      3Q     Max
-12369.6  -3505.8    473.3   4438.0   8492.2

Coefficients:
              Estimate Std. Error t value  Pr(>|t|)
(Intercept) 69074.785   5698.470  12.122 0.00000000822 ***
x2              7.570      2.091   3.620       0.00279 **
x3            -14.583      4.624  -3.154       0.00703 **
x5             -8.105      6.153  -1.317       0.20891
---
Signif. codes:  0 '***' 0.001 '**' 0.01 '*' 0.05 '.' 0.1 ' ' 1

Residual standard error: 6650 on 14 degrees of freedom
Multiple R-squared:  0.9258,    Adjusted R-squared:  0.91
F-statistic: 58.27 on 3 and 14 DF,  p-value: 0.00000003745
```

图 3-13　案例 3-3 引入 x_5 结果

引入交通运输邮电业增加值 x_5 后,可决系数 R^2 改进不多,并且变量 x_5 的回归系数未通过 t 检验。因此剔除 x_5,进一步引入 x_6(图 3-14):

>lm4<-lm(y~x2+x3+x6,data=df)
>summary(lm4)

```
Call:
lm(formula = y ~ x2 + x3 + x6, data = df)

Residuals:
     Min      1Q   Median      3Q     Max
-10927.7 -3635.5    410.3  2938.1 10986.4

Coefficients:
              Estimate Std. Error t value   Pr(>|t|)
(Intercept) 70901.088   5936.857  11.943 0.00000000995 ***
x2              6.622      2.190   3.023       0.00912 **
x3            -13.472      4.940  -2.727       0.01637 *
x6             -5.406      6.424  -0.841       0.41424
---
Signif. codes:  0 '***' 0.001 '**' 0.01 '*' 0.05 '.' 0.1 ' ' 1

Residual standard error: 6878 on 14 degrees of freedom
Multiple R-squared:  0.9207,    Adjusted R-squared:  0.9037
F-statistic: 54.16 on 3 and 14 DF,  p-value: 0.00000005992
```

图 3-14　案例 3-3 引入 x_6 结果

同理,剔除变量 x_6,并引入 x_1(图 3-15):

>lm5<-lm(y~x2+x3+x1,data=df)
>summary(lm5)

```
Call:
lm(formula = y ~ x2 + x3 + x1, data = df)

Residuals:
    Min      1Q  Median      3Q     Max
-9029.3 -3336.7  -370.1  1887.0 11456.0

Coefficients:
                Estimate  Std. Error t value   Pr(>|t|)
(Intercept) 68171.720877 5462.046134  12.481 0.00000000564 ***
x2              7.825221    1.995439   3.922       0.00154 **
x3            -16.143552    4.478952  -3.604       0.00287 **
x1             -0.017358    0.009363  -1.854       0.08495 .
---
Signif. codes:  0 '***' 0.001 '**' 0.01 '*' 0.05 '.' 0.1 ' ' 1

Residual standard error: 6317 on 14 degrees of freedom
Multiple R-squared:  0.9331,    Adjusted R-squared:  0.9187
F-statistic: 65.07 on 3 and 14 DF,  p-value: 0.00000001831
```

图 3-15　案例 3-3 引入 x_1 结果

引入国内生产总值 x_1 后,可决系数 R^2 有一定改进,并且变量的回归系数均通过了 t 检验。因此将变量 x_1 纳入模型中,进一步引入 x_7（图 3-16）：

```
>lm6<-lm(y~x2+x3+x1+x7,data=df)
>summary(lm6)
```

```
Call:
lm(formula = y ~ x2 + x3 + x1 + x7, data = df)

Residuals:
     Min      1Q  Median      3Q     Max
-10350.9 -3466.2    -1.4  1788.9 11028.5

Coefficients:
              Estimate Std. Error t value Pr(>|t|)
(Intercept) 65676.621743 5390.737187  12.183 0.0000000174 ***
x2              8.834612    1.987374   4.445 0.00066 ***
x3            -18.362810    4.452008  -4.125 0.00120 **
x1             -0.020081    0.009015  -2.227 0.04421 *
x7             -1.579539    0.971878  -1.625 0.12810
---
Signif. codes:  0 '***' 0.001 '**' 0.01 '*' 0.05 '.' 0.1 ' ' 1

Residual standard error: 5977 on 13 degrees of freedom
Multiple R-squared:  0.9444,    Adjusted R-squared:  0.9273
F-statistic: 55.19 on 4 and 13 DF,  p-value: 0.00000004981
```

图 3-16 案例 3-3 引入 x_7 结果

引入能源加工转换效率 x_7 后,虽然可决系数 R^2 有一定改进,但是变量 x_7 的回归系数没有通过 t 检验。因此剔除变量 x_7,并得到了最后消除了多重共线性的回归模型为：

$$y = 68171.721 + 7.825\, x_2 - 16.14\, x_3 - 0.017\, x_1$$
$$(12.481)\quad (3.922)\quad (-3.604)(-1.854)$$
$$R^2 = 0.9331, F = 65.07$$

逐步回归法的好处是将统计上不显著的解释变量一一剔除,最后得到的最优解释变量之间不仅相关系数不高,而且对被解释变量有较好的解释贡献。

3.4 实例分析

3.4.1 研究背景

能源对国家的经济和社会发展以及人民生活质量的提高都至关重要。能量被定义为做功的能力,它可以不同的形式存在,例如化学、热、电、机械、引力、核、辐射、声音和运动。能源可以大致分为化石能源（石油、煤、天然气、页岩油等）、可再生/替代能源（生物质、水力、风能、太阳能、地热、海洋、氢等）和裂变能源（铀、钍等）。能源是一个特殊的话题，因为它是几乎所有其他消费和生产过程的关键投入。能源消耗的增加通常影响生活方式的改善。能源消费是实现可持续发展的关键杠杆。不可持续的能源消费是全球环境恶化的主要原因，包括过度开发可再生资源和化石燃料造成的污染。联合国政府间气候变化专门委员会（IPCC）第五次评估报告（AR5）称，与能源相关的碳排放占全球总量的大部分。"里约+20"峰会也认识到，能源消耗已经从纯粹的环境问题转变为涉及社会、政治和经济条件的问题。

3.4.2 模型设定及其估计

经过分析，本书选取了GDP（亿元）x_1、汽车（万辆）x_2、发电量（$\times 10^8$ kW·h）x_3、化学纤维（$\times 10^4$ t）x_4、大中型拖拉机（$\times 10^4$ 台）x_5、化肥（$\times 10^4$ t）x_6、粮食产量（$\times 10^4$ t）x_7 这7个指标来研究中国某地区能源消耗量的影响因素，并设定了如下的计量经济模型：

$$y_t = \beta_1 + \beta_2 x_{2t} + \beta_3 x_{3t} + \beta_4 x_{4t} + \beta_5 x_{5t} + \beta_6 x_{6t} + \beta_7 x_{7t} + u_t \tag{3-25}$$

为了估计模型的参数，收集了该地区2001—2015年的统计数据，数据来源于《中国统计年鉴》。

接下来使用 R 语言进行实证研究，首先根据模型的设定对数据进行多元线性回归（图 3-17）：

```
>df<-read.csv("example.csv")
>lm.all<-lm(y~.,data=df)
>summary(lm.all)
```

```
Call:
lm(formula = y ~ ., data = df)

Residuals:
     Min      1Q   Median      3Q     Max
-14634.9 -1816.7     -9.7  2084.0 10187.6

Coefficients:
              Estimate  Std. Error t value Pr(>|t|)
(Intercept) 132333.9847 103966.7560   1.273   0.2437
x1              -0.3441      0.2127  -1.618   0.1497
x2             -20.9640     20.6021  -1.018   0.3428
x3               7.6472      2.3536   3.249   0.0141 *
x4              35.5980     28.0493   1.269   0.2450
x5            1337.5329    729.2753   1.834   0.1093
x6              -3.0565      8.6537  -0.353   0.7343
x7              -1.6697      2.7240  -0.613   0.5593
---
Signif. codes:  0 '***' 0.001 '**' 0.01 '*' 0.05 '.' 0.1 ' ' 1

Residual standard error: 7964 on 7 degrees of freedom
Multiple R-squared:  0.9961,    Adjusted R-squared:  0.9923
F-statistic: 258.6 on 7 and 7 DF,  p-value: 0.00000006554
```

图 3-17　多元线性回归结果

从回归结果可以看出,模型的可决系数 $R^2 = 0.9961$, F 统计量为 258.6 ,通过了 F 检验。但是在 $\alpha = 0.05$ 的显著性水平下, $t_{\alpha/2}(n-k-1) = t_{0.025}(15-8) = 1.7531$,仅有发电量(x_3)通过了 t 检验,并且 GDP(x_1)、汽车(x_2)、粮食产量(x_7)系数的符号与预期相反,这说明数据可能存在严重的多重共线性。因此进一步计算出各解释变量之间的相关系数(图 3-18)、条件数和方差膨胀因子(图 3-19):

```
>XX<-cor(df[,1:7])
>XX
```

```
          x1        x2        x3        x4        x5        x6        x7
x1 1.0000000 0.9887715 0.9921843 0.9936890 0.9880756 0.9066177 0.9865526
x2 0.9887715 1.0000000 0.9864626 0.9850244 0.9774125 0.9148608 0.9727523
x3 0.9921843 0.9864626 1.0000000 0.9967176 0.9854903 0.9433873 0.9878305
x4 0.9936890 0.9850244 0.9967176 1.0000000 0.9883780 0.9385813 0.9853469
x5 0.9880756 0.9774125 0.9854903 0.9883780 1.0000000 0.9230226 0.9831523
x6 0.9066177 0.9148608 0.9433873 0.9385813 0.9230226 1.0000000 0.9271313
x7 0.9865526 0.9727523 0.9878305 0.9853469 0.9831523 0.9271313 1.0000000
```

图 3-18 相关系数计算结果

计算条件数:

```
>kappa(XX,exact=TRUE)
```

条件数 k 的值为 3973.71 。

计算方差膨胀因子:

```
>library(car)
>vif(lm.all)
```

```
    x1         x2         x3         x4         x5         x6         x7
387.92054  59.13346  267.64526  289.23110  56.62454  28.18665  62.68645
```

图 3-19 方差膨胀因子计算结果

从相关系数矩阵可以看出各解释变量之间的相关系数较高,条件数 k 的值大于 1000 ,方差膨胀因子 VIF 值均超过了 10 ,说明数据有严重的多重共线性。

3.4.3 多重共线性的修正

为了消除多重共线性的影响,首先分别拟合 y 对 x_1 、x_2 、x_3 、x_4 、x_5 、x_6 、x_7 的一元回归,7 个模型参数的估计结果如表 3-1 所示。

表 3-1 参数估计结果

变量	x_1	x_2	x_3	x_4	x_5	x_6	x_7
系数估计值	0.4507	110.966	6.0959	69.7543	4059.198	66.3748	14.3492
t 统计量	17.29886	14.7851	32.50876	28.4108	18.9907	11.6337	17.0138
R^2	0.9585	0.9439	0.987848	0.9842	0.9652	0.9124	0.9570
修正的 R^2	0.9552	0.9396	0.986914	0.9829	0.9625	0.9056	0.9537
F 统计量	299.2504	2186001	1056.820	807.171	360.646	135.3427	289.4691

从一元回归的结果中可以看出,变量 x_3(发电量)的拟合效果最佳,且整体拟合效果最好,即发电量对能源消耗量起到主要的作用。按照各个解释变量一元回归模型的拟合优度 R^2 的大小进行排序:x_3、x_4、x_5、x_1、x_7、x_2、x_6,以 x_3 为基础依次加入其他解释变量进行逐步回归。首先引入 x_4(图 3-20):

>lm1<-lm(y~x3+x4,data=df)

>summary(lm1)

```
Call:
lm(formula = y ~ x3 + x4, data = df)

Residuals:
     Min      1Q  Median      3Q     Max
-14967.2 -7831.8  -410.6  8208.9 12422.9

Coefficients:
             Estimate Std. Error t value Pr(>|t|)
(Intercept) 79506.705  15635.507   5.085 0.000268 ***
x3              4.790      2.381   2.012 0.067242 .
x4             15.019     27.296   0.550 0.592261
---
Signif. codes:  0 '***' 0.001 '**' 0.01 '*' 0.05 '.' 0.1 ' ' 1

Residual standard error: 10670 on 12 degrees of freedom
Multiple R-squared:  0.9881,    Adjusted R-squared:  0.9862
F-statistic: 500.2 on 2 and 12 DF,  p-value: 0.000000000002773
```

图 3-20　变量 x_4 回归结果

变量 x_4 不显著,剔除 x_4,引入 x_5(图 3-21):

>lm2<-lm(y~x3+x5,data=df)

>summary(lm2)

```
Call:
lm(formula = y ~ x3 + x5, data = df)

Residuals:
   Min     1Q Median    3Q    Max
-16492  -6744   1606  7943  12274

Coefficients:
             Estimate Std. Error t value Pr(>|t|)
(Intercept) 81075.718  18034.187   4.496 0.000732 ***
x3              5.474      1.135   4.821 0.000418 ***
x5            425.298    764.837   0.556 0.588386
---
Signif. codes:  0 '***' 0.001 '**' 0.01 '*' 0.05 '.' 0.1 ' ' 1

Residual standard error: 10670 on 12 degrees of freedom
Multiple R-squared:  0.9882,    Adjusted R-squared:  0.9862
F-statistic: 500.5 on 2 and 12 DF,  p-value: 0.000000000002764
```

图 3-21　变量 x_5 回归结果

变量 x_5 不显著,剔除 x_5,引入 x_1(图 3-22):

\>lm3<-lm(y~x3+x1,data=df)

\>summary(lm3)

```
Call:
lm(formula = y ~ x3 + x1, data = df)

Residuals:
    Min      1Q   Median     3Q      Max
-15400.4 -6384.6   550.6   5872.0  13332.3

Coefficients:
             Estimate Std. Error t value Pr(>|t|)
(Intercept) 44750.7594 14357.3127   3.117  0.00891 **
x3              8.9004     1.3344   6.670 2.29e-05 ***
x1             -0.2122     0.1002  -2.118  0.05572 .
---
Signif. codes:  0 '***' 0.001 '**' 0.01 '*' 0.05 '.' 0.1 ' ' 1

Residual standard error: 9217 on 12 degrees of freedom
Multiple R-squared:  0.9912,    Adjusted R-squared:  0.9897
F-statistic: 672.4 on 2 and 12 DF,  p-value: 4.788e-13
```

图 3-22 变量 x_1 回归结果

变量 x_1 加入模型后,模型中的变量均显著,进一步引入 x_7(图 3-23):

\>lm4<-lm(y~x3+x1+x7,data=df)

\>summary(lm4)

```
Call:
lm(formula = y ~ x3 + x1 + x7, data = df)

Residuals:
   Min     1Q  Median    3Q    Max
-15369  -6122    281   5998  13088

Coefficients:
             Estimate Std. Error t value Pr(>|t|)
(Intercept)  5.999e+04  1.127e+05   0.532  0.60519
x3           8.994e+00  1.551e+00   5.797  0.00012 ***
x1          -2.071e-01  1.108e-01  -1.869  0.08842 .
x7          -3.864e-01  2.833e+00  -0.136  0.89396
---
Signif. codes:  0 '***' 0.001 '**' 0.01 '*' 0.05 '.' 0.1 ' ' 1

Residual standard error: 9619 on 11 degrees of freedom
Multiple R-squared:  0.9912,    Adjusted R-squared:  0.9888
F-statistic: 411.6 on 3 and 11 DF,  p-value: 1.418e-11
```

图 3-23 变量 x_7 回归结果

变量 x_7 不显著,剔除 x_7,引入 x_2(图 3-24):

\>lm5<-lm(y~x3+x1+x2,data=df)

\>summary(lm5)

```
Call:
lm(formula = y ~ x3 + x1 + x2, data = df)

Residuals:
     Min      1Q  Median      3Q     Max
-15327.6 -4515.9  -631.5  6848.6 13152.5

Coefficients:
              Estimate Std. Error t value Pr(>|t|)
(Intercept) 36931.7230 15827.6243   2.333   0.0396 *
x3              9.3498     1.3800   6.775 3.05e-05 ***
x1             -0.1498     0.1137  -1.318   0.2144
x2            -24.0479    21.4593  -1.121   0.2863
---
Signif. codes:  0 '***' 0.001 '**' 0.01 '*' 0.05 '.' 0.1 ' ' 1

Residual standard error: 9121 on 11 degrees of freedom
Multiple R-squared:  0.9921,    Adjusted R-squared:  0.9899
F-statistic: 458.2 on 3 and 11 DF,  p-value: 7.901e-12
```

图 3-24 变量 x_2 回归结果

变量 x_2 不显著,剔除 x_2,引入 x_6(图 3-25):

\>lm6<-lm(y~x3+x1+x6,data=df)

\>summary(lm6)

```
Call:
lm(formula = y ~ x3 + x1 + x6, data = df)

Residuals:
   Min    1Q Median    3Q   Max
-14306 -7700   1606  6234 15329

Coefficients:
              Estimate Std. Error t value Pr(>|t|)
(Intercept) 38701.6393 17740.5480   2.182   0.0517 .
x3              7.6352     2.4767   3.083   0.0104 *
x1             -0.1485     0.1461  -1.016   0.3314
x6              5.0891     8.2982   0.613   0.5522
---
Signif. codes:  0 '***' 0.001 '**' 0.01 '*' 0.05 '.' 0.1 ' ' 1

Residual standard error: 9467 on 11 degrees of freedom
Multiple R-squared:  0.9914,    Adjusted R-squared:  0.9891
F-statistic: 425.1 on 3 and 11 DF,  p-value: 1.19e-11
```

图 3-25 变量 x_6 回归结果

变量 x_6 不显著,剔除 x_6,最终得到的模型中包含的自变量为 x_3、x_1。即消除了多重共线性的回归模型为:

$$y = 44750.7594 + 8.9004\, x_3 - 0.2122\, x_1$$
$$(3.117) \quad (6.670) \quad (-2.118)$$
$$R^2 = 0.9912, F = 672.4$$

从最后的模型中可以看出,发电量、GDP 对能源消耗量具有显著的影响。例如,在其他因素不变的情况下,当发电量 x_3 每增长 1×10^8 kW·h,能源消耗量增长 8.9004×10^4 t 标准煤。

在 R 语言中也可以使用命令 step()来完成逐步回归的过程(图 3-26):
>lm0<-lm(y~1,data=df)
>lm.for<-step(lm0,scope=list(upper=~x1+x2+x3+x4+x5+x6+x7,lower=~1),direction="forward")
>summary(lm.for)

```
Start:  AIC=343.44
y ~ 1

       Df  Sum of Sq           RSS     AIC
+ x3    1  113865240517   1400662887  279.28
+ x4    1  113438898030   1827005374  283.27
+ x5    1  111255538415   4010364989  295.06
+ x1    1  110467009321   4798894083  297.75
+ x7    1  110311821706   4954081698  298.23
+ x2    1  108795885163   6470018241  302.24
+ x6    1  105164586207  10101317196  308.92
<none>                   115265903404  343.44

Step:  AIC=279.28
y ~ x3

       Df  Sum of Sq           RSS     AIC
+ x1    1  381161620   1019501267  276.52
+ x2    1  341174944   1059487943  277.10
+ x6    1  322322630   1078340257  277.36
<none>                 1400662887  279.28
+ x7    1   59579425   1341083462  280.63
+ x5    1   35184605   1365478282  280.90
+ x4    1   34467527   1366195360  280.91

Step:  AIC=276.52
y ~ x3 + x1

       Df  Sum of Sq         RSS     AIC
+ x5    1  310996561   708504705  273.06
+ x4    1  292085045   727416221  273.45
<none>                1019501267  276.52
+ x2    1  104464476   915036791  276.90
+ x6    1   33706260   985795007  278.01
+ x7    1    1721745  1017779521  278.49

Step:  AIC=273.06
y ~ x3 + x1 + x5

       Df  Sum of Sq        RSS     AIC
+ x4    1  159890509  548614196  271.22
<none>                708504705  273.06
+ x2    1   83024474  625480231  273.19
+ x7    1   34444617  674060088  274.31
+ x6    1     539489  707965216  275.05

Step:  AIC=271.22
y ~ x3 + x1 + x5 + x4

       Df  Sum of Sq        RSS     AIC
<none>                548614196  271.22
+ x2    1   60247132  488367064  271.48
+ x6    1   34605655  514008541  272.25
+ x7    1   11676707  536937489  272.90
```

图 3-26 step 逐步回归过程

使用 step()命令得到的向前逐步回归结果(图 3-27)与前面的结果略有不同,这是因为 step()命令在引入和剔除变量时,将模型的 AIC 作为判断的标准,而没有考虑变量是否通过了显著性检验。

```
Call:
lm(formula = y ~ x3 + x1 + x5 + x4, data = df)

Residuals:
     Min      1Q  Median      3Q     Max
-13790.3 -2436.2   314.3  1967.7 13118.2

Coefficients:
             Estimate Std. Error t value Pr(>|t|)
(Intercept) 67959.4907 14076.2154   4.828 0.000694 ***
x3              6.0294     1.6861   3.576 0.005046 **
x1             -0.3728     0.0974  -3.828 0.003330 **
x5           1142.8748   633.0616   1.805 0.101172
x4             38.2172    22.3863   1.707 0.118595
---
Signif. codes:  0 '***' 0.001 '**' 0.01 '*' 0.05 '.' 0.1 ' ' 1

Residual standard error: 7407 on 10 degrees of freedom
Multiple R-squared:  0.9952,    Adjusted R-squared:  0.9933
F-statistic: 522.8 on 4 and 10 DF,  p-value: 0.0000000000146
```

图 3-27 采用 step 逐步回归结果

习 题

1. 解释概念。
(1) 完全多重共线性。
(2) 方差膨胀因子。
(3) 逐步回归法。

2. 有哪些方法可以判断一个模型中的变量之间是否存在多重共线性问题？

3. 当模型中的解释变量之间存在完全多重共线性时，对 OLS 估计量的影响有哪些？

4. 当模型中的解释变量之间存在不完全多重共线性时，对 OLS 估计量的影响有哪些？

5. 处理多重共线性的方法都有哪些？

6. 假设模型 $y_i = \beta_0 + \beta_1 x_{1i} + \beta_2 x_{2i} + u_i$，$x_1$ 与 x_2 之间的相关系数 $r_{12} = 0$，若进行如下回归

$$y_i = \alpha_0 + \alpha_1 x_{1i} + u_{1i}$$
$$y_i = \gamma_0 + \gamma_1 x_{2i} + u_{2i}$$

(1) 判断 $\hat{\alpha}_1 = \hat{\beta}_1$ 和 $\hat{\gamma}_2 = \hat{\beta}_2$ 是否正确？为什么？

(2) 是否会有 $\mathrm{Var}(\hat{\beta}_1) = \mathrm{Var}(\hat{\alpha}_1)$ 和 $\mathrm{Var}(\hat{\beta}_2) = \mathrm{Var}(\hat{\gamma}_2)$？

7. 下表是某种商品的需求量 y、居民收入 x_1 及价格 x_2 的统计数据，检验居民收入与价格之间的多重共线性。

年份	1985	1986	1987	1988	1989	1990	1991	1992	1993	1994
需求量	3.5	4.3	5.0	6.0	7.0	9.0	8.0	10	12	14
收入	15	20	30	42	50	54	65	72	85	90
价格	16	13	10	7	7	5	4	3	3.5	2

8. 下表是一组消费支出(y)、财富(x_1)、周收入(x_2)的假设数据资料($y_t = \beta_0 + \beta_1 x_{1t} + \beta_2 x_{2t} + u_t$),判断是否存在多重共线性。

y	70	65	90	95	110	115	120	140	155	150
x_1	80	100	120	140	160	180	200	220	240	260
x_2	810	1009	1273	1425	1633	1876	2252	2201	2435	2686

9. 下表是某地区 1995—2004 年食品需求量 y,居民可支配收入 x_1,物价总指数 x_2,流动资产拥有量 x_3,食品类价格指数 x_4 的数据资料。检验变量间的多重共线性。

年份	y	x_1	x_2	x_3	x_4
1995	84	829	94	171	92
1996	96	880	96	213	93
1997	104	999	97	251	96
1998	114	1053	97	290	94
1999	122	1177	100	340	100
2000	142	1310	101	400	101
2001	158	1482	104	440	105
2002	179	1618	109	490	112
2003	193	1742	111	510	112
2004	208	1847	111	530	112

10. 利用习题 9 中的数据,运用逐步回归的方法消除多重共线性。

11. 理论上认为经济发展水平、收入水平、产业发展、人民生活水平提高、能源转化技术等为影响能源消费需求总量的主要因素。下表为我国 1997—2019 年能源消费标准煤总量 $y(\times 10^4 t)$、国民总收入 x_1(亿元)、国内生产总值 x_2(亿元)、工业增加值 x_3(亿元)、建筑业增加值 x_4(亿元)、交通运输邮电业 x_5(亿元)、人均生活电力消费 x_6(kW·h)、能源加工转换效率 x_7(%)的统计数据。

年份	y	x_1	x_2	x_3	x_4	x_5	x_6	x_7
1997	135909	78802.9	79715.0	33022.6	4628.3	4149.1	99	69.8
1998	136184	83817.6	85195.5	34133.9	4993.0	4661.5	104	69.3
1999	140569	89366.5	90564.4	36014.4	5180.9	5175.9	109	69.3
2000	146964	99066.1	100280.1	40258.5	5534.4	6161.9	115	69.4
2001	155547	109276.2	110863.1	43854.3	5945.5	6871.3	127	69.7
2002	169577	120480.4	121717.4	47774.9	6482.1	7494.3	138	69.0
2003	197083	136576.3	137422.0	55362.2	7510.8	7914.8	160	69.4

续表

年份	y	x_1	x_2	x_3	x_4	x_5	x_6	x_7
2004	230281	161415.4	161840.2	65774.9	8720.5	9306.5	184	70.6
2005	261369	185998.9	187318.9	77958.3	10400.5	10668.8	221	71.1
2006	286467	219028.5	219438.5	92235.8	12450.1	12186.3	256	70.9
2007	311442	270704.0	270092.3	111690.8	15348.0	14605.1	308	71.2
2008	320611	321229.5	319244.6	131724.0	18807.6	16367.6	332	71.5
2009	336126	347934.9	348517.7	138092.6	22681.5	16522.4	366	72.4
2010	360648	410354.1	412119.3	165123.1	27259.3	18783.6	383	72.5
2011	387043	483392.8	487940.2	195139.1	32926.5	21842.0	418	72.2
2012	402138	537329.0	538580.0	208901.4	36896.1	23763.2	459	72.7
2013	416913	588141.2	592963.2	222333.2	40896.8	26042.7	513	73.0
2014	428334	644380.2	643563.1	233197.4	45401.7	28534.4	523	73.1
2015	434113	685571.2	688858.2	234968.9	47761.3	30519.5	548	73.4
2016	441492	742694.1	746395.2	245406.4	51498.9	33028.7	607	73.5
2017	455827	830945.7	832035.9	275119.3	57905.6	37121.9	650	73.0
2018	471925	915243.5	919281.1	301089.3	65493.0	40337.2	717	72.8
2019	487488	983751.2	986515.2	311858.7	70648.1	42466.3	756	73.3

(1) 建立多元线性回归模型，并简要分析回归结果。

(2) 该模型的变量之间是否存在多重共线性？如果有，怎么消除多重共线性？

12. 自己寻找一个生活中感兴趣的问题来建立多元线性回归模型，考虑如何选择变量和构造解释变量数据矩阵 X 才可能避免多重共线性的出现？

13. 下表是 2008—2020 年中国粮食总产量以及主要影响因素的数据。表中 y 即粮食总产出（$\times 10^4$ t），x_1 为农业化肥施用量（$\times 10^4$ kg），x_2 为粮食播种面积（$\times 10^3$ hm²），x_3 为受灾面积（hm²），x_4 为农业机械动力（$\times 10^4$ kW·h）。建立多元线性回归模型，并判断是否存在多重共线性。

年份	y	x_1	x_2	x_3	x_4
2008	53434.3	5239.0	107545	39990	82190.4
2009	53940.9	5404.4	110255	47210	87496.1
2010	55911.3	5561.7	111695	37430	92780.5
2011	58849.3	5704.2	112980	32470	97734.7
2012	61222.6	5838.8	114368	24960	102559.0
2013	63048.2	5911.9	115908	31350	103906.8

续表

年份	y	x_1	x_2	x_3	x_4
2014	63964.8	5995.9	117455	24890	108056.6
2015	66060.3	6022.6	118963	21770	111728.1
2016	66043.5	5984.4	119230	26220	97245.6
2017	66160.7	5859.4	117989	18480	98783.3
2018	65789.2	5653.4	117038	20810	100371.7
2019	66384.3	5403.6	116064	19260	102758.3
2020	66949.2	5250.7	116768	19960	105622.1

14. 根据习题13中的数据,判断该模型是否存在多重共线性,若存在,请采用适当的方法进行修正。

15. 某公司的经理选取了15名最新提拔的职员,对他们进行一系列的测试,试图建立便于管理的个人才能模型。选取变量个人的交易能力 x_1,与他人联系的能力 x_2 和决策能力 x_3 为解释变量,每位职员的工作情况为 y,用 y 与 x_1,x_2,x_3 作回归分析。原始数据如下表所示。

y	x_1	x_2	x_3
80	50	72	18
75	51	74	19
84	42	79	22
62	42	71	17
92	59	85	25
75	45	73	17
69	39	73	19
63	48	75	16
68	40	71	20
67	55	80	30
92	48	83	33
82	45	80	20
74	45	75	18
80	61	75	20
62	59	70	15

(1)建立回归模型,并进行回归分析。

(2)计算每个解释变量系数的方差膨胀因子,并判断是否存在多重共线性。

第 4 章 异方差

4.1 异方差的来源与后果

对于模型:

$$y_i = \beta_0 + \beta_1 x_1 + \beta_2 x_2 + \cdots + \beta_k x_k + \varepsilon_i \tag{4-1}$$

如果出现:

$$\mathrm{Var}(\varepsilon_i) = \sigma_i^2 \neq C \tag{4-2}$$

即对于不同的样本点,如果随机误差项的方差不再是常数,而是互不相同,则认为模型出现了异方差。存在异方差时误差项的方差-协方差矩阵为:

$$\mathrm{Var}(\varepsilon_i) = E(\varepsilon \varepsilon^{\mathrm{T}}) = \begin{pmatrix} \sigma_1^2 & 0 & \cdots & 0 \\ 0 & \sigma_2^2 & \cdots & 0 \\ \vdots & \vdots & \ddots & \vdots \\ 0 & \cdots & 0 & \sigma_k^2 \end{pmatrix} \tag{4-3}$$

即主对角线上的元素各不相同。

4.1.1 知识要点 1

异方差一般可分为 3 种类型。

(1) 单调递增型。σ_i^2 随 x 的增加而增加。

(2) 单调递减型。σ_i^2 随 x 的增加而减小。

(3) 复杂型。σ_i^2 与 x 的变化无规律可循。

4.1.2 知识要点 2

异方差产生的原因如下。

(1) 模型设定偏误。模型设定的函数形式不正确也有可能导致异方差。

(2) 遗漏重要的解释变量。当模型中遗漏了重要的解释变量时,误差项往往会随解释变量而变化,从而导致异方差性。

(3) 存在异常观测值。随机因素产生的异常观测值同样会导致异方差的产生。例如,自然灾害、金融危机等事件导致该时间点的样本观测值与其他观测值相差很大,特别是样本量较少时,很容易产生异方差。

(4)样本数据的测量误差。样本数据的测量误差通常随着时间的推移而逐渐增加,导致误差项的方差也随之增大。然而,随着数据收集方式的改进,样本数据的精度越来越准确,测量误差会逐渐减小,误差干扰项的方差也会同步减小。因此,测量误差更容易出现在时间序列数据中。

4.1.3 知识要点3

当计量经济模型出现了异方差性时,如果仍然采用传统的OLS方法估计模型参数,可能会导致以下后果。

(1)参数OLS估计的方差不具有有效性。尽管参数的OLS估计量仍然是线性无偏的,但异方差性的存在不能保证OLS估计的方差最小。

(2)显著性检验不再有效。传统的线性回归模型采用t检验确定模型中的每一个解释变量对于被解释变量的影响是否显著。当模型存在异方差性时,随机误差项不服从方差齐性的假设,此时,t统计量不再服从t分布,那么t检验也就失去了统计学意义。

(3)模型预测失效。由于模型存在异方差性,使得OLS估计的参数不再具有最小方差性,导致被解释变量的预测精度降低,即预测区间偏大或偏小,预测结果不再有效。

4.2 异方差的检验

相比时间序列数据,截面数据更容易出现异方差的问题。本小节介绍了7种方法检验模型是否存在异方差。

4.2.1 怀特(White)检验

怀特检验是BP检验的拓展。在大样本的条件下,不需要任何先验信息,通过构造辅助回归模型建立相应的检验统计量,该统计量服从χ^2分布,利用该统计量来判断模型是否存在异方差。怀特检验认为,当随机误差项的平方ε^2与自变量、自变量的平方以及自变量的交叉乘积均不相关时,可认为模型不存在异方差。例如,对于如下的二元线性回归模型:

$$y_i = \beta_0 + \beta_1 x_{1i} + \beta_2 x_{2i} + \varepsilon_i \tag{4-4}$$

怀特检验可按如下步骤进行。

步骤1.采用传统的OLS方法估计模型参数,得到随机误差项$\hat{\varepsilon}_i$。

步骤2.构造辅助方程:

$$\hat{\varepsilon}_i^2 = \beta_0 + \beta_1 x_{1i} + \beta_2 x_{2i} + \beta_3 x_{1i}^2 + \beta_4 x_{2i}^2 + \beta_5 x_{1i} x_{2i} + u_i \tag{4-5}$$

步骤3.得到式(4-5)的R^2,计算统计量$n \cdot R^2$(n为样本容量)。当该统计量服从自由度为自变量个数的χ^2分布时,模型不存在异方差。式(4-5)可写为:

$$n \cdot R^2 \sim \chi^2(5) \tag{4-6}$$

步骤 4. 查找 χ^2 分布的临界值,与检验统计量 $n \cdot R^2$ 进行对比。若 $n \cdot R^2$ 超过了 χ^2 分布临界值,则认为模型存在异方差。反之,则认为模型不存在异方差。

案例 4-1

温室气体排放量是环境变化和全球变暖的主要原因。其中,排放的温室气体大多数为 CO_2。自 20 世纪初以来,全球 CO_2 排放量一直在飞速增长。2014 年,全球 CO_2 排放量超过了 360×10^8 t,是 1990 年的 1.6 倍。大部分 CO_2 来源于能源消耗和经济增长,占全球大气污染物排放量的近 2/3。与 2010 年相比,2040 年能源消耗预计将增长约 56%,与此同时,工厂和车辆的 CO_2 排放量增加,温室效应将导致全球平均气温显著上升。

众所周知,空气污染不仅严重威胁人类健康,而且会对可持续发展产生负面影响。根据经济合作与发展组织(OECD)的数据,到 2060 年,空气污染每年将使全球经济损失 2.6 万亿美元,占全球 GDP 的 1%。2014 年中国 161 个地级及以上城市实施了新的空气质量标准,其中只有 16 个城市符合标准;全国 31 个省(自治区、直辖市) SO_2、NO_x、PM2.5 平均超标率分别为 150%、180%、210%;2016 年中国 338 个城市中有 2464 个重污染日和 784 个重污染日,PM2.5 是主要大气污染物之一;2017 年北京、天津、河北、珠江、长江三角洲等主要地区空气质量优良天数平均比例为 72.7%,较 2016 年下降 1.5%。由此可见,中国的空气污染问题已经十分严峻。

2011 年,中国加入世贸组织,参与全球合作和国际竞争,贸易开放是中国经济发展的根本动力。我国工业化进程不断加快,经济水平不断提高,但随之带来了严重的环境污染问题。2019 年,中国成为世界上最大的新兴工业化国家和第二大经济体;中国的增加值占国内生产总值的比重为 38.97%。工业化导致 CO_2 排放量增长迅速。2007 年,中国被认为是世界上最大的 CO_2 排放国。2016 年,中国人均 CO_2 排放量达到了 7.175t。此外,中国还是世界上人口最多的国家,人口密度对 CO_2 排放量具有显著影响。环境库兹涅茨曲线(EKC)假说认为人均国内生产总值和 CO_2 排放量之间存在着密切联系。

基于上述框架,本案例选择了 2017 年 13 个省市(天津、河北、山西、辽宁、黑龙江、江苏、上海、浙江、福建、山东、河南、湖北、广东)的地区生产总值和 CO_2 排放量建立一元线性回归模型。该模型将地方生产总值作为因变量,CO_2 排放量作为自变量。假定各省市的地区生产总值与 CO_2 排放量之间满足线性约束,则理论模型设定为:

$$GDP_i = \beta_0 + \beta_1 CO_{2i} + \varepsilon_i \tag{4-7}$$

上式中,GDP_i 代表各省市的地区生产总值(万亿),CO_{2i} 代表各省市的 CO_2 排放量($\times 10^4$ t)。采用传统的 OLS 估计回归方程,得到拟合结果如下:

$$\widehat{GDP} = 1.3144 + 0.0501 \times CO_{2i}$$
$$(1.086) \quad (2.736)$$
$$R^2 = 0.405 \quad F = 7.486 \quad P = 0.019$$

结果显示,在 5% 的显著性水平下,F 检验拒绝了 CO_2 排放量对地区生产总值无影响的原假设,CO_2 排放量与各省市地区 GDP 之间存在正向关系。因此可以认为模型是有效的。由于各省市的环境污染程度差异较大,模型很容易产生异方差问题,使得模型的参数估计不再有效。接下来采用怀特检验对模型进行异方差检验。

辅助方程拟合结果如下：

$$\hat{\varepsilon}^2 = -4.0990 + 0.3116 \times CO_{2i} - 0.0020 \times CO_{2i}^2$$
$$(-1.710) \quad (3.061) \quad (-2.439)$$
$$R^2 = 0.5988 \quad F = 7.4640 \quad p = 0.0104$$

根据参数的估计结果，可计算得到检验统计量 $n \times R^2 = 7.7844$，10%的显著性水平下 $\chi_{0.1}^2(2) = 4.61$。$n \times R^2 > \chi_{0.1}^2(2)$，因此可以认为模型存在异方差。R 语言中，怀特检验有更简单的实现方法（图 4-1）：

>library(whitestrap)
>white_test(lm)

```
White's test results
Null hypothesis: Homoskedasticity of the residuals
Alternative hypothesis: Heteroskedasticity of the residuals
Test Statistic: 7.78
P-value: 0.020397
```

图 4-1 案例 4-1 怀特检验结果

结果显示，在 5%的显著性水平下，模型拒绝了随机误差项同方差的原假设，因此可以认为模型存在异方差。

案例 4-2

考虑到异方差的产生可能是由于遗漏了重要变量，在案例 4-1 的基础上加入了各省市的二氧化硫（SO_2）排放量（$\times 10^4 t$）。建立多元线性回归方程，拟合结果如下：

$$\widehat{GDP}_i = 2.7054 + 0.0774 \times CO_{2i} - 0.0823 \times SO_{2i} + u_i$$
$$(2.4860)(2.6770) \quad (-1.6500)$$
$$R^2 = 0.4512 \quad F = 4.111 \quad P = 0.0498$$

估计结果显示，在 5%的显著性水平下，F 检验拒绝了 CO_2 排放量和 SO_2 排放量对各省市地区 GDP 无影响的原假设。其中，CO_2 排放量与各省市地区 GDP 之间存在正向关系，而 SO_2 排放量与各省市地区 GDP 之间存在负向关系。因此可以认为该模型有效。接下来对模型进行异方差检验。

辅助方程拟合结果如下：

$$\hat{\varepsilon}_i^2 = -3.7774 + 0.1109 \times CO_{2i} + 0.2300 \times SO_{2i} + 0.0018 \times CO_{2i}^2 + 0.0005 \times SO_{2i}^2 -$$
$$(-1.9130)(0.9800) \quad (1.5080) \quad (0.8890) \quad (0.1220)$$
$$0.0058 \times CO_{2i} \times SO_{2i} + u_i$$
$$(-1.2690)$$
$$R^2 = 0.8224 \quad F = 6.4810 \quad P = 0.0147$$

可得到检验统计量 $n \times R^2 = 10.7912$，10%的显著性水平下 $\chi_{0.1}^2(5) = 9.24$。$n \times R^2 > \chi_{0.1}^2(5)$，因此可以认为模型存在异方差。R 语言代码及结果（图 4-2）如下：

> white_test(lm2)

结果显示，在 10%的显著性水平下，怀特检验拒绝了同方差的原假设，可以认为模型存在异方差。

```
White's test results
Null hypothesis: Homoskedasticity of the residuals
Alternative hypothesis: Heteroskedasticity of the residuals
Test Statistic: 4.91
P-value: 0.085868
```

图 4-2　案例 4-2 怀特检验结果

4.2.2　帕克(Park)检验

帕克检验的基本思想是给出方差 σ_i^2 与自变量 x_i 的具体函数形式,通过检验该模型的参数是否显著,进而判断是否存在异方差。然而,由于方差 σ_i^2 通常是未知的,因此用随机误差项的平方 $\hat{\varepsilon}_i^2$ 代替方差 σ_i^2 构建辅助方程。帕克检验步骤如下。

步骤 1. 采用传统的 OLS 方法估计模型参数,得到随机误差项 $\hat{\varepsilon}_i$。

步骤 2. 构造辅助方程

$$\ln(\hat{\varepsilon}_i^2) = \beta_0 + \beta_1 \ln(x_i) + u_i \tag{4-8}$$

步骤 3. 若自变量的系数 β_1 显著,则认为模型存在异方差。反之,则可接受方差齐性的假设。

案例 4-3

续案例 4-1,采用帕克检验对该模型进行异方差检验。辅助方程拟合结果如下:

$$\ln(\hat{\varepsilon}_i^2) = 11.2061 + 0.9365 \times \ln(CO_{2i})$$

$$(0.2390)\quad(2.4890)$$

$$R^2 = 0.3602 \quad F = 6.1930 \quad P = 0.0301$$

结果显示,CO_2 排放量的系数显著且与随机误差项 $\hat{\varepsilon}_i^2$ 具有正相关关系,因此可以认为该模型存在异方差。R 语言代码及结果(图 4-3)如下:

>lm_park=lm(log_residuals2~log_CO$_2$)

>summary(lm_park)

```
> lm_park=lm(log(e2)~log(x1))
> summary(lm_park)
Call:
lm(formula = log(e2) ~ log(x1))

Residuals:
    Min      1Q  Median      3Q     Max
-3.6174 -0.0214  0.5921  0.8367  1.1727

Coefficients:
            Estimate Std. Error t value Pr(>|t|)
(Intercept)  -3.9237     1.8827  -2.084   0.0613 .
log(x1)       1.2080     0.4973   2.429   0.0334 *
---
Signif. codes:  0 '***' 0.001 '**' 0.01 '*' 0.05 '.' 0.1 ' ' 1

Residual standard error: 1.53 on 11 degrees of freedom
Multiple R-squared:  0.3492,    Adjusted R-squared:  0.29
F-statistic: 5.902 on 1 and 11 DF,  p-value: 0.03345
```

图 4-3　案例 4-3 帕克检验结果

结果显示,自变量系数的 t 检验 P 值为 0.0334,说明在 5% 的显著性水平下,自变量与因变量具有显著关系,可以认为该回归模型存在异方差。

案例 4-4

经济和环境系统是区域复杂系统中两个重要的组成部分。经济社会发展到一定阶段必然会产生环境问题。经济发展主导着环境的变化,而环境又是经济发展的先决条件。自工业革命以来,经济的高速增长消耗了大量的自然资源,生态环境严重破坏,对经济发展的支撑能力和承载力也开始下降,甚至成为制约经济发展的因素。可持续发展的概念不仅涉及自然环境,还涉及人类社会和经济发展。联合国将可持续性定义为一种全球发展进程,指在发展经济和改善生活质量的同时,最大限度地减少环境资源的消耗。可持续发展是指满足当前需求而不损害后代需求能力的发展方式。

然而,在过去几十年里,人类对自然资源的需求加速增长,以至于现在人们普遍认为,气候变化、生物多样性丧失、荒漠化和生态系统退化等相关环境问题,是自然资源对经济和社会的严重威胁。不断增长的工业新陈代谢(即物质和能源向社会经济系统的输入以及相应的废物和排放的流出)是人类引起的环境变化的主要驱动力。物质流账户体系可以客观而科学地对经济活动系统中的代谢规模(即吞吐量)进行详细的反映,它既可以表示经济活动过程中所创造的物质价值,又可以表示经济社会活动对资源环境产生的压力。

基于上述理论,本案例选择天津市 1998—2011 年的地区生产总值、直接物质输入(direct material input,DMI)和生产过程废弃物排放(domestic processed output,DPO)进行建模。其中,DMI 和 DPO 分别表示经济活动系统中物质输入与输出的重要指标,DMI 表示直接进入经济系统并参与运行的自然资源和物质,反映经济活动中资源的消耗;DPO 表示在经济系统运行过程中所产生并被直接排放到生态环境中的废弃物,反映了经济社会活动对生态环境的压力。模型设定为:

$$\Delta GDP_i = \beta_0 + \beta_1 \Delta DMI_i + \beta_2 \Delta DPO_i + \varepsilon_i \tag{4-9}$$

式中,因变量 ΔGDP_i 为天津市的地区生产总值增长率(%),自变量 ΔDMI_i 和 ΔDPO_i 分别为直接物质输入增长率(%)和生产过程废弃物排放增长率(%)。采用传统的 OLS 估计回归方程,得到拟合结果如下:

$$\widehat{\Delta GDP}_i = 11.5681 + 0.1238 \times \Delta DMI_i - 0.0395 \times \Delta DPO_i + \varepsilon_i$$
$$(3.416) \quad (0.573) \quad (-0.598)$$
$$R^2 = 0.0490 \quad F = 0.4638 \quad P = 0.6362$$

由于各地区的环境污染程度差异较大,模型很容易产生异方差问题,使得模型的参数估计不再有效。接下来采用帕克检验对模型进行异方差检验。

辅助方程拟合结果如下:

$$\ln(\hat{\varepsilon}_i^2) = -1.3045 + 0.5200 \times \ln(\Delta DMI^2) + 0.2586 \times \ln(\Delta DPO^2) + u_i$$
$$(-1.029) \quad (2.411) \quad (1.888)$$
$$R^2 = 0.2946 \quad F = 3.758 \quad P = 0.04325$$

结果显示,两个自变量的系数均显著且与随机误差项 $\hat{\varepsilon}_i^2$ 具有正相关关系,因此可以认为

该模型存在异方差。R 语言代码及结果(图 4-4)如下:

>log_residuals2＝log(residuals^2)

>log_DMI＝log(x1^2)

>log_DPO＝log(x2^2)

>lm_park＝lm(log_residuals2~log_DMI+log_DPO)

>summary(lm_park)

```
> lm_park=lm(log_residuals2~log_DMI+log_DPO)
> summary(lm_park)

Call:
lm(formula = log_residuals2 ~ log_DMI + log_DPO)

Residuals:
    Min      1Q  Median      3Q     Max
-2.8749 -0.8633  0.1203  0.8132  2.2733

Coefficients:
            Estimate Std. Error t value Pr(>|t|)
(Intercept)  -1.3045     1.2677  -1.029   0.3171
log_DMI       0.5200     0.2157   2.411   0.0268 *
log_DPO       0.2586     0.1369   1.888   0.0752 .
---
Signif. codes:  0 '***' 0.001 '**' 0.01 '*' 0.05 '.' 0.1 ' ' 1

Residual standard error: 1.355 on 18 degrees of freedom
Multiple R-squared:  0.2946,    Adjusted R-squared:  0.2162
F-statistic: 3.758 on 2 and 18 DF,  p-value: 0.04325
```

图 4-4　案例 4-4 帕克检验结果

结果显示,$\ln(\Delta DMI^2)$ 系数的 t 检验 P 值为 0.0268,$\ln(\Delta DPO^2)$ 系数的 t 检验 P 值为 0.0752,说明在 10% 的显著性水平下,自变量与因变量具有显著关系,可以认为该回归模型存在异方差。

4.2.3　戈德菲尔德-匡特(Goldfeld-Quandt)检验

该方法是以 F 检验为基础的异方差检验方法,也被称作 G-Q 检验。该方法需要满足 3 个前提条件:①样本量足够大;②随机误差项 ε_i 服从正态分布且不存在序列相关;③异方差为单调递增型或单调递减型。G-Q 检验步骤如下。

步骤 1. 将因变量 y_i 与自变量 x_i 按照 x_i 递增或递减的顺序排列。

步骤 2. 删去中间的 c 个观测值,构造两个子样本区间,即每组 $\dfrac{n-c}{2}$ 个观测值。分别对两个子样本区间建立回归模型,得到残差平方和 RSS_1 和 RSS_2。

步骤 3. 构建检验统计量:

$$\lambda = \dfrac{\dfrac{RSS_2}{df}}{\dfrac{RSS_1}{df}} \sim F_\alpha\left(\dfrac{n-c-2k}{2}, \dfrac{n-c-2k}{2}\right) \tag{4-10}$$

式中，k 为包括截距项在内的待估计参数个数。

步骤 4. 查找 F 分布的临界值，与检验统计量 λ 进行对比。若 $\lambda > F_\alpha \left(\dfrac{n-c-2k}{2}, \dfrac{n-c-2k}{2} \right)$，则认为模型存在异方差。反之，则认为模型不存在异方差。

案例 4-5

随着物质需求的快速增长和消费结构的急剧变化，城镇化导致环境压力越来越大。与此同时，城镇化又可以提高生产和消费效率，缓解环境压力。环境库兹涅茨曲线（EKC）为理解城市发展和环境污染之间的关系提供了理论基础。根据这一假设，城镇化与环境污染之间的关系遵循倒"U"形曲线，这表明当城镇化处于初始阶段时，环境污染将随着经济发展而增加，但当城镇化超过一定阈值时，环境污染将减少。

中国被国际社会誉为"经济增长的奇迹"。与此同时，由于大量人口从农村流向城市，中国经历了快速的城镇化进程，其城镇化率（即居住在城市地区的人口比例）从 1980 年的 19.3% 增加到 2018 年的 58.5%。2016 年发布的"十三五"规划明确提出，到 2020 年中国人口城镇化水平将达到 60%。然而，城镇化可能会导致环境问题。城镇化进程造成了人口聚集效应，人口和工业高度集中将使城市的空气、水污染恶化。为了提高城镇化质量，中国政府发布了《国家新型城镇化规划（2014—2020 年）》，宣布绿色生产和绿色消费应成为城市经济活动的重点，以保持经济、社会和环境的协调发展。在过去 10 年中，部分污染物排放量持续上升，而其他污染物排放量呈现下降趋势。例如，2004—2017 年，生活垃圾排放量从 $1.55093 \times 10^8 \mathrm{m}^3$ 增加到 $21520.9 \times 10^8 \mathrm{m}^3$，而工业废水排放量从 $221 \times 10^8 \mathrm{t}$ 减少到了 $130 \times 10^8 \mathrm{t}$，说明与高速人口增长和土地城镇化相关的经济发展增加了化石能源消耗和空气污染物的排放，并且已有研究证明了城镇化进程与环境污染之间存在密切关系。

鉴于上述问题，本案例选取了 2010 年全国 180 个地级市的污染物排放总量（$\times 10^4 \mathrm{t}$）和城镇化水平作为研究变量。城镇化水平是衡量一个国家或地区经济发展的重要标志，也是衡量一个国家或地区社会组织程度和管理水平的重要标志。常用城市地区人口占全地区总人口的百分比这一指标衡量城镇化水平。建立回归模型如下：

$$\mathrm{Pollutant}_i = \beta_0 + \beta_1 \times \mathrm{UL}_i + \varepsilon_i \tag{4-11}$$

式中，因变量 $\mathrm{Pollutant}_i$ 代表各地区的污染物总排放量；自变量 UL_i 代表城镇化水平。模型拟合结果如下：

$$\widehat{\mathrm{Pollutant}}_i = 265.9464 - 16.537 \times \mathrm{UL}_i + u_i$$

$$(12.405) \quad (-4.381)$$

$$R^2 = 0.0973 \quad F = 19.19 \quad P = 0.000$$

结果显示，在 1% 的显著性水平下，F 检验拒绝了城镇化水平对污染物排放总量无影响的原假设，因此可以认为模型是有效的。且城镇化水平与各地区污染物排放总量之间存在负向关系，说明城镇化水平越高，环境污染的程度越小。由于各省市的环境污染程度差异较大，导致模型很容易产生异方差问题，使得模型的参数估计不再有效。

本案例采用 G-Q 检验对模型进行异方差检验。样本量 $n = 180$，删去居中的 10 个观测量,即 $c=10$,那么两个子样本均有 85 个观测值。对两个子样本分别建立回归方程,子样本一的 R 语言代码和回归结果如下:

>lm1=lm(y1~x1)

>summary(lm1)

可得到子样本一的回归模型和拟合结果(图 4-5):

$$\widehat{Pollutant}_{1i} = 495.71 - 146.03 \times UL_{1i} + u_i$$

$$(8.441) \quad (-3.865)$$

$$R^2 = 0.1525 \quad F = 14.94 \quad P = 0.0002$$

```
> lm1=lm(y1~x1)
> summary(lm1)

Call:
lm(formula = y1 ~ x1)

Residuals:
    Min      1Q  Median      3Q     Max
-407.5  -145.2   -31.1   112.0   670.9

Coefficients:
            Estimate Std. Error t value Pr(>|t|)
(Intercept)   495.71      58.72   8.441 8.57e-13 ***
x1           -146.03      37.78  -3.865  0.00022 ***
---
Signif. codes:  0 '***' 0.001 '**' 0.01 '*' 0.05 '.' 0.1 ' ' 1

Residual standard error: 226.6 on 83 degrees of freedom
Multiple R-squared:  0.1525,    Adjusted R-squared:  0.1423
F-statistic: 14.94 on 1 and 83 DF,  p-value: 0.0002196
```

图 4-5　子样本一回归结果

子样本二的 R 语言代码和回归结果(图 4-6)如下:

>lm2=lm(y2~x2)

>summary(lm2)

```
> lm2=lm(y2~x2)
> summary(lm2)

Call:
lm(formula = y2 ~ x2)

Residuals:
    Min      1Q  Median      3Q     Max
-97.52  -61.82  -30.23   32.23  463.45

Coefficients:
            Estimate Std. Error t value Pr(>|t|)
(Intercept)   82.576     21.236   3.888 0.000202 ***
x2             3.586      2.636   1.360 0.177398
---
Signif. codes:  0 '***' 0.001 '**' 0.01 '*' 0.05 '.' 0.1 ' ' 1

Residual standard error: 92.69 on 83 degrees of freedom
Multiple R-squared:  0.02181,   Adjusted R-squared:  0.01002
F-statistic: 1.851 on 1 and 83 DF,  p-value: 0.1774
```

图 4-6　子样本二回归结果

可得到子样本二的回归模型拟合结果：

$$\widehat{\text{Pollutant}}_{2i} = 82.576 + 3.586 \times \text{UL}_{2i} + u_i$$

$$(3.888) \quad (1.360)$$

$$R^2 = 0.0218 \quad F = 1.851 \quad P = 0.1774$$

分别计算残差平方和 RSS_1 和 RSS_2，得到结果如图 4-7 所示。

```
> RSS1=sum(lm1$residuals^2)
> RSS1
[1] 4263252
> RSS2=sum(lm2$residuals^2)
> RSS2
[1] 713049.6
```

图 4-7 残差平方和计算结果

计算可得检验统计量 $\lambda = 0.1673$，临界值 $F_{0.05}(83,83) \approx 1.38$，那么 $\lambda > F_{0.05}(83,83)$，因此可以认为模型存在异方差。R 语言中 G-Q 检验结果(图 4-8)可用如下代码得到：

>library(lmtest)
>gqtest(y~x)

```
        Goldfeld-Quandt test

data:  y ~ x
GQ = 0.24376, df1 = 88, df2 = 88, p-value = 2.073e-10
alternative hypothesis: variance changes from segment 1 to 2
```

图 4-8 戈德菲尔德-匡特检验结果

原假设为模型不存在异方差。结果显示在 5% 的显著性水平下，模型拒绝原假设，可以认为模型存在异方差。

4.2.4 布罗施-帕甘(Breusch-Pagan)检验

布罗施-帕甘检验适用于异方差呈线性形式的回归模型，且不需要对得到的样本数据进行排序，克服了戈德菲尔德-匡特检验的局限性。该方法利用普通最小二乘回归得到残差平方和，进而借助回归模型并通过构建 χ^2 统计量来判断模型中的异方差性的类型。

对于如下的二元线性回归模型：

$$y_i = \beta_0 + \beta_1 x_{1i} + \beta_2 x_{2i} + \varepsilon_i \tag{4-12}$$

布罗施-帕甘检验可分 4 个步骤进行。

步骤 1. 采用传统的 OLS 方法估计模型参数，得到随机误差项 $\hat{\varepsilon}_i$。

步骤 2. 构造辅助方程：

$$\hat{\varepsilon}_i^2 = \beta_0 + \beta_1 x_{1i} + \beta_2 x_{2i} + u_i \tag{4-13}$$

步骤 3. 得到式(4-13)的可决系数 $R_{e^2}^2$，构造 F 统计量：

$$F = \frac{\dfrac{R_{e^2}^2}{k}}{\dfrac{1 - R_{e^2}^2}{n - k - 1}} \sim F_\alpha(k, n - k - 1) \tag{4-14}$$

或者拉格朗日乘数(LM)检验:

$$\text{LM} = n \cdot R_{\hat{e}^2}^2 \sim \chi^2(k) \tag{4-15}$$

步骤 4. 若 F 统计量或 LM 统计量超过了给定显著性水平下的临界值,则认为模型存在异方差。反之,则认为模型不存在异方差。

案例 4-6

空气污染不仅严重威胁居民的健康和生活质量,也成为中国吸引外资、发展旅游服务业的重要障碍。随着中国居民对环境问题的日益重视,他们对环境质量的要求也在不断提高。为了进一步控制和减轻空气污染,国务院出台了一系列环境调控政策。其中,2013 年制订并发布了《大气污染防治行动计划》,明确要求各地加大力度减少多种污染物排放。鉴于社会各界对空气污染的高度重视,大气污染综合防治已成为学者们长期关注的问题。

雾霾污染严重威胁居民的日常生活与健康。其中,PM2.5 的主要来源是燃煤发电、工业生产、汽车尾气、人类活动,通过排放有害因素和富含颗粒物的化合物危害空气质量。PM2.5 具有体积小、吸附性强等特点,可携带重金属和硫酸盐进入呼吸道和肺部,是影响人类身体健康的主要污染物。2013 年,中国北部城市遭受了严重的雾霾污染,8000 多万人的正常生活中断,导致航班延误、高速公路关闭以及严重的呼吸道疾病等。因此,控制 PM2.5 浓度对于舒缓中国协调经济发展与环境污染的矛盾具有重要意义。目前,在中国经济新常态背景下,中国政府希望通过排放总量控制系统和环境质量控制系统来改善环境质量,以确保经济和环境的协调发展。

因此,本案例选择了 31 个省(自治区、直辖市)的地区生产总值和 PM2.5 浓度作为研究变量。回归模型构建如下:

$$\text{GDP}_i = \beta_0 + \beta_1 \times \text{PM2.5}_i + \varepsilon_i \tag{4-16}$$

式中,因变量GDP_i代表各省(自治区、直辖市)的地区生产总值(万亿元),自变量 PM2.5_i 代表 PM2.5 在空气中的浓度。回归模型拟合结果如下:

$$\widehat{\text{GDP}}_i = -9.0786 + 1.2747 \times \text{PM2.5}_i + \varepsilon_i$$
$$(-1.004) \quad (7.513)$$

$$R^2 = 0.6606 \quad F = 56.45 \quad P = 0.000$$

结果显示,在 1% 的显著性水平下,F 检验拒绝了 PM2.5 浓度对各省(自治区、直辖市) GDP 无影响的原假设,因此可以认为模型是有效的。且 PM2.5 浓度与各省(自治区、直辖市) GDP 之间存在正向关系,说明 PM2.5 浓度越高,地区生产总值越高。本案例采用 BP 检验法对模型进行异方差检验,辅助方程拟合结果如下:

$$\hat{\varepsilon}_i^2 = -135.429 + 17.995 \times \text{PM2.5}_i + u_i$$
$$(-0.362) \quad (2.564)$$

$$R^2 = 0.1848 \quad F = 6.573 \quad P = 0.0158$$

结果显示,PM2.5 浓度的系数显著且与随机误差项 $\hat{\varepsilon}_i^2$ 具有正相关关系,因此可以认为该模型存在异方差。R 语言代码及结果(图 4-9)如下:

```
> library(lmtest)
> bptest(y~x)
```

```
        studentized Breusch-Pagan test
data:  y ~ x
BP = 5.728, df = 1, p-value = 0.0167
```

图 4-9　布罗施-帕甘检验结果

结果显示,在5%的显著性水平下,模型拒绝了同方差的原假设,可以认为模型存在异方差。

4.2.5　格莱泽(Glejser)检验

格莱泽检验的基本思想与帕克检验类似,适用于大样本。该方法对解释变量 x_i 与随机误差项的绝对值 $|\hat{\varepsilon}_i|$ 做回归模型,若存在某种函数形式可以证明这两者之间具有显著关系,那么就可以确定整个回归模型存在异方差性。对于一元线性回归模型,格莱泽检验可分为如下3个步骤。

步骤1.采用传统的 OLS 方法估计模型参数,得到随机误差项 $\hat{\varepsilon}_i$。

步骤2.可采用多种函数形式构造辅助方程,例如:

$$|\hat{\varepsilon}_i| = \beta_0 + \beta_1 x_i + u_i \tag{4-17}$$

$$|\hat{\varepsilon}_i| = \beta_0 + \beta_1 \sqrt{x_i} + u_i \tag{4-18}$$

$$|\hat{\varepsilon}_i| = \beta_0 + \beta_1 \frac{1}{x_i} + u_i \tag{4-19}$$

$$|\hat{\varepsilon}_i| = \beta_0 + \beta_1 \frac{1}{\sqrt{x_i}} + u_i \tag{4-20}$$

步骤3.若自变量的系数 β_1 显著,则认为模型存在异方差。反之,则可接受方差齐性的假设。

案例 4-7

经济发展与环境污染的复杂关系会影响环境污染水平。研究发现人均收入与环境污染之间存在倒"U"形关系,即存在"环境库兹涅茨曲线"关系。该理论认为,随着人均收入的增加,一个国家的环境污染程度将会先增加而后减小。其内在逻辑是,经济发展导致个人和政府的收入提高,从而能够负担起环境保护的开支。

基于上述背景,本案例选取了某市1997—2017年间的地区生产总值、私人环保行为指数以及公共环保行为指数作为研究变量,数据来源于中国人民大学中国调查与数据中心负责实施的2013年中国综合社会调查项目(CGSS2013)。多元线性回归模型构建如下:

$$GDP_i = \beta_0 + \beta_1 Private_i + \beta_2 Public_i + \varepsilon_i \tag{4-21}$$

式中,因变量 GDP_i 表示地区生产总值(万亿元);自变量 $Private_i$ 表示私人环保行为指数;$Public_i$ 表示公共环保行为指数。采用传统的 OLS 估计回归方程,得到拟合结果:

$$\widehat{\text{GDP}}_i = -17.9597 + 4.4730 \times \text{Private}_i + 1.1777 \times \text{Public}_i$$
$$(-1.612) \quad (11.204) \quad\quad (3.692)$$
$$R^2 = 0.9584 \quad F = 207.3 \quad P = 0.000$$

结果显示,在 1% 的显著性水平下,F 检验拒绝了私人环保行为指数和公共环保行为指数对地区生产总值无影响的原假设,因此可以认为模型是有效的。其中,私人环保行为指数、公共环保行为指数与 GDP 之间均存在正向关系。由于地区生产总值以及环保行为指数差异较大,模型很容易产生异方差问题,使得模型的参数估计不再有效。接下来采用格莱泽检验对模型进行异方差检验。辅助方程拟合结果如下:

$$|\hat{\varepsilon}_i| = 4.8240 - 0.0294 \times \text{Private}_i + 0.2630 \times \text{Public}_i$$
$$(0.761) \quad (-0.129) \quad\quad (1.449)$$
$$R^2 = 0.1761 \quad F = 1.924 \quad P = 0.1748$$

根据回归结果,两个自变量的系数均不通过 t 检验,说明其与随机误差项不存在显著关系,因此可以认为模型不存在异方差。R 语言代码及结果(图 4-10)如下:

```
>abs_residuals=abs(residuals)
>lm_Glejser=lm(abs_residuals~Private+Public)
>summary(lm_Glejser)
```

```
> lm_Glejser=lm(abs_residuals~Private+Public)
> summary(lm_Glejser)

Call:
lm(formula = abs_residuals ~ Private + Public)

Residuals:
    Min      1Q  Median      3Q     Max
-17.6354 -10.0738 -0.5143  6.8630 26.8333

Coefficients:
            Estimate Std. Error t value Pr(>|t|)
(Intercept)  4.82402    6.33841   0.761    0.456
Private     -0.02939    0.22718  -0.129    0.898
Public       0.26299    0.18151   1.449    0.165

Residual standard error: 12.53 on 18 degrees of freedom
Multiple R-squared:  0.1761,    Adjusted R-squared:  0.08461
F-statistic: 1.924 on 2 and 18 DF,  p-value: 0.1748
```

图 4-10 格莱泽检验结果

结果显示,私人环保行为指数的系数 t 检验 P 值为 0.898,公共环保行为指数的系数 t 检验 P 值为 0.165,说明私人环保行为指数和公共环保行为指数均与随机误差项的绝对值 $|\hat{\varepsilon}_i|$ 不具有显著关系,可以认为该回归模型不存在异方差。

4.2.6 斯皮尔曼(Spearman)检验

斯皮尔曼检验同样是异方差检验中应用非常广泛的一种方法。斯皮尔曼等级相关系数是用来度量两个变量之间联系强弱的统计量。该统计量具有非参数性质,即它是与分布无关的秩统计参数。对于一元线性回归模型,斯皮尔曼检验的步骤如下。

步骤 1. 构建回归方程,采用传统的 OLS 估计模型参数,得到随机误差项 $\hat{\varepsilon}_i$。

步骤 2. 将随机误差项的绝对值 $|\hat{\varepsilon}_i|$ 和自变量 x_i(或因变量 y_i)同时按照递增或递减的顺序排列。

步骤 3. 计算斯皮尔曼等级相关系数:

$$r_s = 1 - \frac{6}{n(n^2-1)} \sum_{i=1}^{n} d_i^2 \quad (4-22)$$

式中,n 为样本容量;d_i 为 $|\hat{\varepsilon}_i|$ 和 x_i 等级的差数。

步骤 4. 当 $n>8$ 时,构造检验统计量:

$$t = \frac{r_s \sqrt{n-2}}{\sqrt{1-r_s^2}} \quad (4-23)$$

若 $t > t_{\frac{a}{2}}(n-2)$,则认为回归模型存在异方差。反之,则认为模型不存在异方差。

案例 4-8

采用斯皮尔曼等级相关系数法对案例 4-7 回归模型进行异方差检验,R 语言代码及结果(图 4-11、图 4-12)如下:

>abs_residuals=abs(residuals)

>cor.test(x1,abs_residuals,alternative="two.sided",method="spearman",conf.level=0.95)

```
> abs_residuals=abs(residuals)
> cor.test(x1,abs_residuals,alternative="two.sided",method="spearman",conf.level=0.95)

        Spearman's rank correlation rho

data:  x1 and abs_residuals
S = 900, p-value = 0.0622
alternative hypothesis: true rho is not equal to 0
sample estimates:
      rho
0.4155844
```

图 4-11 随机误差项与 x_1 斯皮尔曼相关系数结果

>cor.test(x2,abs_residuals,alternative="two.sided",method="spearman",conf.level=0.95)

```
> cor.test(x2,abs_residuals,alternative="two.sided",method="spearman",conf.level=0.95)

        Spearman's rank correlation rho

data:  x2 and abs_residuals
S = 944, p-value = 0.08399
alternative hypothesis: true rho is not equal to 0
sample estimates:
     rho
0.387013
```

图 4-12 随机误差项与 x_2 斯皮尔曼相关系数结果

随机误差项与私人环保行为指数、公共环保行为指数的等级相关系数分别为 0.4155844 和 0.387013,P 值分别为 0.0622 和 0.0899,就是说在 10% 的显著性水平下,可以认为随机误差项绝对值与自变量存在显著相关性,模型存在异方差。斯皮尔曼检验结果与格莱泽检验结果不一致。

4.2.7 寇因克-巴塞特(Koenker-Basett)检验

寇因克-巴塞特检验是怀特检验的特殊形式,也被称作 KB 检验。该方法的优点在于减少了自由度,与上述检验相似,都是基于随机误差项的平方 ε_i^2 进行回归,区别在于 KB 检验不是对解释变量的估计值进行回归,而是对被解释变量进行回归。

例如,对于如下的二元线性回归模型:

$$y_i = \beta_0 + \beta_1 x_i + \varepsilon_i \tag{4-24}$$

寇因克-巴塞特检验可分如下步骤进行。

步骤 1. 采用传统的 OLS 方法估计模型参数,得到随机误差项 $\hat{\varepsilon}_i$。

步骤 2. 构造辅助方程:

$$\hat{\varepsilon}_i^2 = \beta_0 + \beta_1 y_i^2 + u_i \tag{4-25}$$

步骤 3. 若 y_i^2 的系数 β_1 通过了 t 检验,可认为因变量 y_i 与随机误差项 ε_i 存在显著关系,则可认为模型存在异方差;反之,则认为模型不存在异方差。

案例 4-9

采用寇因克-巴塞特检验对案例 4-6 回归模型进行异方差检验,辅助方程拟合结果如下:

$$\hat{\varepsilon}_i^2 = 189.4513 + 0.1123 \times GDP_i^2 + u_i$$

$$(1.072) \quad (5.566)$$

$$R^2 = 0.5156 \quad F = 30.98 \quad P = 0.000$$

根据回归结果,GDP_i^2 的系数通过了 t 检验,说明其与随机误差项 $\hat{\varepsilon}_i^2$ 存在显著关系,因此可以认为模型存在异方差。R 语言代码及结果(图 4-13)如下:

>lm_KB=lm(re_lm2~y2)

>summary(lm_KB)

```
> y2=y^2
> lm_KB=lm(re_lm~y2)
> summary(lm_KB)

Call:
lm(formula = re_lm ~ y2)

Residuals:
    Min      1Q  Median      3Q     Max
-1442.4  -225.6   -68.5   101.3  3487.2

Coefficients:
             Estimate Std. Error t value Pr(>|t|)
(Intercept) 189.45132  176.77996   1.072    0.293
y2            0.11227    0.02017   5.566 5.27e-06 ***
---
Signif. codes:  0 '***' 0.001 '**' 0.01 '*' 0.05 '.' 0.1 ' ' 1

Residual standard error: 855.9 on 29 degrees of freedom
Multiple R-squared:  0.5165,	Adjusted R-squared:  0.4998
F-statistic: 30.98 on 1 and 29 DF,  p-value: 5.271e-06
```

图 4-13 寇因克-巴塞特检验结果

结果显示，GDP_i^2 的系数 t 检验 P 值小于 0.01，说明 GDP_i^2 与随机误差项的平方 $\hat{\varepsilon}_i^2$ 具有显著关系，可以认为该回归模型存在异方差。

4.3 异方差的处理

尽管异方差并不会影响 OLS 估计量的无偏性和一致性，但会使参数估计量不再有效。因此，本节介绍了 3 种异方差的处理方法，数据处理均使用 R 语言。

4.3.1 加权最小二乘法(WLS)

异方差修正中最常用的方法就是加权最小二乘法，它是广义最小二乘法(GLS)的一种特例。加权最小二乘法的基本想法是通过在平方和中添加一个适当的加权函数来调整各项在离差平方和中的作用，以此对误差项提供的信息进行校正来提高参数估计的精度。

案例 4-10

本案例采用加权最小二乘法对案例 4-6 的回归模型进行异方差修正，具体步骤如下。

步骤 1. 给出帕克检验得到的辅助回归方程：

$$\ln(\hat{\varepsilon}_i^2) = 1.9957 + 0.9365 \times \ln(\text{PM2.5}_i) + u_i$$
$$(1.519) \quad (2.592)$$
$$R^2 = 0.1880 \quad F = 6.7160 \quad P = 0.0148$$

步骤 2. 利用帕克检验得到的辅助回归方程设定权重系数，得到权重函数为：

$$\omega_i = \frac{1}{f_i} = \frac{1}{1.9957 + 0.9365 \times \text{PM2.5}_i}$$

步骤 3. 分别对因变量和自变量进行加权处理，得到新的因变量 $\text{GDP}_{\omega i}$ 和自变量 $\text{PM2.5}_{\omega i}$。构建加权最小二乘模型如下：

$$\widehat{\text{GDP}}_{\omega i} = -1.015 + 2.043 \times \text{PM2.5}_{\omega i} + \varepsilon_i$$
$$(-0.852) \quad (1.694)$$
$$R^2 = 0.09 \quad F = 2.868 \quad P = 0.1011$$

步骤 4. 最后利用帕克检验对上述加权最小二乘模型进行异方差检验。辅助回归模型拟合结果如下：

$$\ln(\hat{\varepsilon}_{\omega i}^2) = -2.2469 + 2.4361 \times \ln(\text{PM2.5}_{\omega i}) + u_i$$
$$(-6.465) \quad (0.705)$$
$$R^2 = 0.0169 \quad F = 0.4975 \quad P = 0.4862$$

结果显示，$\text{PM2.5}_{\omega i}$ 的系数不显著，可以认为该回归模型不存在异方差。R 语言代码及结果(图 4-14)如下：

```
>re=resid(lm_gls)
>lm_park=lm(log((re^2))~log(x_w))
>summary(lm_park)
```

```
> lm_park=lm(log((re^2))~log(x_w))
> summary(lm_park)
Call:
lm(formula = log((re^2)) ~ log(x_w))
Residuals:
    Min      1Q  Median      3Q     Max
-3.9562 -0.7928  0.3296  1.3736  2.9153

Coefficients:
            Estimate Std. Error t value Pr(>|t|)
(Intercept)  -2.2469     0.3475  -6.465 4.48e-07 ***
log(x_w)      2.4361     3.4537   0.705    0.486
---
Signif. codes:  0 '***' 0.001 '**' 0.01 '*' 0.05 '.' 0.1 ' ' 1

Residual standard error: 1.893 on 29 degrees of freedom
Multiple R-squared:  0.01687,    Adjusted R-squared:  -0.01703
F-statistic: 0.4975 on 1 and 29 DF,  p-value: 0.4862
```

图 4-14　回归结果

结果显示，$\ln(\text{PM2.5}_{wi})$ 的系数 t 检验 P 值为 0.486，说明 PM2.5_{wi} 与随机误差项的平方 ε_i^2 不存在显著关系，可以认为加权最小二乘法已经消除了异方差问题。

4.3.2　稳健标准误法

基于一些对异方差形式的先验认识，可以确切了解随机误差项的方差 $Var(\varepsilon)$ 与某个解释变量 x_i 的函数关系式，那么就可以构造相应的权函数形式，通过加权最小二乘估计法修正异方差性。其本质仍然采用普通的最小二乘估计模型，利用普通最小二乘法估计出来的误差平方项 e_i^2 作为相对应的随机误差项 ε_i 的代表，以此对参数估计量的方差进行修正。因此，以正确的方差估计为基础进行的显著性检验则不再失效，被解释变量所预测的置信区间也变得可信。但是该方法的缺点在于修正后并不能获得有效的参数估计量。

案例 4-11

本案例采用稳健标准误法对案例 4-6 的回归模型进行异方差的修正，R 语言代码及结果（图 4-15）如下：

＞library(sandwich)

＞coeftest(lm, vcov = NeweyWest(lm))

```
> coeftest(lm, vcov = NeweyWest(lm))

t test of coefficients:

             Estimate Std. Error t value  Pr(>|t|)
(Intercept) -9.07858    6.52149 -1.3921    0.1745
x            1.27470    0.19702  6.4698 4.428e-07 ***
---
Signif. codes:  0 '***' 0.001 '**' 0.01 '*' 0.05 '.' 0.1 ' ' 1
```

图 4-15　稳健标准误差修正结果

异方差稳健标准误差法可以有效消除异方差。

4.3.3 Box-Cox 变换法

Box-Cox 变换法是处理异方差性的方法中应用最广泛的,是指当模型中出现了异方差性时,可以对被解释变量 y 做出相应的变换,使得变换后数据的随机误差项方差相对稳定的变换方法。其实质是根据数据自动寻找最佳变换函数的过程,选择最优的 λ 使得变换后的总体满足方差齐性的假设。

案例 4-12

本案例采用 Box-Cox 变换法对案例 4-6 的回归模型进行异方差修正,步骤如下。

步骤 1. 首先计算出最优 λ 值,R 语言代码及结果(图 4-16、图 4-17)如下:

>library(MASS)

>box=boxcox(y~x)

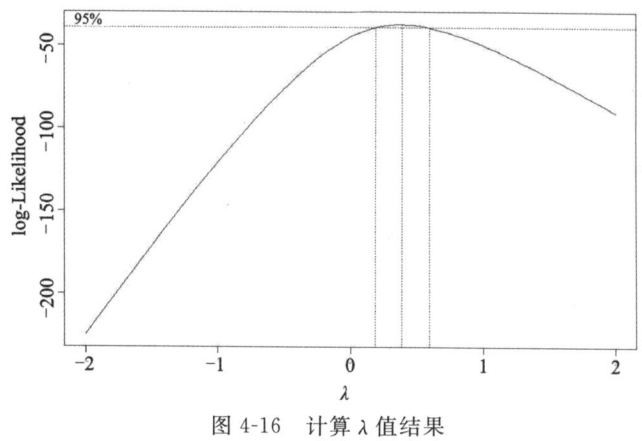

图 4-16 计算 λ 值结果

>lambda=box \$ x[which.max(box \$ y)]

>lambda

```
> lambda=box$x[which.max(box$y)]
> lambda
[1] 0.3838384
```

图 4-17 最优 λ 值结果

可得到最优 λ 值为 0.3838384。

步骤 2. 对被解释变量 GDP_i 进行 Box-Cox 变换,构建新的回归模型,R 语言代码及结果(图 4-18)如下:

>y_box=(y^lambda-1)/lambda

>lm_box=lm(y_box~x)

>summary(lm_box)

经过 Box-Cox 变换后的回归模型拟合结果如下:

$$\widehat{GDP}_i = 2.3749 + 0.1199 \times PM_{2.5i} + \varepsilon_i$$

$$(3.152) \quad (8.474)$$

$$R^2 = 0.7123 \quad F = 71.8 \quad P = 0.000$$

```
> summary(lm_box)
Call:
lm(formula = y_box ~ x)

Residuals:
    Min      1Q  Median      3Q     Max
-3.3533 -1.7536 -0.6198  1.3082  5.5494

Coefficients:
             Estimate Std. Error t value Pr(>|t|)
(Intercept)   2.37488    0.75355   3.152  0.00375 **
x             0.11985    0.01414   8.474 2.45e-09 ***
---
Signif. codes:  0 '***' 0.001 '**' 0.01 '*' 0.05 '.' 0.1 ' ' 1

Residual standard error: 2.24 on 29 degrees of freedom
Multiple R-squared:  0.7123,    Adjusted R-squared:  0.7024
F-statistic:  71.8 on 1 and 29 DF,  p-value: 2.453e-09
```

图 4-18　修正后的回归结果

步骤 3.异方差检验。首先对模型进行怀特检验（图 4-19）。

＞white_test(lm_box)

```
> white_test(lm_box)
White's test results

Null hypothesis: Homoskedasticity of the residuals
Alternative hypothesis: Heteroskedasticity of the residuals
Test Statistic: 0.21
P-value: 0.900736
```

图 4-19　怀特检验结果

其次对模型进行帕克检验（图 4-20）。

＞lm_box_park＝lm((resid(lm_box))^2～x)

＞summary(lm_box_park)

```
> lm_box_park=lm((resid(lm_box))^2~x)
> summary(lm_box_park)

Call:
lm(formula = (resid(lm_box))^2 ~ x)

Residuals:
   Min     1Q Median     3Q    Max
-4.653 -3.979 -2.076  1.417 26.113

Coefficients:
              Estimate Std. Error t value Pr(>|t|)
(Intercept)  4.7319314  2.1310688   2.220   0.0344 *
x           -0.0008665  0.0400006  -0.022   0.9829
---
Signif. codes:  0 '***' 0.001 '**' 0.01 '*' 0.05 '.' 0.1 ' ' 1

Residual standard error: 6.334 on 29 degrees of freedom
Multiple R-squared:  1.618e-05, Adjusted R-squared:  -0.03447
F-statistic: 0.0004692 on 1 and 29 DF,  p-value: 0.9829
```

图 4-20　帕克检验结果

最后对模型进行 BP 检验(图 4-21)。
>bptest(y_box~x)

```
> bptest(y_box~x)
            studentized Breusch-Pagan test
data:  y_box ~ x
BP = 0.00050155, df = 1, p-value = 0.9821
```

图 4-21　BP 检验结果

3 种异方差检验方法均得到该回归模型不存在异方差的结果,因此可以认为经过 Box-Cox 变换后的回归模型消除了异方差。

习题

1. 简述什么是异方差性？举例说明现经济现象中的异方差性。
2. 简述产生异方差性的原因及其解决办法。
3. 什么是 Box-Cox 变换法？它的实质是什么？
4. 下列哪种情况属于异方差的后果？
(1)通常的 t 检验不再服从 t 分布。
(2)通常的 F 检验不再服从 F 分布。
(3)OLS 估计的参数仍具有最小方差性。
5. 简述加权最小二乘法及其基本思想。
6. 在模型 $y_i = \beta_0 + \beta_1 x_i + \varepsilon_i$ 中,$E(\varepsilon_i) = 0$,$\mathrm{Var}(\varepsilon_i) = \sigma^2 x_i^2$($\sigma^2$ 为常数),用适当的变换修正异方差,并写出修正异方差后的参数估计量的表达式。
7. 假定模型为：
$$\Delta \mathrm{GDP}_i = \beta_0 + \beta_1 \Delta \mathrm{DMI}_{1i} + \beta_2 \Delta \mathrm{DPO}_{2i} + \varepsilon_i$$
$\Delta \mathrm{GDP}_i$ 表示天津市的地区生产总值增长率(%),自变量 $\Delta \mathrm{DMI}_{1i}$ 和 $\Delta \mathrm{DPO}_{2i}$ 分别表示直接物质输入增长率(%)和生产过程废弃物排放增长率(%),ε_i 为随机误差项。现有 $E(\varepsilon_i) = 0$,$\mathrm{Var}(\varepsilon_i) = \sigma^2 \Delta \mathrm{DMI}_{1i}^2$($\sigma$ 为常数)。
(1)选用合适的变换修正异方差并写出变换过程。
(2)写出修正异方差后的参数估计量的表达式。
8. 假定 $y_i = \beta_1 + \beta_2 x_i + \varepsilon_i$,$\mathrm{Var}(\varepsilon_i) = \sigma_i^2 = \sigma^2 f(x_i)$,写出对原模型变换的正确形式。
9. 在使用加权最小二乘法时,假设变换的结果是 $\dfrac{y}{x} = b_0 \dfrac{1}{x} + b_1 \dfrac{1}{x} + \dfrac{\varepsilon}{x}$,写出 $\mathrm{Var}(\varepsilon)$ 的正确形式。
10. 假定回归模型为 $y_i = b x_i + \varepsilon_i$,其中 $\mathrm{Var}(\varepsilon_i) = \sigma^2 x_i$,求 b 的最有效估计量。
11. 假定回归模型为 $y_i = b + \varepsilon_i$,x_i 是非随机变量,其中,$\varepsilon_i \sim N(0, \sigma^2 x_i)$,$E(\varepsilon_i \varepsilon_j) = 0$,$i \neq j$,求 b 的方差及其最佳线性无偏估计量。
12. 下列模型中的参数可以用 OLS 法估计吗？为什么？

$$|\hat{\varepsilon}_i| = \sqrt{\beta_0 + \beta_1 + \beta_2 x_i} + \theta_i$$

$$|\hat{\varepsilon}_i| = \sqrt{\beta_0 + \beta_1 + \beta_2 x_i^2} + \theta_i$$

13. 下表为中国 15 个城市 2019 年二氧化硫平均浓度和年平均温度的数据。

城市	二氧化硫年平均浓度 $x/(\mu g \cdot m^{-3})$	年平均温度 $y/℃$
北京	4	13.8
天津	11	14.2
石家庄	16	14.9
太原	22	11.6
沈阳	21	9.5
长春	11	7.6
哈尔滨	17	5.9
上海	7	17.4
南京	10	17.1
杭州	7	18.0
合肥	6	16.3
福州	5	20.8
南昌	9	19.1
武汉	9	17.3
郑州	9	16.5

(1)使用以上数据建立各城市的二氧化硫平均浓度和年平均温度的线性回归模型。

(2)选择适当方法检验模型是否存在异方差,如果存在,请给予修正。

14. 下表为我国 15 个城市的年平均相对湿度 y 以及全年降水量 x 的数据。

城市	年平均相对湿度 $x/\%$	全年降水量 x/mm
北京	52	528
天津	59	704.5
石家庄	58	658.1
太原	59	547.0
沈阳	63	752.4
长春	66	662.0
哈尔滨	70	783.3
上海	75	1555.0
南京	77	1218.0
杭州	73	1665.4

续表

城市	年平均相对湿度 x/%	全年降水量 x/mm
合肥	82	1497.6
福州	73	1210.5
南昌	75	2140.7
武汉	81	2012.3
郑州	62	679.4

(1) 建立各城市全年降水量与年平均相对湿度的回归模型。

(2) 用怀特检验方法检验模型是否存在异方差,如果存在,请加以修正。

15. 下表为我国 2000—2020 年的能源消费总量 x 和国内生产总值 y 的数据。

年份	能源消费总量 x/×10^4 t 标准煤	国内生产总值 y/亿元
2000	146964	99066.1
2001	155547	109276.2
2002	169577	120480.4
2003	197083	136576.3
2004	230281	161415.4
2005	261369	185998.9
2006	286467	219028.5
2007	311442	270704.0
2008	320611	319244.6
2009	336126	348517.7
2010	360648	412119.3
2011	387043	487940.2
2012	402138	538580.0
2013	416913	592963.2
2014	428334	643563.1
2015	434113	688858.2
2016	441492	746395.1
2017	455827	832035.9
2018	471925	919281.1
2019	487488	986515.2
2020	498000	1015986.2

(1) 根据所给数据建立回归模型,分析国内生产总值与能源消费总量之间的关系。

(2) 用格莱泽检验法检验模型是否存在异方差。

第 5 章 自相关

5.1 自相关产生的原因

对于 k 元线性回归模型：
$$y_i = \beta_0 + \beta_1 x_{1i} + \beta_2 x_{2i} + \cdots + \beta_k x_{ki} + \mu_i \tag{5-1}$$
如果不同的随机误差项之间存在着相关关系，即：
$$\operatorname{Cov}(\mu_i, \mu_j) = E(\mu_i, \mu_j) \neq 0, i \neq j; i, j = 1, 2, \cdots, n \tag{5-2}$$
则称模型存在自相关性。

一个很自然的问题是：为什么会出现自相关呢？有以下几种原因。

(1) 惯性：大多数经济时间序列都有一个明显的特点，就是它具有惯性或黏滞性。众所周知，GNP、价格指数、生产、就业和失业等时间序列都呈现出一定的周期。从衰退的谷底开始，当经济开始复苏时，大多数经济序列开始上升。在此上升期间，序列在每一时刻的值都高于前一时刻的值。看来有一种"内在的动力"驱使这一势头继续下去，直至某些情况（如利率、课税或两者同时升高）出现才把它拖慢下来。因此，在涉及时间序列的回归中，相继的观测值很可能是相关的。

(2) 设定偏误：在经验分析中，我们往往会选择最重要的几个解释变量，而将次要的解释变量略去，如果被略去的解释变量本身存在自相关，它必然在随机误差项中反映出来。多个被略去的解释变量之间的自相关关系会相互抵消，使得模型表现为非自相关。此外，如果模型所选用的函数形式与实际变量之间的真实关系不相符，随机扰动项往往会存在自相关。例如，当被解释变量与解释变量之间应为对数关系，而模型却选用线性回归来进行拟合时，那么该回归模型必存在自相关。

(3) 经济行为的滞后性：在一个消费支出对收入的时间序列回归中，人们常常发现当前时期的消费支出除了依赖于其他变量外，还依赖于上一期的消费支出，解释变量之一是因变量的滞后值而被称为自回归。由于心理上、技术上以及制度上的原因，消费者不会轻易改变他们的消费习惯。如果现在我们忽略了滞后项，所造成的误差项将由于滞后消费对当前消费的影响而反映出一种系统性模式。

(4) 随机因素的干扰或影响：战争、自然灾害等随机因素的干扰造成的影响，常常要延续若干时期，反映在模型中就是随机误差项存在自相关。

(5)观测数据处理:在经验分析中,原始数据往往是经过处理的。例如,在用到季度数据的时间序列回归中,这些数据通常来自月度数据,不过是把3个月的观测值加在一起除以3罢了。这种平均的计算因减弱了月度数据的波动而导致数据更加匀滑。因此,用季度数据描绘的图形要比用月度数据描绘的图形看起来匀滑得多。这种匀滑性本身就能使干扰项中出现系统性样式,从而导致自相关。数据变换的另一来源是数据的内插或外推。例如,中国每10年进行一次人口普查,最近的一次在2020年,而此前的一次在2010年。假如现在需要2010—2020年两个普查年间的某年数据,通常的做法就是,根据某些特殊的假定进行内插。所有这些数据"糅合"技术都会给数据带来原始数据所没有的系统性样式。

(6)蛛网效应:许多农产品的供给反映出一种所谓的蛛网效应。供给对价格的反应要滞后一个时期,因为供给需要经过一定的时间才能实现(存在孕育期)。例如,今年年初的作物种植受去年盛行价格的影响。因此,相关的供给函数是:

$$\text{supply}_t = \beta_1 + \beta_2 p_{t-1} + u_t \tag{5-3}$$

式中,supply_t为供给。假使t时期的期末价格p_t低于p_{t-1},农民就很可能决定在$t+1$时期生产比t时期更少的东西。显然,在这种情形中,农民由于在t时期的过量生产,很可能在$t+1$时期削减产量。诸如此类的现象,就不能期望干扰项u_t是随机的,从而导致一种蛛网效应的出现。

5.2 自相关的检验

若存在自相关,那么估计的标准误差就有偏误,因而估计的t比率就不可靠。显然,我们需要弄清楚,采用的数据是否受到自相关问题的困扰,下面将给出几种检验自相关的方法。

5.2.1 图解法

图解法是一种非常直观的检验自相关的方法,它是通过对给定的回归模型直接用OLS估计其参数,求出残差项e_t,以e_t作为随机误差项u_t的估计值,再描绘e_t的散点图,根据散点图来判断e_t的相关性。残差e_t的散点图通常有两种绘制方式。

(1)按照时间顺序绘制回归残差项e_t的图形。如果$e_t(t=1,2,\cdots,n)$随着t的变化逐次有规律地变化,呈现锯齿状或循环状的变化,就可判断e_t存在相关,表明u_t存在着自相关。如果e_t随着t的变化逐次变化并不频繁地改变符号,而是几个正的e_t后面跟着几个负的,则表明随机误差项u_t存在正自相关。如果e_t随着t的变化逐次变化并不断地改变符号,那么随机误差项u_t存在负自相关。

(2)绘制e_{t-1}和e_t的散点图。用$(e_{t-1}, e_t)(t=1,2,\cdots,n)$作为散布点绘图,如果大部分点落在第一、三象限,表明随机误差项u_t存在着正自相关。如果大部分点落在第二、四象限,那么随机误差项u_t存在着负自相关。

案例5-1

能源自古以来就是人们生产生活所赖以生存的重要基础,也是影响各国经济社会发展的重要因素。从18世纪工业革命以来,石油、煤、天燃气等化石燃料便成为工业生产最主要的能源来源。现如今,世界化石能源消耗约占能源消耗总量的90%,到2040年,天燃气、核能和可再生能源将成为发展最快的能源,但是化石能源仍将是世界能源消耗的主要部分,化石能源在全球能源消耗总量的占比仍将超过 75%。但化石燃料的大量使用使燃料中的碳转化为 CO_2 进入大气导致空气污染和温室效应,环境问题反过来又会制约经济的增长。在此背景下,怎样实现经济增长、能源消耗和环境保护之间的协调性可持续发展已经成为各国面临的重大问题。

然而,随着经济的快速发展,中国的能源消耗也在不断快速地增加。积极地发展能源贸易,对处于工业化进程中的中国变得尤其重要,对经济发展具有很大的推进作用。与此同时,全球各大洲都感受到了气候变化的影响,预计这些未经缓解的气候变化影响将在未来几十年对人类健康、全球粮食安全和经济发展构成巨大威胁。因此,社会需要采取措施减少温室气体排放。如今,绿色、低碳、环保已经逐渐成为世界经济发展的主旋律,怎样应对全球气候变化、环境污染,推进节能减排的实施,重新参与国际合作与分工,也将成为中国经济发展过程中所面临的巨大挑战。因此,研究经济发展以及能源消耗对中国碳排放的影响效应有着重要的经济意义与现实意义。

为研究中国碳排放的影响因素,我们初步设置以下回归模型:

$$\ln CE_t = \beta_0 + \beta_1 \ln EC_t + \beta_2 \ln GDP_t + u_t \tag{5-4}$$

式中,CE_t 为中国人均碳排放量;EC_t 为中国化石燃料消耗占能源消耗总量的百分比;GDP_t 为中国人均 GDP;u_t 为随机误差项。样本对应的时间为 1992—2014 年,所有数据均从世界银行数据库获得。

在 R 语言中对上面给出的模型进行 OLS 估计(图 5-1):

```
library(foreign)
lm1<-lm(lnCE~lnEC+lnGDP , data=data1)
summary(lm1)
```

```
Call:
lm(formula = lnCE ~ lnEC + lnGDP, data = zzy)

Residuals:
     Min       1Q   Median       3Q      Max
-0.16394 -0.04659  0.01127  0.04449  0.14604

Coefficients:
             Estimate Std. Error t value Pr(>|t|)
(Intercept)  -0.32733    0.70590  -0.464 0.647871
lnEC          2.54998    1.15715   2.204 0.039432 *
lnGDP         0.29639    0.06717   4.412 0.000268 ***
---
Signif. codes:  0 '***' 0.001 '**' 0.01 '*' 0.05 '.' 0.1 ' ' 1

Residual standard error: 0.08766 on 20 degrees of freedom
Multiple R-squared:  0.9622,    Adjusted R-squared:  0.9585
F-statistic: 254.8 on 2 and 20 DF,  p-value: 5.909e-15
```

图 5-1 案例 5-1 最小二乘估计结果

绘制残差散点图(图 5-2):

```
e<-summary(lm1)$resid
plot(e)
```

第 5 章　自相关

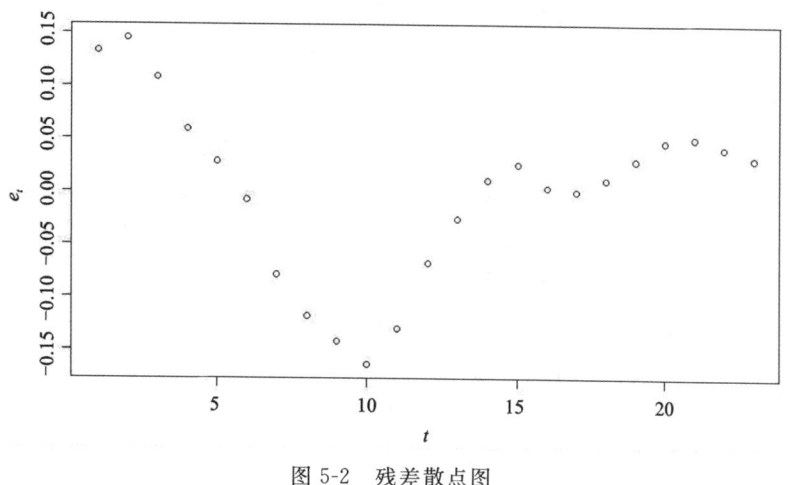

图 5-2　残差散点图

由图 5-2 可以看出，e_t 随着 t 的变化出现循环状的变化，且正负变化不频繁，表明 u_t 存在着正自相关。

绘制 e_{t-1} 与 e_t 散点图，由图 5-3 可知，大部分点落在第一、三象限，表明随机误差项 u_t 存在着正自相关。

e1＝e[1:length(e)－1]＃e1 为 e_{t-1}

e2＝e[2:length(e)]＃e2 为 e_t

plot(e2,e1)

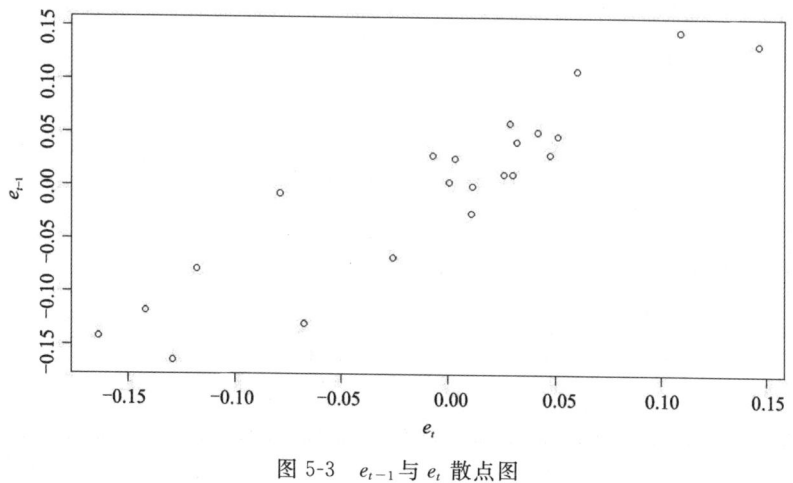

图 5-3　e_{t-1} 与 e_t 散点图

5.2.2　回归检验

以 $\tilde{e}_t$ 为被解释变量，以各种可能的相关量，诸如 $\tilde{e}_{t-1}$、$\tilde{e}_{t-2}$、$\tilde{e}_t^2$ 等为解释变量，建立如下方程：

$$\tilde{e}_t = \rho \tilde{e}_{t-1} + \varepsilon_t \quad t=2,\cdots,n \tag{5-5}$$

$$\tilde{e}_t = \rho_1 \tilde{e}_{t-1} + \rho_2 \tilde{e}_{t-2} + \varepsilon_t \quad t=3,\cdots,n \tag{5-6}$$

对方程进行估计并进行显著性检验,如果存在某一种函数形式,使得方程显著成立,则说明原模型存在自相关性。回归检验法的优点是一旦确定了模型存在自相关性,也就同时知道了相关的形式,而且它适用于任何类型的自相关性问题的检验。

案例 5-2

贵金属作为重要的战略资源和投资避险资产,逐渐获得广大学者和投资者的关注。同时考虑 4 种贵金属(金、银、钯、铂)是具有挑战性的,因为它们具有独特的供需特征。例如,对钯和铂的工业需求通常大于对金和银的需求。钯和铂的更大工业需求也可能是这两种贵金属相对价值发生重大变化的原因。虽然过去钯比铂便宜得多,但最近钯变得更贵了。与黄金一直比白银贵的现象相比,黄金和白银的价格比似乎更稳定。钯和铂相对价值的变化也可能是由于贵金属的开采地点不同,钯和铂主要分布在非洲和俄罗斯,而黄金在全球许多地方开采,银通常存在于澳大利亚、中美洲和北美等。珠宝产业占 4 种贵金属需求的很大一部分(如,黄金需求总量的 50% 和铂金需求总量的 30%),但其余需求来源因金属而异。例如,黄金主要用作投资或价值储存,工业需求相对有限。银是所有已知金属中最好的热和电的导体,在电子、电路板中有许多工业用途。钯和铂主要用于汽车工业,它们被用作催化转化器。

其他贵金属(银、铂或钯)是否影响黄金价格,这种分析将有助于投资者和政策制定者就贵金属价格走势做出更好的决策。设置以下回归模型来研究黄金价格与其他贵金属之间的价格关系:

$$\text{gold}_t = \beta_0 + \beta_1 \text{silver}_t + \beta_2 \text{palladium}_t + \beta_3 \text{platinum}_t + \mu_t \tag{5-7}$$

式中,gold_t 为差价合约黄金期货收盘价;silver_t 为白银期货收盘价;palladium_t 为钯期货收盘价;platinum_t 为铂期货收盘价。样本为 2009 年 11 月—2021 年 2 月的数据,所有数据均从 www.investing.com 网站获取。

对模型进行 OLS 估计(图 5-4):

```
Call:
lm(formula = gold ~ silver + palladium + platinum, data = zzy)

Residuals:
    Min      1Q  Median      3Q     Max
-428.84  -50.04   -2.28   50.72  189.39

Coefficients:
             Estimate Std. Error t value Pr(>|t|)
(Intercept) 937.41965   46.01542  20.372  < 2e-16 ***
silver       27.24598    1.83346  14.860  < 2e-16 ***
palladium     0.19544    0.01943  10.060  < 2e-16 ***
platinum     -0.22985    0.04520  -5.086 1.23e-06 ***
---
Signif. codes:  0 '***' 0.001 '**' 0.01 '*' 0.05 '.' 0.1 ' ' 1

Residual standard error: 87.88 on 132 degrees of freedom
Multiple R-squared: 0.8256,  Adjusted R-squared: 0.8216
F-statistic: 208.3 on 3 and 132 DF,  p-value: < 2.2e-16
```

图 5-4 案例 5-2 最小二乘估计结果

图 5-5 显示 $\tilde{e}_t = \rho \tilde{e}_{t-1} + \varepsilon_t$ 回归结果显著,拟合较好,说明模型中存在自相关性。

e<-summary(lm1)$resid #提取残差序列

e1=e[1:length(e)-1]

```
e2=e[2:length(e)]
lm2=lm(e2~e1,data=zzy)
summary(lm2)
```

```
Call:
lm(formula = e2 ~ e1, data = zzy)
Residuals:
     Min      1Q  Median      3Q     Max
-209.506 -28.849   0.637  25.979 167.707
Coefficients:
            Estimate Std. Error t value Pr(>|t|)
(Intercept) -0.66902    4.53725  -0.147    0.883
e1           0.80294    0.05251  15.290   <2e-16 ***
---
Signif. codes:  0 '***' 0.001 '**' 0.01 '*' 0.05 '.' 0.1 ' ' 1

Residual standard error: 52.72 on 133 degrees of freedom
Multiple R-squared:  0.6374,    Adjusted R-squared:  0.6347
F-statistic: 233.8 on 1 and 133 DF,  p-value: < 2.2e-16
```

图 5-5　案例 5-2 回归检验估计结果

5.2.3　DW 检验

DW 检验是杜宾(J. Durbin)和瓦森(G. S. Watson)于 1951 年提出的一种检验序列自相关的方法,该方法的假定条件如下。

(1)解释变量 x 非随机,或者在重复抽样中被固定。

(2)随机误差项 μ_t 为一阶自回归形式:

$$\mu_t = \rho \mu_{t-1} + \varepsilon_t \tag{5-8}$$

(3)回归模型中不应含有滞后应变量作为解释变量,即不应出现下列形式:

$$y_t = \beta_0 + \beta_1 x_{1t} + \cdots + \beta_k x_{kt} + \gamma y_{t-1} + \mu_t \tag{5-9}$$

(4)回归含有截距项。

(5)假定随机误差项 μ_t 服从正态分布。

(6)没有数据缺失。如果因为某些原因造成序列观测值缺失,DW 检验对于这种缺失没有补偿方法。

杜宾和瓦森针对原假设($H_0: \rho=0$,即不存在一阶自回归),构造如下统计量:

$$DW = \frac{\sum_{i=2}^{n}(\tilde{\mu}_t - \tilde{\mu}_{t-1})^2}{\sum_{i=1}^{n}\tilde{\mu}_t^2} \tag{5-10}$$

该统计量的分布与出现在给定样本中的 x 值复杂的关系,因此其精确的分布很难得到。但是,他们成功地导出了临界值的下限 d_L 和上限 d_U,且这些上下限只与样本的容量 n 和解释变量的个数 k 有关,而与解释变量 x 的取值无关。DW 检验的步骤如下。

(1)计算 DW 值。

(2)给定 α,由 n 和 k 的大小查 DW 分布表,得临界值 d_L 和 d_U。

(3) 比较、判断：若 $0<DW<d_L$，则存在正自相关；若 $d_L<DW<d_U$，则不能确定；若 $d_U<DW<4-d_U$，则无自相关；若 $4-d_U<DW<4-d_L$，则不能确定；若 $4-d_L<DW<4$，则存在负自相关。

案例 5-3

人类活动一直在改变和损害生态系统的动态平衡。因此，全球环境紧急情况和气候变化被广泛认为是对人类福祉和国际发展最严峻的挑战。根据国家海洋和大气管理局的估计和监测，自工业革命以来，大气中的二氧化碳浓度从 280ppm 增加到 2020 年初的 400ppm 以上。人类活动与这种指数增长密切相关。每年为能源、土地使用和农业部门发展（如畜牧业）而燃烧的化石燃料导致数十亿吨温室气体排放到环境中。这是科学界讨论最多的问题之一，因为这对社会经济和人类健康产生了严重的负面影响，厘清影响气候变化的变量之间的关系变得尤为重要。

目光转移到中国，随着工业化、城镇化进程的不断推进，我国的能源消费强度迅速增强，从而导致碳排放量持续增加，引发了许多环境问题。然而由于我国目前处于经济快速发展阶段，碳排放量明显增长的趋势在将来很长一段时间内并不会改变，所以如何控制碳排放增速已经成为我国亟待解决的问题。江浙沪三地于 2009 年成为全球第十一大经济体，位于我国经济发展队伍的前端，工业化的快速发展带来的碳排放问题也在不断加深。选取江浙沪三地进行研究，通过探究影响碳排放的因素，寻找有效减少碳排放的方法，从而为遏制全球温室效应，促进世界向绿色经济和可持续发展转变出谋划策。

基于上述背景，我们设置以下回归模型：

$$\ln ce_t = \beta_0 + \beta_1 \ln po_t + \beta_2 \ln RGDP_t + \beta_3 \ln te_t + \beta_4 \ln is_t + \beta_5 \ln ecs_t + \beta_6 \ln ul_t + \mu_t \quad (5-11)$$

式中，ce_t 为长三角地区二氧化碳排放总量（万吨）；po_t 为人口总数（万人）；$RGDP_t$ 为地区生产总值（亿元）；te_t 为技术水平；is_t 为第二产业所占比重；ecs_t 为煤炭消费量；ul_t 为城市人口比重。所有数据均来源于长三角地区历年统计年鉴及《中国能源统计年鉴》。

对模型进行 OLS 估计，然后进行 DW 检验（图 5-6、图 5-7）：

```
Call:
lm(formula = ce ~ po + RGDP + te + is + ecs + ul, data = zzy)

Residuals:
   Min     1Q  Median     3Q    Max
-15779  -3043  -1221   3179  13321

Coefficients:
              Estimate Std. Error t value Pr(>|t|)
(Intercept) -6.651e+05  5.342e+05  -1.245    0.239
po           6.488e+01  3.717e+01   1.746    0.109
RGDP        -5.413e-01  4.163e-01  -1.300    0.220
te          -4.153e+04  1.345e+05  -0.309    0.763
is          -2.935e+05  2.568e+05  -1.143    0.277
ecs          2.282e+05  4.419e+05   0.517    0.616
ul          -4.792e+04  1.119e+05  -0.428    0.677

Residual standard error: 8072 on 11 degrees of freedom
Multiple R-squared:  0.9768,   Adjusted R-squared:  0.9642
F-statistic: 77.29 on 6 and 11 DF,  p-value: 2.383e-08
```

图 5-6 案例 5-3 最小二乘估计结果

```
library(lmtest) #载入 DW 检验所需程序包
dwtest(lm1) #DW 检验
```

```
        Durbin-Watson test

data:  lm1
DW = 2.0531, p-value = 0.2057
alternative hypothesis: true autocorrelation is greater than 0
```

图 5-7 案例 5-3DW 检验结果

由 DW 检验结果可知 $P>0.05$,不能拒绝不存在自相关的原假设,所以模型中不存在自相关。

5.2.4 LM 检验

LM 检验克服了 DW 检验的缺陷,适合于高阶序列相关以及模型中存在滞后被解释变量的情形。它是由布劳殊(Breusch)与戈弗雷(Godfrey)于 1978 年提出的,也被称为 BG 检验。

对于模型:

$$y_t = \beta_0 + \beta_1 x_{1t} + \beta_2 x_{2t} + \cdots + \beta_k x_{kt} + \mu_t \tag{5-12}$$

如果怀疑随机误差项存在 p 阶自相关:

$$\mu_t = \rho_1 \mu_{t-1} + \rho_2 \mu_{t-2} + \cdots + \rho_p \mu_{t-p} + \varepsilon_t \tag{5-13}$$

则可按以下步骤检验:

(1)OLS 估计原模型并得到残差 e_t。

(2)做 e_t 对模型中全部回归元和附加回归元 $e_{t-1}, e_{t-2}, \cdots, e_{t-p}$ 的回归,即:

$$e_t = \alpha_0 + \alpha_1 x_{1t} + \alpha_2 x_{2t} + \cdots + \alpha_k x_{kt} + \rho_1 e_{t-1} + \cdots + \rho_p e_{t-p} + v_t \tag{5-14}$$

得到 R^2,原假设 H_0 为 $\rho_1 = \rho_2 = \cdots = \rho_p = 0$,当 H_0 为真时,在大样本下有:

$$LM = (n-p)R^2 \sim \chi^2(p) \tag{5-15}$$

给定 α,查临界值 $\chi^2_\alpha(p)$,与 LM 值比较,做出判断,实际检验中,可从 1 阶、2 阶逐次向更高阶检验。这也是 LM 检验的一个缺陷,滞后长度 p 值不能先验设置,这就不可避免地对 p 值进行多次试验。

案例 5-4

粮食安全问题是当今世界各国经济发展的"三大安全"问题之一。1997 年以来,中国粮食贸易规模不断扩大,作为农业大国,同时也是发展中国家,中国对粮食产量和粮食需求量的要求是相当高的。由于农业技术落后、耕地面积较少等限制,中国还只是一个农业大国,而不是一个农业强国。改革开放以来,中国的粮食产量出现了多次波动,这是因为粮食产量受众多因素的影响,不易控制。因此,在乡村振兴的大背景下,本案例从粮食生产角度对粮食安全进行研究,对影响中国粮食产量的因素进行分析,为保障粮食安全提供切实可行的建议。

基于上述背景,我们设置以下回归模型:

$$CL_t = \beta_0 + \beta_1 BZ_t + \beta_2 GG_t + \beta_3 JX_t + \beta_4 HF_t + \beta_5 SZ_t + \mu_t \tag{5-16}$$

式中,CL_t 为粮食产量;BZ_t 为粮食播种面积;GG_t 为有效灌溉面积;JX_t 为农业机械总动力;HF_t

为化肥施用量；SZ_t 为受灾面积。数据均从《中国统计年鉴》获得，样本区间为 1999—2017 年。

进行 OLS 估计（图 5-8）：

```
Call:
lm(formula = y ~ x1 + x2 + x3 + x4 + x5, data = zzy)

Residuals:
    Min      1Q  Median      3Q     Max
-1271.73 -357.11   -5.17  330.72 1176.38

Coefficients:
             Estimate Std. Error t value Pr(>|t|)
(Intercept) -5.424e+04  8.151e+03  -6.654 1.58e-05 ***
x1           5.910e-01  6.374e-02   9.272 4.30e-07 ***
x2           5.860e-01  1.421e-01   4.124  0.00120 **
x3          -4.720e-02  6.683e-02  -0.706  0.49246
x4           3.729e+00  2.227e+00   1.674  0.11800
x5          -1.398e-01  3.542e-02  -3.946  0.00168 **
---
Signif. codes:  0 '***' 0.001 '**' 0.01 '*' 0.05 '.' 0.1 ' ' 1

Residual standard error: 748.6 on 13 degrees of freedom
Multiple R-squared:  0.9936,    Adjusted R-squared:  0.9912
F-statistic:   405 on 5 and 13 DF,  p-value: 8.65e-14
```

图 5-8　案例 5-4 最小二乘估计结果

进行 LM 检验（图 5-9）：
library(lmtest)＃载入 LM 检验所需程序包
bgtest(lm1,order＝2)

```
        Breusch-Godfrey test for serial correlation of order up to 2
data:  lm1
LM test = 2.3027, df = 2, p-value = 0.3162
```

图 5-9　案例 5-4 LM 检验结果

由 LM 检验结果可知 $P>0.05$，不能拒绝不存在自相关的原假设，所以模型中不存在自相关。

5.3　自相关的处理

5.3.1　广义差分法

由于随机误差项 μ_t 是不可观测的，我们假定 μ_t 为一阶自回归形式，即：

$$\mu_t = \rho\mu_{t-1} + v_t \tag{5-17}$$

式中，$|\rho|<1$，v_t 为满足古典假定的误差项。

当自相关系数 ρ 为已知时，可使用广义差分法解决自相关问题。以一元线性回归模型为例：

$$y_t = \beta_1 + \beta_2 x_t + u_t \tag{5-18}$$

将上式滞后一期可得：

$$y_{t-1} = \beta_1 + \beta_2 x_{t-1} + u_{t-1} \tag{5-19}$$

用 ρ 乘上式两边，得：

$$\rho y_{t-1} = \rho\beta_1 + \rho\beta_2 x_{t-1} + \rho u_{t-1} \tag{5-20}$$

式(5-18)与式(5-20)相减，得：

$$y_t - \rho y_{t-1} = \beta_1(1-\rho) + \beta_2(x_t - \rho x_{t-1}) + u_t - \rho u_{t-1} \tag{5-21}$$

令 $y_t^* = y_t - \rho y_{t-1}, x_t^* = x_t - \rho x_{t-1}, \beta_1^* = \beta_1(1-\rho), \beta_2^* = \beta_2$，则上式可表示为：

$$y_t^* = \beta_1^* + \beta_2^* x_t^* + u_t \tag{5-22}$$

对模型使用普通最小二乘估计，得到参数的最佳线性无偏估计量。如果误差项的自相关形式是 AR(p)，即 p 阶自相关，则需要使用 p 阶广义差分。在进行广义差分时，解释变量 x 与被解释变量 y 均以差分形式出现，因而样本容量由 n 减少为 $n-1$，即丢失了第一个观测值。如果样本容量较大，减少一个观测值对估计结果影响不大。但是，如果样本容量较小，则会对估计精度产生较大影响。此时，可采用普莱斯-温斯滕（Prais-Winsten）变换，将第一个观测值分别变换为 $y_1\sqrt{1-\rho^2}$ 和 $x_1\sqrt{1-\rho^2}$，补充到差分序列 y_t^*、x_t^* 中，再使用普通最小二乘法估计参数。

案例 5-5

国务院于 2013 年 9 月 10 日发布了《大气污染防治行动计划》（简称 APPCAP）。APPCAP 是中国第一个针对 PM2.5 污染和空气质量改善的国家战略，设定了具体的量化目标和明确的时间节点。作为重点城市，到 2017 年，北京市 PM2.5 浓度应控制在 $60\mu g/m^3$ 以下。为实现这一目标，北京在亚太经合组织伙伴关系委员会的指导下作出了进一步的努力。北京市政府在 2013 年 9 月发布了《北京 2013—2017 年清洁空气行动计划》（清洁空气行动），采取了比以往任何时候都更加严格的控制措施。然而，2016 年冬季仍频繁出现重污染日。为完成五年目标，《京津冀地区 2017—2018 年秋冬季大气污染综合治理行动计划》随后于 2017 年秋季实施。采暖季（一般为当年 11 月 15 日至次年 3 月 15 日）加强燃煤排放控制措施。到 2017 年底，PM2.5 年均浓度由 2013 年的 $89.5\mu g/m^3$ 降至 $58\mu g/m^3$，全面实现了清洁空气行动五年目标。此后，国务院发布了《2018—2020 年保卫蓝天的三年计划》。北京及周边地区每年发布《京津冀地区秋冬季大气污染综合治理行动计划》。PM2.5 年均浓度 2018 年降至 $51\mu g/m^3$，2019 年降至 $42\mu g/m^3$，表明北京空气质量逐年改善。

基于以上背景，我们建立如下回归模型：

$$\ln PM_t = \beta_0 + \beta_1 \ln TPF_t + \mu_t \tag{5-23}$$

式中，PM_t 为北京市 PM2.5 浓度；TPF_t 为北京市碳排放总量。样本区间为 1985—2016 年，数据来源于《北京统计年鉴》。

首先进行 OLS 估计（图 5-10）：

```
Call:
lm(formula = y ~ x, data = zzy)

Residuals:
   Min     1Q Median     3Q    Max
-64085 -10163  -8900  13037  50025

Coefficients:
             Estimate Std. Error t value Pr(>|t|)
(Intercept) 7.412e+03  5.916e+03   1.253     0.22
x           4.052e-01  1.931e-02  20.985   <2e-16 ***
---
Signif. codes:  0 '***' 0.001 '**' 0.01 '*' 0.05 '.' 0.1 ' ' 1

Residual standard error: 24450 on 30 degrees of freedom
Multiple R-squared:  0.9362,    Adjusted R-squared:  0.9341
F-statistic: 440.4 on 1 and 30 DF,  p-value: < 2.2e-16
```

图 5-10 案例 5-5 最小二乘估计结果

然后用 DW 检验是否存在自相关（图 5-11）：

```
        Durbin-Watson test

data:  lm1
DW = 0.29729, p-value = 6.286e-12
alternative hypothesis: true autocorrelation is greater than 0
```

图 5-11 案例 5-5DW 检验结果

由检验结果可知，DW 统计量为 0.29729，在 0.05 的显著性水平之下，P 小于 0.05，DW 检验结果拒绝不存在自相关的原假设，所以模型中存在自相关。接着我们用广义差分法来消除自相关（图 5-12）：

e<-summary(lm1)$resid ♯提取残差序列

e1=e[1:length(e)-1]

e2=e[2:length(e)]

lm2=lm(e2~e1,data=zzy)

summary(lm2)

```
Call:
lm(formula = e2 ~ e1, data = zzy)

Residuals:
   Min     1Q Median     3Q    Max
-37863  -1430   1011   6318  26920

Coefficients:
             Estimate Std. Error t value Pr(>|t|)
(Intercept) -1694.4938  2419.4497  -0.700    0.489
e1             0.9606     0.1146   8.385 3.06e-09 ***
---
Signif. codes:  0 '***' 0.001 '**' 0.01 '*' 0.05 '.' 0.1 ' ' 1

Residual standard error: 13410 on 29 degrees of freedom
Multiple R-squared:  0.708,     Adjusted R-squared:  0.6979
F-statistic: 70.31 on 1 and 29 DF,  p-value: 3.055e-09
```

图 5-12 案例 5-5 广义差分估计结果

对修正后的模型进行 DW 检验(图 5-13):

```
n<-length(y)
m<-length(x)
yt<-y[-1]    # 因为当期的要和滞后一期的个数一样,所以减去一个
yt_1<-y[1:(n-1)]   #y 的滞后一期
xt<-x[-1]
xt_1<-x[1:(m-1)]
gd_y<-yt-0.9606*(yt_1)
gd_x<-xt-0.9606*(xt_1)
lm_gd<-lm(gd_y~gd_x)
dwtest(lm_gd)
```

```
        Durbin-Watson test

data:  lm_gd
DW = 1.822, p-value = 0.2673
alternative hypothesis: true autocorrelation is greater than 0
```

图 5-13 案例 5-5 修正后 DW 检验结果

结果表明,修正后的 DW 检验结果不能拒绝不存在自相关的原假设,所以成功消除自相关。

5.3.2 随机误差项相关系数的估计

在实际应用中,自相关系数 ρ 往往是未知的,必须通过一定的方法去估计 ρ。最简单的方法是依据 DW 统计量去估计 ρ。DW 与 ρ 存在如下关系:

$$\hat{\rho} = 1 - \frac{\mathrm{DW}}{2} \tag{5-24}$$

但是,这样得到的只是一个粗略的结果,这样得到的 $\hat{\rho}$ 只是对 ρ 精度不高的估计,根本原因在于对有自相关的回归模型使用了普通最小二乘法。为了得到 ρ 的更精确的估计值,可采用科克伦-奥克特(Cochrane-Orcutt)迭代法或德宾两步法。

1. 科克伦-奥克特迭代法。

科克伦-奥克特迭代法的基本思想是通过逐次迭代去寻求更为精确的 ρ 的估计值,再采用广义差分法。具体来说,该方法是利用残差 e_t 去估计未知的 ρ。对于一元线性回归模型 $y_t = \beta_1 + \beta_2 x_t + u_t$,假定 u_t 为一阶自回归形式,即:

$$u_t = \rho u_{t-1} + v_t \tag{5-25}$$

科克伦-奥克特迭代法估计 ρ 的步骤如下。

第一步,使用 OLS 法估计模型 $y_t = \beta_1 + \beta_2 x_t + u_t$,并计算残差 $e_t^{(1)}$:

$$e_t^{(1)} = y_t - \hat{y}_t = y_t - (\hat{\beta}_1 + \hat{\beta}_2 x_t) \tag{5-26}$$

第二步,利用残差 $e_t^{(1)}$ 作如下的回归:

$$e_t^{(1)} = \hat{\rho}^{(1)} e_{t-1}^{(1)} + v_t \tag{5-27}$$

第三步,用 OLS 法估计上式中的 $\hat{\rho}^{(1)}$,对模型 $y_t = \beta_1 + \beta_2 x_t + u_t$ 进行广义差分,即:

$$y_t - \hat{\rho}^{(1)} y_{t-1} = \beta_1 (1 - \hat{\rho}^{(1)}) + \beta_2 (x_t - \hat{\rho}^{(1)} x_{t-1}) + u_t - \hat{\rho}^{(1)} u_{t-1} \tag{5-28}$$

令 $y_t^* = y_t - \hat{\rho}^{(1)} y_{t-1}$,$x_t^* = x_t - \hat{\rho}^{(1)} x_{t-1}$,$\beta_1^* = \beta_1 (1 - \hat{\rho}^{(1)})$,$\beta_2^* = \beta_2$,对上式使用 OLS 法,可得样本回归函数为:

$$\hat{y}_t^* = \hat{\beta}_1^* + \hat{\beta}_2^* x_t^* + e_t^{(2)} \tag{5-29}$$

第四步,由前一步估计的结果有 $\hat{\beta}_1 = \hat{\beta}_1^* / (1 - \hat{\rho}^{(1)})$ 和 $\hat{\beta}_2 = \hat{\beta}_2^*$,将 $\hat{\beta}_1$、$\hat{\beta}_2$ 代入原回归方程式,求得新的残差 $e_t^{(3)}$:

$$e_t^{(3)} = y_t - \hat{\beta}_1 - \hat{\beta}_2 x_t \tag{5-30}$$

第五步,利用残差 $e_t^{(3)}$ 作回归:

$$e_t^{(3)} = \rho^{(2)} e_{t-1}^{(3)} + v_t \tag{5-31}$$

用 OLS 估计的 $\hat{\rho}^{(2)}$ 是对 ρ 的第二轮估计值。当不能确认 $\hat{\rho}^{(2)}$ 是否是 ρ 的最佳估计值时,继续迭代估计 ρ 的第三轮估计值 $\hat{\rho}^{(3)}$。到估计的 $\hat{\rho}^{(k)}$ 与 $\hat{\rho}^{(k-1)}$ 相差很小时,收敛并满足精度要求,或回归所得 DW 统计量说明已不存在自相关时为止。通常,经过迭代很快就能得到有较高精度的 $\hat{\rho}$,作广义差分对自相关的修正效果也较好。

案例 5-6

2002 年以来,尤其是 2006 年后,世界范围内玉米价格呈现出大幅上扬的趋势。不同于稻谷和小麦,玉米作为世界三大粮食作物之一,除了是世界各国重要的口粮,还兼具饲料作物和能源作物的特征,由此可见,理论上影响玉米价格波动的因素又不同于小麦、稻谷市场的力量。首先,供给方面的解释因素包括自然灾害、较低的科研投入、持续上涨的化肥农药价格。2006 年和 2007 年的恶劣天气导致世界范围内粮食减产,粮食产量跟不上粮食需求的脚步,导致粮食价格从 2006 年第四季度到 2008 年第一季度显著增长。但天气变化并不是推动粮价上涨的因素,生产投入,尤其是 2000 年以来化肥价格的上涨是粮食价格飞涨的主要推动力量。政府和国际机构日益缩减的科研投入使得农产品增收缓慢,也导致粮食价格上涨。来自需求方面的拉动效应也不容忽视。此外,随着我国市场化程度的加深,来自世界原油市场的冲击、国际金融市场的冲击日益显著。作为世界上最大的玉米生产国和出口国,美国玉米行业的生产和在不同领域的分配对世界各个国家玉米现货市场和期货市场影响显著,由此将进一步改变世界玉米产业的生产和发展布局,尤其是近年来玉米乙醇的激增也大大抬高了国际玉米价格。因此,研究国际原油价格和中国玉米价格之间的关系有着重大的意义。我们设置以下回归模型:

$$\ln cp_t = \beta_0 + \beta_1 \ln oil_t + \beta_2 \ln er_t + \beta_3 \ln eth_t + \mu_t \tag{5-32}$$

式中,cp_t 为中国玉米价格,数据从中国农产品价格调查统计年鉴获取;oil_t 为国际原油价格,数据从美国能源情报署获取;er_t 为人民币兑美元汇率,数据从国家外汇管理局获取;eth_t 为美国玉米质燃料乙醇价格,数据从美国能源情报署获取。样本区间为 1985—2016 年。

首先对模型进行 OLS 回归(图 5-14):

```
Call:
lm(formula = y ~ x1 + x2 + x3, data = zzy)

Residuals:
    Min      1Q  Median      3Q     Max
-2539.5  -821.9  -207.9   350.2  3517.4

Coefficients:
              Estimate Std. Error t value Pr(>|t|)
(Intercept)  1.281e+04  3.430e+03   3.734 0.000853 ***
x1           8.025e-01  1.364e-01   5.885 2.5e-06 ***
x2          -2.402e-01  5.750e-02  -4.178 0.000261 ***
x3           8.003e-02  2.660e-02   3.009 0.005496 **
---
Signif. codes:  0 '***' 0.001 '**' 0.01 '*' 0.05 '.' 0.1 ' ' 1

Residual standard error: 1395 on 28 degrees of freedom
Multiple R-squared:  0.9993,    Adjusted R-squared:  0.9992
F-statistic: 1.355e+04 on 3 and 28 DF,  p-value: < 2.2e-16
```

图 5-14　案例 5-6 最小二乘估计结果

然后用 DW 检验是否存在自相关(图 5-15)：

```
        Durbin-Watson test

data:  lm1
DW = 0.57622, p-value = 3.515e-08
alternative hypothesis: true autocorrelation is greater than 0
```

图 5-15　案例 5-6DW 检验结果

由检验结果可知 DW 统计量为 0.57622,在 0.05 的显著性水平之下,P 小于 0.05,DW 检验结果拒绝不存在自相关的原假设,所以模型中存在自相关。接着我们用科克伦-奥克特迭代法来消除自相关(图 5-16)：

library(orcutt)♯载入科克伦-奥克特迭代法所需程序包 cochrane

orcutt(lm1)

```
Cochrane-orcutt estimation for first order autocorrelation

Call:
lm(formula = y ~ x1 + x2 + x3, data = zzy)

 number of interaction: 30
 rho 0.908534

Durbin-Watson statistic
(original):    0.57622 , p-value: 3.515e-08
(transformed): 2.42969 , p-value: 8.172e-01

 coefficients:
 (Intercept)           x1            x2            x3
-7791.360071     0.875601      0.026199      0.067580
```

图 5-16　案例 5-6 修正后 DW 检验结果

结果表明,修正后的 DW 检验结果不能拒绝不存在自相关的原假设,所以已经成功消除自相关。

2. 德宾两步法。

将广义差分方程式(5-21)表示为：

$$y_t = \beta_1(1-\rho) + \beta_2 x_t - \rho\beta_2 x_{t-1} + \rho y_{t-1} + v_t \tag{5-33}$$

第一步，将式(5-33)作为一个多元回归模型，使用普通最小二乘法估计其参数。把 y_{t-1} 的回归系数 $\hat{\rho}$ 看作 ρ 的一个估计值，它是 ρ 的一个有偏、一致估计。

第二步，利用估计的 $\hat{\rho}$ 进行广义差分。求得序列 $y_t^* = y_t - \hat{\rho}y_{t-1}$ 和 $x_t^* = x_t - \hat{\rho}x_{t-1}$，然后使用 OLS 法对广义差分方程估计参数，求得最佳线性无偏估计量。

案例 5-7

2015 年 12 月，全世界 178 个缔约方在《联合国气候变化框架公约》下通过了《巴黎协定》，旨在将全球平均气温上升控制在 2℃ 以内，并努力将气温上升限制在前工业化时期水平之上 1.5℃ 以内。为了实现这一目标，各国已经开始以国家确定的捐款形式进行自愿减排。然而，最近的评估报告指出，如果未来温室气体的排放没有得到强有力的限制，2040 年至 2050 年期间全球平均温度的上升可能超过 2℃。因此，所有国家需要加强温室气体减排行动。目前的研究大多侧重于全球或区域过渡途径，而较少关注特定国家实现 2℃ 或 1.5℃ 目标的技术开发途径，大多数使用综合评估模型，发现气候目标的实现需要迅速从化石燃料转向低碳能源、节能技术和能源需求电气化。然而，目前尚不清楚各行业如何分配温室气体减排责任，以及如何在一个国家的不同部门布局先进技术，缺乏可用的减排措施。

根据 IPCC 第五次评估报告，人为碳排放的大量增加导致 20 世纪 50 年代以来的一系列气候变化问题（如海平面上升、积雪和冰量减少、大气和海洋变暖、气候系统变暖等），引起了科学界的广泛关注。由于全球经济的快速发展和人口的迅速增加，大量化石燃料的使用排放了过量二氧化碳，致使大气中二氧化碳浓度自工业革命以来急剧上升，进而对全球气候、生态系统、经济领域等各个方面造成了很大影响。为此，定量评价人为二氧化碳排放、大气二氧化碳浓度与地表升温之间的耦合关系和互馈机制，对于人类应对气候变化，实现社会经济的可持续发展具有重大的现实意义。

基于上述背景，我们设立以下回归模型：

$$\ln\text{Temp}_t = \beta_0 + \beta_1 \ln\text{Tpf}_t + \mu_t \tag{5-34}$$

式中，Temp_t 为地表温度；Tpf_t 为中国碳排放总量；数据样本区间为 1992—2017 年。

首先对模型进行 OLS 回归（图 5-17）：

```
Call:
lm(formula = y ~ x, data = zzy)

Residuals:
    Min      1Q  Median      3Q     Max
-1033.8  -427.7  -131.3   322.6  1401.0

Coefficients:
             Estimate Std. Error t value Pr(>|t|)
(Intercept) -2.125e+03  3.249e+02  -6.539 9.19e-07 ***
x            7.845e-01  4.131e-02  18.992 5.77e-16 ***
---
Signif. codes:  0 '***' 0.001 '**' 0.01 '*' 0.05 '.' 0.1 ' ' 1

Residual standard error: 615.4 on 24 degrees of freedom
Multiple R-squared:  0.9376,    Adjusted R-squared:  0.935
F-statistic: 360.7 on 1 and 24 DF,  p-value: 5.774e-16
```

图 5-17 案例 5-7 最小二乘估计结果

第 5 章 自相关

然后用 DW 检验是否存在自相关(图 5-18)：

```
        Durbin-watson test

data:  lm1
DW = 0.44556, p-value = 6.402e-08
alternative hypothesis: true autocorrelation is greater than 0
```

图 5-18　案例 5-7DW 检验结果

由 DW 检验结果可知 $P<0.05$,拒绝不存在自相关的原假设,所以模型中存在自相关。我们用德宾两步法来消除自相关：

n<-length(y)

m<-length(x)

yt<-y[-1]　♯因为当期的要和滞后一期的个数一样,所以减去一个

yt_1<-y[1:(n-1)]　♯y 的滞后一期

xt<-x[-1]

xt_1<-x[1:(m-1)]

lm2=lm(yt~xt+xt_1+yt_1 , data=zzy)

得到回归结果(图 5-19)：

```
call:
lm(formula = yt ~ xt + xt_1 + yt_1, data = zzy)

Residuals:
     Min       1Q   Median       3Q      Max
-0.15806 -0.08392  0.00367  0.09001  0.15732

Coefficients:
            Estimate Std. Error t value Pr(>|t|)
(Intercept)  -2.6002     1.3682  -1.900 0.071187 .
xt            1.7524     1.4353   1.221 0.235657
xt_1         -1.1547     1.4590  -0.791 0.437544
yt_1          0.6633     0.1647   4.028 0.000608 ***
---
Signif. codes:  0 '***' 0.001 '**' 0.01 '*' 0.05 '.' 0.1 ' ' 1

Residual standard error: 0.1059 on 21 degrees of freedom
Multiple R-squared:  0.982,    Adjusted R-squared:  0.9794
F-statistic: 381.3 on 3 and 21 DF,  p-value: < 2.2e-16
```

图 5-19　案例 5-7 变换后最小二乘估计结果

由此可知,$\hat{\rho} = 0.6633$,进而得广义差分方程：

$$y_t - 0.6633\, y_{t-1} = \beta_1 (1-0.6633) + \beta_2 (x_t - 0.6633\, x_{t-1}) + u_t - 0.6633\, u_{t-1} \quad (5-35)$$

结果表明,修正后的 DW 检验结果(图 5-20)不能拒绝不存在自相关的原假设,所以成功消除自相关。

gd_y<-yt-0.6633*(yt_1)

gd_x<-xt-0.6633*(xt_1)

lm_gd=lm(gd_y~gd_x)

dwtest(lm_gd)

```
              Durbin-Watson test
data: lm_gd
DW = 1.6865, p-value = 0.1526
alternative hypothesis: true autocorrelation is greater than 0
```

图 5-20 案例 5-7 修正后 DW 检验结果

习题

1. 判断以下陈述的真伪，并简述理由。

(1) 当自相关出现时，OLS 估计量是非有效的。

(2) 用一阶差分变换消除自相关需要假定自相关系数 ρ 为 -1。

(3) 当自相关出现时，通常计算的预期值的方差和标准误差就不是有效的。

(4) 把一个（或多个）重要变量从回归模型排除出去可能导致一个显著的 d 值。

2. 在序列自相关的情况下，参数估计值仍是无偏的，其原因是什么？

3. 忽视自相关问题，依然用满足古典假定的 OLS 法去估计参数及其方差，会导致哪些后果？

4. 如何使用 DW 统计量来进行自相关检验？该检验方法的前提条件和局限性有哪些？

5. 相较于 DW 检验，LM 检验有什么特点？

6. 对于 4 个解释变量的回归模型：

$$y_t = \beta_0 + \beta_1 x_{1t} + \beta_2 x_{2t} + \beta_3 x_{3t} + \beta_4 x_{4t} + u_t$$

如果样本量 $n=50$，当 DW 统计量为如下数值时，请判断模型中的自相关状况。

(1) DW=0.74

(2) DW=1.97

(3) DW=2.60

(4) DW=3.78

7. 简述广义差分法的思路。

8. 已知模型的形式为 $y_t = \beta_0 + \beta_1 x_{1t} + u_t$，在用实际数据对模型的参数进行估计时，测得 DW 统计量为 0.6453，则广义差分变量是什么？

9. 根据某地区居民对农产品的消费 y 和居民收入 x 的样本资料，应用最小二乘法估计模型，估计结果如下：

$$\hat{y} = 27.9123 + 0.3524x$$

$$(14.9343)\ (64.0728)$$

$$R^2 = 0.9966 \quad \sum_{i=1}^{16} e_i^2 = 22.0506 \quad DW=0.6800 \quad F=4122.531$$

上式括号中的数字为相应估计量的标准误差。由所给资料完成以下问题：

(1) 在 $n=16$，$\alpha=0.05$ 的条件下，查 DW 表得临界值分别为 $d_L=1.106$，$d_U=1.371$，试判断模型中是否存在自相关。

(2)如果模型存在自相关,求出相关系数 $\hat{\rho}$,并利用广义差分变换写出无自相关的广义差分模型。

10.假设在模型 $y_t = \beta_1 + \beta_2 x_t + u_t$ 中,u_t 与序列无关。那么若假设 $u_t = \rho u_{t-1} + \varepsilon_t$,并使用了广义差分回归:

$$y_t - \rho y_{t-1} = \beta_1(1-\rho) + \beta_2 x_t - \rho \beta_2 x_{t-1} + \varepsilon_t$$

讨论可能出现的情况,并简述干扰项 ε_t 的性质。

11.研究经济发展对中国碳排放的影响效应有着重要的经济意义与现实意义。下表是中国 1987—2018 年二氧化碳人均排放量 y 和人均 GDP x 的数据。

年份	二氧化碳人均排放量/(t/人)	人均 GDP/美元	年份	二氧化碳人均排放量/(t/人)	人均 GDP/美元
1987	2.04	786.86	2003	3.43	2797.17
1988	2.15	861.19	2004	3.95	3061.83
1989	2.15	883.76	2005	4.46	3390.71
1990	1.91	905.03	2006	4.91	3800.76
1991	2	975.46	2007	5.3	4319.02
1992	2.08	1100.64	2008	5.43	4711.64
1993	2.24	1239.13	2009	5.8	5128.90
1994	2.32	1384.93	2010	6.33	5647.06
1995	2.56	1520.03	2011	6.9	6156.83
1996	2.52	1653.43	2012	7.04	6608.71
1997	2.54	1787.76	2013	7.29	7086.87
1998	2.6	1909.62	2014	7.21	7574.68
1999	2.51	2038.20	2015	7.12	8066.94
2000	2.65	2193.89	2016	7.07	8572.88
2001	2.77	2359.57	2017	7.17	9117.34
2002	2.97	2557.89	2018	7.35	9688.47

注:资料来源于世界银行数据库。

(1)建立二氧化碳人均碳排放量 y 对人均 GDP x 的回归方程。

(2)对上面给出的模型进行 OLS 估计。

12.下表给出了 2017 年我国 31 个省(自治区、直辖市)的地区生产总值 y 以及废气中二氧化硫的排放量 x 的数据。

2017 年	二氧化硫 $x/\times 10^4$ t	地区生产总值 y/亿元
北京	0.47	28014.94
天津	2.37	18549.19
河北	40.22	34016.32
山西	41.44	15528.42
内蒙古	39.79	16096.21
辽宁	39.57	23409.24
吉林	15.7	14944.53
黑龙江	22.74	15902.68
上海	1.46	30632.99
江苏	38.32	85869.76
浙江	11.4	51768.26
安徽	20.97	27018
福建	11.78	32182.09
江西	32.17	20006.31
山东	47.25	72634.15
河南	16.44	44552.83
湖北	18.07	35478.09
湖南	22.82	33902.96
广东	19.72	89705.23
广西	11.58	18523.26
海南	1.23	4462.54
重庆	12.89	19424.73
四川	26.38	36980.22
贵州	40.7	13540.83
云南	26.49	16376.34
西藏	1.25	1310.92
陕西	19.9	21898.81
甘肃	14.44	7459.9
青海	6.08	2634.83

续表

2017 年	二氧化硫 $x/\times 10^4\,\text{t}$	地区生产总值 $y/$亿元
宁夏	16	3443.56
新疆	34.63	10881.96

(1)使用对数线性模型 $\ln y_t = \beta_1 + \beta_2 \ln x_t + u_t$ 进行回归,并检验回归模型的自相关性。

(2)采用广义差分法处理模型中的自相关问题。

13. 下表给出了 2005—2019 年我国粮食产量 y 以及粮食作物播种面积 x 的数据。

年份	粮食产量 $y/\times 10^4\,\text{t}$	粮食作物播种面积 $x/\times 10^3\,\text{hm}^2$
2005	48402.2	104278
2006	49804.2	104958
2007	50413.9	105999
2008	53434.3	107545
2009	53940.9	110255
2010	55911.3	111695
2011	58849.3	112980
2012	61222.6	114368
2013	63048.2	115908
2014	63964.8	117455
2015	66060.3	118963
2016	66043.5	119230
2017	66160.7	117989
2018	65789.2	117038
2019	66384.3	116064

(1)建立粮食产量 y 对粮食作物播种面积 x 的回归方程。

(2)检测并使用德宾两步法来消除模型可能的自相关性。

14. 下表给出了 2019 年我国 31 个省(自治区、直辖市)的地区生产总值 y 以及各省份废气中电力消费量 x 的数据。

2019 年	电力消费量 $x/\times 10^8\,\text{kW}\cdot\text{h}$	地区生产总值 $y/$亿元
北京	1166	35371.28
天津	878	14104.28

续表

2019 年	电力消费量 $x/\times 10^8 \text{kW}\cdot\text{h}$	地区生产总值 y/亿元
河北	3856	35104.52
山西	2262	17026.68
内蒙古	3653	17212.53
辽宁	2401	24909.45
吉林	780	11726.82
黑龙江	996	13612.68
上海	1569	38155.32
江苏	6264	99631.52
浙江	4706	62351.74
安徽	2301	37113.98
福建	2402	62351.74
江西	1536	37113.98
山东	6219	42395
河南	3364	24757.5
湖北	2214	45828.31
湖南	1864	39752.12
广东	6696	107671.1
广西	1907	21237.14
海南	355	5308.93
重庆	1160	23605.77
四川	2636	46615.82
贵州	1541	16769.34
云南	1812	23223.75
西藏	78	1697.82
陕西	1912	24793.17
甘肃	1288	8718.3
青海	716	2965.95
宁夏	1084	3748.48
新疆	2868	13597.11

(1) 建立地区生产总值 y 对电力消费量 x 的回归方程。

(2) 检测并使用科克伦-奥克特迭代法来消除模型可能的自相关性。

第6章 分布滞后模型与自回归模型

6.1 滞后模型

6.1.1 经济活动中的滞后现象与产生的原因

在经济学中,解释变量对被解释变量的影响往往不可能在短时间内完成,在这一过程中常常存在着时间滞后,即解释变量对被解释变量的影响需要经过一段时间才能完全起作用。此外,由于经济活动存在惯性,一个经济指标过去的变化态势往往会延续到本期,因此产生被解释变量的过去取值水平会影响到当期变化的情况。这种解释变量受到自身或其他经济变量过去值影响的现象被称为滞后效应。

然而,为什么经济变量会产生滞后现象呢?影响的因素众多,但主要有以下几个方面。

1. 心理因素

社会是一个复杂的有机体系,所有社会经济活动都离不开人的参与,因此人的心理因素对经济社会变量的变化有很大的影响。由于受思维、心理定式与社会习惯势力(惰性)的影响,当新的社会条件与环境产生,人们往往需要一定时间适应,从而表现为决策与行动的滞后。例如,工资上升的人也许不会改变他们已长期适应的消费方式。因为,人们不一定知道这种变化是"永久"性的还是"暂时"性的。如果人们认为这种收入增加是一种一次性的增加,以后将回到原来的水平,那么也许会将增加的收入存储起来。当然,若给予足够的时间,人们也许可以知道这种变化的性质,并对自己的消费习惯进行调整。

2. 技术因素

在国民经济的运行当中,从生产到流通再到实际使用,其中的每一个过程都需要一定的时间,因此存在时滞性。例如,货币政策的实施不会立即生效,货币投放量的增减对物价水平的影响在当期不会全部反映,部分影响会滞后一段时期;又如,禁止污水排放在短期内对河流的污染程度只有部分影响,真正的改善需要较长的时间。这些滞后效应都由技术因素所造成。

3. 制度因素

管理制度、契约等因素也会形成一定程度的滞后。例如,企业想要改变当前的产品结构或增减产量,会受到过去签订的供货合同的制约;拥有定期存款的消费者在短期内想调整自己的消费水平,会受到银行制度的限制;管理层层级过多,管理效率低下也会造成滞后效应。这些情况表明,当一种变量发生改变时,另一种变量由于制度因素,需要经过一定时间才能作出相应的改变,因此产生了时滞效应。

6.1.2 滞后模型变量

滞后模型变量是指过去时期的、对当前被解释变量产生影响的变量,进一步可分为滞后解释变量和滞后被解释变量两类。如果在回归模型中引入了滞后变量,我们将其称为滞后变量模型。在实际分析中,运用滞后变量模型可以将变量不同时期的情况联系起来,从而使静态分析转化为动态分析,使得模型更加贴近实际生活。

滞后变量模型的一般形式为:

$$y_t = \alpha + \beta_0 x_t + \beta_1 x_{t-1} + \beta_2 x_{t-2} + \cdots + \beta_s x_{t-s} + \gamma_1 y_{t-1} + \gamma_2 y_{t-2} + \cdots + \gamma_q y_{t-q} + u_t \quad (6-1)$$

式中,下标 s、q 分别为滞后解释变量和滞后被解释变量的滞后长度。若滞后长度有限,称模型为有限滞后变量模型;若滞后长度无限,则称模型为无限滞后变量模型。

6.2 分布滞后模型

如果滞后变量模型中没有滞后被解释变量,被解释变量只受解释变量的影响,且这种影响分布在解释变量不同时期的滞后值上,模型表示为:

$$y_t = \alpha + \beta_0 x_t + \beta_1 x_{t-1} + \beta_2 x_{t-2} + \cdots + \beta_s x_{t-s} + u_t \quad (6-2)$$

具有这种滞后分布结构的模型称为分布滞后模型,式中下标 s 为滞后长度。根据滞后长度的取值有限和无限,将模型分别称为有限分布滞后模型和无限分布滞后模型。

在分布滞后模型中,各个系数分别体现了解释变量的各个滞后值对被解释变量的影响程度大小,即为通常所说的乘数效应:β_0 为短期乘数或当期乘数,表示本期 x 变动一个单位对 y 值的影响;β_i 称为延迟乘数或动态乘数($i=1,2,\cdots,s$),表示过去各期 x 变动一个单位对 y 值的影响;$\sum_{i=1}^{s}\beta_i$ 称为长期乘数或总分布乘数,表示 x 变动一个单位时,包括滞后效应而形成的对 y 值总的影响。

6.2.1 分布滞后模型估计的困难

如上所述,分布滞后模型可以分为无限分布滞后模型与有限分布滞后模型。对于无限分布滞后模型,由于滞后项无限而样本观测值有限,因此不能对其进行直接估计。然而,对于有限分布滞后模型,如果随机扰动项满足古典假设,可以考虑用最小二乘法对模型进行估计。这也是阿尔特(Alt)和丁伯根(Tinbergen)采用的方法,其基本思路为:首先将被解释变量 y_t 对 x_t 进行回归,再将 y_t 对 x_t 和 x_{t-1} 回归,然后依次添加解释变量 x_t 的滞后项,直到滞后变量的回归系数开始变成统计上不显著或至少有一个变量的系数改变符号时结束。按照这一规则,阿尔特为获得燃油消耗量 y 与订货量 x 之间的关系,曾用 1930—1939 年十年的季度数据递推估计回归方程,并获得了以下的结果:

$$\hat{y}_t = 8.36 + 0.171\, x_t$$

$$\hat{y}_t = 8.27 + 0.111\, x_t + 0.064\, x_{t-1}$$

$$\hat{y}_t = 8.27 + 0.109\, x_t + 0.071\, x_{t-1} - 0.055\, x_{t-2}$$

$$\hat{y}_t = 8.27 + 0.108\, x_t + 0.063\, x_{t-1} + 0.022\, x_{t-2} - 0.020\, x_{t-3}$$

根据回归结果,由于 x_{t-1} 的系数符号不稳定,并且 x_{t-2}、x_{t-3} 的符号为负,其经济意义难以解释,因此阿尔特最后选择第二个回归模型作为最佳模型。

上述估计法虽然看起来简单明了,但实际却有如下缺陷:

(1)自由度问题。假设有限分布滞后模型的滞后长度为 s,如果样本观测值个数 n 较少,则随着滞后长度 s 的增加,有效样本容量 $n-s$ 将会变小,剩下的自由度也会变小,因此会导致自由度不足的问题。自由度的过分损失会使得估计的方差增大,从而导致统计显著性检验失效。

(2)多重共线性问题。由于经济活动的前后继起性,变量的滞后值之间通常存在较强的相关性,因此,分布滞后模型中的滞后解释变量观测值之间往往会存在较严重的多重共线性问题。若直接采用最小二乘法进行估计,则可能使得部分参数的估计产生较大的偏差,还可能导致一些重要的滞后变量被剔除。

(3)滞后的最大长度难以确定。在实际的分析中,往往没有充分的先验信息可以使用,因此在模型中确定最佳滞后阶数较为困难。滞后长度的增加实际上增加了解释变量的个数。对于滞后的最大长度难以确定这一问题,除了可以使用模型变量设定误差检验以外,若缺乏先验信息,通常还可以使用施瓦茨信息准则(Schwarz information criterion,SIC)、赤池信息准则(Akaike information criterion,AIC)等来确定,可选择使 SIC 或 AIC 最小的滞后长度。

6.2.2 经验加权估计法

所谓的经验加权估计法,是根据实际问题的特点及过去的经验判断而形成相应的约束,从而对解释变量的系数赋予相应的权数,利用这些权数构成各滞后结构的线性组合,常见类型如下。

(1)递减滞后结构。这类滞后结构认为解释变量对被解释变量的影响随时间的推移越来越小,即假定权数是递减的,遵循"近大远小"的原则。

(2)不变滞后结构。这类滞后结构认为解释变量对被解释变量的影响不随时间变化,即假定权数不变。

(3)"Λ"形滞后结构。中间大两头小,权数先递增后递减,呈"Λ"形。这类滞后结构适合于前期和后期滞后解释变量的影响不大,而中期滞后解释变量对被解释变量的影响较大的分布滞后模型。

例如,假设某变量服从一个滞后 4 期的分布滞后模型:

$$y_t = \alpha + \beta_0 x_t + \beta_1 x_{t-1} + \beta_2 x_{t-2} + \beta_3 x_{t-3} + \beta_4 x_{t-4} + u_t \tag{6-3}$$

如果根据经验判断滞后解释变量对被解释变量的影响递减,权数取某种形式 $\left(\text{如}\ \dfrac{1}{2}\text{、}\dfrac{1}{3}\text{、}\dfrac{1}{4}\text{、}\dfrac{1}{5}\text{、}\dfrac{1}{6}\right)$,则有:

$$y_t = \alpha + \beta_0 \left(\frac{1}{2}x_t\right) + \beta_0 \left(\frac{1}{3}x_{t-1}\right) + \beta_0 \left(\frac{1}{4}x_{t-2}\right) + \beta_0 \left(\frac{1}{5}x_{t-3}\right) + \beta_0 \left(\frac{1}{6}x_{t-4}\right) + u_t$$

$$= \alpha + \beta_0 \left(\frac{1}{2}x_t + \frac{1}{3}x_{t-1} + \frac{1}{4}x_{t-2} + \frac{1}{5}x_{t-3} + \frac{1}{6}x_{t-4}\right) + u_t \tag{6-4}$$

令新的线性组合变量为：

$$z_t = \frac{1}{2}x_t + \frac{1}{3}x_{t-1} + \frac{1}{4}x_{t-2} + \frac{1}{5}x_{t-3} + \frac{1}{6}x_{t-4} \tag{6-5}$$

原模型就变为经验加权模型：

$$y_t = \alpha + \beta_0 z_t + u_t \tag{6-6}$$

若随机扰动项与解释变量不相关，则与滞后解释变量的线性组合变量也不相关，因此可直接运用最小二乘法对模型进行估计。

经验加权估计法拥有简单易行、自由度损失少，且能避免多重共线性干扰等优点，且参数估计具有异质性。但由于设置权数的主观随意性较大，要求分析者对实际问题有比较清晰的了解。现实中通常的做法是，依据先验信息，选择多组权数分别估计多个模型，然后根据可决系数、t 检验值、F 检验值、估计标准误差及 DW 值，从中选出最佳估计方程。

案例 6-1

能源是经济发展与社会生产生活的重要物质基础，在资源配置中发挥着关键的作用，并对我国经济可持续增长具有重要作用。近年来，随着工业化、城镇化进程的进一步加快，各行各业的发展伴随着能源的大量消耗。随着经济的持续增长，能源的开发和利用程度只会不断加大，当能源的发展不足以支撑国民经济增长的需求时，又会反过来成为阻碍经济高速增长的障碍。因此，如何正确分析和处理能源消费和经济增长之间的关系显得尤为重要。面对当前能源供需格局新变化与国际能源格局的新趋势，应积极优化能源结构，扭转过去只重视经济发展数量的状况，把更多目光投放到经济发展质量上来。本案例采用 1983—2010 年国内生产总值（亿元）和能源消费总量（$\times 10^4$ t 标准煤）的统计资料，利用经验加权估计法研究能源消费与经济发展之间的关系，为相关部门节能减排、实现我国经济可持续发展提供参考。

根据本节内容，首先设定有限分布滞后模型为：

$$y_t = \alpha + \beta_0 x_t + \beta_1 x_{t-1} + \beta_2 x_{t-2} + \beta_3 x_{t-3} + u_t$$

运用经验加权估计法，选择下列 3 组权数：① 1, 1/2, 1/4, 1/8；② 1/4, 1/2, 2/3, 1/4；③ 1/4, 1/4, 1/4, 1/4 分别估计上述模型，并从中选择最佳的方程。

（1）记新的线性组合变量分别为：

$$\begin{cases} z_1 = x_t + \frac{1}{2}x_{t-1} + \frac{1}{4}x_{t-2} + \frac{1}{8}x_{t-3} \\ z_2 = \frac{1}{4}x_t + \frac{1}{2}x_{t-1} + \frac{2}{3}x_{t-2} + \frac{1}{4}x_{t-3} \\ z_3 = \frac{1}{4}x_t + \frac{1}{4}x_{t-1} + \frac{1}{4}x_{t-2} + \frac{1}{4}x_{t-3} \end{cases}$$

（2）在 R 语言中，输入 x 和 y 的数据与 x 的滞后 3 期的数据（图 6-1）。

```
>data=read.table("C:/Users/Administrator/Desktop/E7_1.csv",sep=",",header=T)
>head(data)
```

```
  year      Y        X      X_1    X_2    X_3
1 1983  6020.924  63167    NA     NA     NA
2 1984  7278.502  68501   63167   NA     NA
3 1985  9098.948  73972   68501  63167   NA
4 1986 10376.154  69679   73972  68501  63167
5 1987 12174.595  77270   69679  73972  68501
6 1988 15180.387  82382   77270  69679  73972
```

图 6-1　数据显示

```
>data1=data[1:24,]
>Y=data1[,2];X=data1[,3];X_1=data1[,4];X_2=data1[,5];X_3=data1[,6]
```

(3) 根据 x 的数据,由上述式生成线性组合 Z_1, Z_2, Z_3 的数据。

```
>Z1 = X + 1/2 * X_1 + 1/4 * X_2 + 1/8 * X_3
>Z2 = 1/4 * X + 1/2 * X_1 + 2/3 * X_2 + 1/2 * X_3
>Z3 = 1/4 * X + 1/4 * X_1 + 1/4 * X_2 + 1/4 * X_3
```

(4) 分别估计如下经验加权模型:

$$y_t = \alpha + \beta z_{kt} + u_t (k=1,2,3)$$

回归分析代码与结果(图 6-2~图 6-4)整理如下:

```
>d1 = as.data.frame(cbind(Y,Z1))
>fit1 = lm(Y~Z1,data = d1)
>summary(fit1)
```

```
Call:
lm(formula = Y ~ Z1, data = d1)

Residuals:
     Min      1Q  Median      3Q     Max
-16437.4 -13936.4   311.3  10603.7 19737.2

Coefficients:
              Estimate Std. Error t value Pr(>|t|)
(Intercept) -4.470e+04  4.762e+03  -9.386 2.49e-09 ***
Z1           5.091e-01  1.224e-02  41.599  < 2e-16 ***
---
Signif. codes:  0 '***' 0.001 '**' 0.01 '*' 0.05 '.' 0.1 ' ' 1

Residual standard error: 13340 on 23 degrees of freedom
Multiple R-squared:  0.9869,   Adjusted R-squared:  0.9863
F-statistic:  1731 on 1 and 23 DF,  p-value: < 2.2e-16
```

图 6-2　z_1 回归分析结果

```
>d2 = as.data.frame(cbind(Y,Z2))
>fit2 = lm(Y~Z2,data=d2)
>summary(fit2)
```

```
Call:
lm(formula = Y ~ Z2, data = d2)

Residuals:
    Min      1Q  Median      3Q     Max
-21079.0 -14275.6   627.2 13204.6 17454.2

Coefficients:
             Estimate Std. Error t value Pr(>|t|)
(Intercept) -5.226e+04  4.923e+03  -10.62 2.44e-10 ***
Z2           5.738e-01  1.382e-02   41.52  < 2e-16 ***
---
Signif. codes:  0 '***' 0.001 '**' 0.01 '*' 0.05 '.' 0.1 ' ' 1

Residual standard error: 13360 on 23 degrees of freedom
Multiple R-squared: 0.9868,    Adjusted R-squared: 0.9863
F-statistic:  1724 on 1 and 23 DF,  p-value: < 2.2e-16
```

图 6-3 z_2 回归分析结果

>d3 = as.data.frame(cbind(Y,Z3))
>fit3 = lm(Y~Z3, data = d3)
>summary(fit3)

```
Call:
lm(formula = Y ~ Z3, data = d3)

Residuals:
    Min      1Q  Median      3Q     Max
-17809.3 -13549.4   286.6 12609.7 18112.4

Coefficients:
             Estimate Std. Error t value Pr(>|t|)
(Intercept) -5.037e+04  4.705e+03  -10.70 2.09e-10 ***
Z3           1.061e+00  2.462e-02   43.11  < 2e-16 ***
---
Signif. codes:  0 '***' 0.001 '**' 0.01 '*' 0.05 '.' 0.1 ' ' 1

Residual standard error: 12880 on 23 degrees of freedom
Multiple R-squared: 0.9878,    Adjusted R-squared: 0.9872
F-statistic:  1858 on 1 and 23 DF,  p-value: < 2.2e-16
```

图 6-4 z_3 回归分析结果

(5) 回归分析结果总结如下。

模型 1：

$$\hat{y}_t = -4470 + 0.5091\, z_{1t}$$
$$(-9.386)\quad(41.599)$$
$$R^2 = 0.9869\quad F = 1731$$

模型 2：

$$\hat{y}_t = -5226 + 0.5738\, z_{2t}$$
$$(-10.62)\quad(41.52)$$
$$R^2 = 0.9868\quad F = 1724$$

模型 3：
$$\hat{y}_t = -5037 + 1.061 z_{3t}$$
$$(-10.70) \quad (43.11)$$
$$R^2 = 0.9878 \quad F = 1858$$

综合判断可决系数 R^2、F 检验值、t 检验值，我们最终选取模型 3，即权数为 $(1/4, 1/4, 1/4, 1/4)$ 的分布滞后模型。

6.2.3 阿尔蒙法

为了消除多重共线性的影响，阿尔蒙(Almon)于 1965 年提出利用多项式来逼近滞后参数的变化结构，从而减少待估参数的数目。其基本思路是，在有限分布滞后模型的滞后长度 s 已知的情况下，滞后项系数可以看作相应滞后期 i 的函数。在以滞后期 i 为横轴、滞后系数取值为纵轴的坐标系中，如果这些滞后系数落在一条光滑曲线上，或近似落在一条光滑曲线上 (图 6-5)，则可以由一个关于 i 的次数较低的 m 次多项式较好地逼近，即：

$$\beta_i = \alpha_0 + \alpha_1 i + \alpha_2 i^2 + \cdots + \alpha_m i^m \quad (i = 0, 1, 2, \cdots, s; m < s) \tag{6-7}$$

式(6-7)称为阿尔蒙多项式变换。

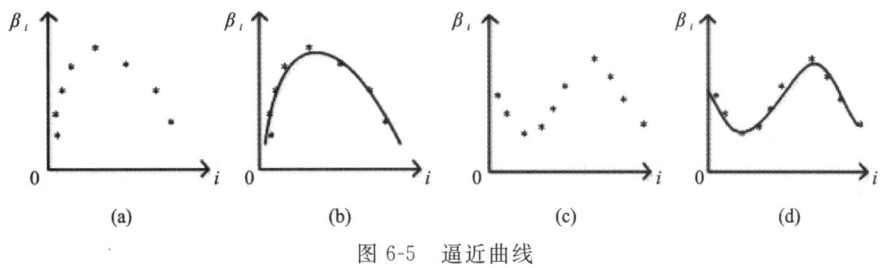

图 6-5　逼近曲线

为说明如何使用阿尔蒙模式，且假定 β_i 符合图 6-5(a)所展现的样式，从而用二次多项式逼近较为合适。取 $m = 2$，则有阿尔蒙多项分布滞后模型：

$$\begin{aligned} y_t &= \alpha + \sum_{i=0}^{s} (\alpha_0 + \alpha_1 i + \alpha_2 i^2) x_{t-i} + u_t \\ &= \alpha + \alpha_0 \sum_{i=0}^{s} x_{t-i} + \alpha_1 \sum_{i=0}^{s} i x_{t-i} + \alpha_2 \sum_{i=0}^{s} i^2 x_{t-i} + u_t \end{aligned} \tag{6-8}$$

定义

$$z_{0t} = \sum_{i=0}^{s} x_{t-i}, \quad z_{1t} = \sum_{i=0}^{s} i x_{t-i}, \quad z_{2t} = \sum_{i=0}^{s} i^2 x_{t-i} \tag{6-9}$$

则上式可简化成：

$$y_t = \alpha + \alpha_0 z_{0t} + \alpha_1 z_{1t} + \alpha_2 z_{2t} + u_t \tag{6-10}$$

对于上述模型，若 u_t 满足古典假定的条件，则可以用最小二乘法进行估计。将模型参数估计值 $\hat{\alpha}_0, \hat{\alpha}_1, \hat{\alpha}_2, \cdots, \hat{\alpha}_m$ 代入式(6-8)中，就可估计出原分布滞后模型参数 β 系数的估计值。

在实际应用中，阿尔蒙多项式的次数 m 通常取得比较低，如取 2 或者 3，很少超过 4。如果 m 取得过大，则达不到通过阿尔蒙多项式变换减少变量个数的目的。

从上述分析中可以看到，通过阿尔蒙多项式的变换，变换后模型的变量个数少于原模型中的变量个数,从而保证了自由度,并在一定程度上减缓了多重共线性带来的影响。

案例 6-2

为了研究能源消费与经济发展之间的关系,案例 6-1 利用 1983—2010 年国内生产总值(亿元)和能源消费总量($\times 10^4$t 标准煤)的统计数据,采用了经验加权法估计分布滞后模型。尽管经验加权估计法具有一些优点,但是设置权数时主观随意性较大,要求研究者对实际要解决的问题具有较深刻的了解。因此,本案例在案例 6-1 的基础上运用阿尔蒙多项式进行估计。

假设如下有限分布滞后模型:

$$y_t = \alpha + \beta_0 x_t + \beta_1 x_{t-1} + \beta_2 x_{t-2} + \beta_3 x_{t-3} + u_t$$

将系数 $\beta_i (i=0,1,2,3)$ 用二次多项式近似,即:

$$\beta_0 = \alpha_0$$
$$\beta_1 = \alpha_0 + \alpha_1 + \alpha_2$$
$$\beta_2 = \alpha_0 + 2\alpha_1 + 4\alpha_2$$
$$\beta_3 = \alpha_0 + 3\alpha_1 + 9\alpha_2$$

则原模型变为:

$$y_t = \alpha + \alpha_0 z_{0t} + \alpha_1 z_{1t} + \alpha_2 z_{2t} + u_t$$

其中

$$z_{0t} = x_t + x_{t-1} + x_{t-2} + x_{t-3}$$
$$z_{1t} = x_{t-1} + 2x_{t-2} + 3x_{t-3}$$
$$z_{2t} = x_{t-1} + 4x_{t-2} + 9x_{t-3}$$

(1)根据 x 的数据,由上述式生成线性组合 z_{0t}, z_{1t}, z_{2t} 的数据。

>Z0t = X + X_1 + X_2 + X_3
>Z1t = X_1 + 2*X_2 + 3*X_3
>Z2t = X_1 + 4*X_2 + 9*X_3

(2)估计回归模型(图 6-6):

$$y_t = \alpha + \alpha_0 z_{0t} + \alpha_1 z_{1t} + \alpha_2 z_{2t} + u_t$$

>dd = as.data.frame(cbind(Y,Z0t,Z1t,Z2t))
>mod = lm(Y~Z0t + Z1t + Z2t, data = dd)
>summary(mod)

```
Call:
lm(formula = Y ~ Z0t + Z1t + Z2t, data = c)

Residuals:
   Min     1Q Median     3Q    Max
-17278 -11538   2367  12287  18369

Coefficients:
              Estimate Std. Error t value Pr(>|t|)
(Intercept) -4.923e+04  5.768e+03  -8.536 2.87e-08 ***
Z0t          3.759e-01  1.718e-01   2.188   0.0401 *
Z1t         -2.554e-01  4.244e-01  -0.602   0.5537
Z2t          7.633e-02  1.411e-01   0.541   0.5942
---
Signif. codes:  0 '***' 0.001 '**' 0.01 '*' 0.05 '.' 0.1 ' ' 1

Residual standard error: 13340 on 21 degrees of freedom
Multiple R-squared: 0.988,	Adjusted R-squared: 0.9863
F-statistic: 577.1 on 3 and 21 DF,  p-value: < 2.2e-16
```

图 6-6 估计的回归模型结果

根据输出结果，z_0、z_1、z_2 对应的系数分别为 α_0、α_1、α_2 的估计值，分别为：
$$\hat{\alpha}_0 = 0.3759, \hat{\alpha}_1 = -0.2554, \hat{\alpha}_2 = 0.07633$$

(3)将上述得到的系数代入分布滞后系数的阿尔蒙多项式，可计算出 $\hat{\beta}_0$、$\hat{\beta}_1$、$\hat{\beta}_2$、$\hat{\beta}_3$ 分别为：

$$\hat{\beta}_0 = \hat{\alpha}_0 = 0.3759$$

$$\hat{\beta}_1 = \hat{\alpha}_0 + \hat{\alpha}_1 + \hat{\alpha}_2 = 0.3759 + (-0.2554) + 0.07633 = 0.19683$$

$$\hat{\beta}_2 = \hat{\alpha}_0 + 2\hat{\alpha}_1 + 4\hat{\alpha}_2 = 0.3759 + 2 \times (-0.2554) + 4 \times 0.07633 = 0.17042$$

$$\hat{\beta}_3 = \hat{\alpha}_0 + 3\hat{\alpha}_1 + 9\hat{\alpha}_2 = 0.3759 + 3 \times (-0.2554) + 9 \times 0.07633 = 0.29667$$

从而，分布滞后模型的最终估计式为：
$$\hat{y}_t = -4923 + 0.3759\, x_t + 0.19683\, x_{t-1} + 0.17042\, x_{t-2} + 0.29667\, x_{t-3}$$

6.3 自回归模型

在处理实际问题中，有时还需要使用自回归模型进行分析。此模型的引入主要通过以下两条途径：一是假定无限分布滞后模型的滞后结构，并通过变换来形成；二是在模型中考虑预期因素，然后基于经济原理对"期望模型"作出某种假设而导出。

如果滞后变量模型的解释变量仅包含自变量 x 的当期值和被解释变量 y 的若干期滞后值，且模型的形式为：

$$y_t = \alpha + \beta_0 x_t + \gamma_1 y_{t-1} + \gamma_2 y_{t-2} + \cdots + \gamma_q y_{t-q} + u_t \tag{6-11}$$

式中，下标 q 为自回归模型的阶数，这类模型为自回归模型。

6.3.1 库伊克模型

实际上，许多变量的滞后效应在较长时期内一直存在，对于这种滞后现象，如果采取截尾的办法忽略某特定滞后期以前滞后解释变量对被解释变量的影响，建立有限分布滞后模型进行分析，则存在滞后长度难以确定的问题。为了回避这一问题，可使用无限分布滞后模型来处理。

无限分布滞后模型中滞后项无限多，而样本观测值有限，因此不能直接进行估计。要使模型估计能够顺利进行，必须施加一些约束或假定条件，将模型的结构作某种转换。库伊克(Koyck)变换就是其中较具代表性的方法。库伊克认为，对于如下无限分布滞后模型：

$$y_t = \alpha + \beta_0 x_t + \beta_1 x_{t-1} + \beta_2 x_{t-2} + \cdots + u_t \tag{6-12}$$

可以假定滞后解释变量 x_{t-i} 对被解释变量 y 的影响随着滞后期 $i(i=0,1,2,\cdots)$ 的增加按几何级数衰减：

$$\beta_k = \beta_0 \lambda^k, k = 0, 1 \cdots \tag{6-13}$$

式中，β_0 为常数；公比 $\lambda(0<\lambda<1)$ 被称为分布滞后下降或衰减速度，而 $1-\lambda$ 被称为调整速度。λ 值越接近零，衰减速度越快。根据式(6-12)，无限滞后模型可改写为：

$$y_t = \alpha + \beta_0 x_t + \beta_0 \lambda x_{t-1} + \beta_0 \lambda^2 x_{t-2} + \cdots + u_t \tag{6-14}$$

从上式中我们可以看到,式中仍存在大量的参数有待估计,而且 λ 以高度非线性形式出现,因此模型还是不易估计。库伊克提出了一个创造性的解决方法,他将方程滞后一期后得到:

$$y_{t-1} = \alpha + \beta_0 x_{t-1} + \beta_0 \lambda x_{t-2} + \beta_0 \lambda^2 x_{t-3} + \cdots + u_{t-1} \tag{6-15}$$

然后两边同乘 λ 得到:

$$\lambda y_{t-1} = \lambda\alpha + \beta_0\lambda x_{t-1} + \beta_0\lambda^2 x_{t-2} + \beta_0\lambda^3 x_{t-3} + \cdots + \lambda u_{t-1} \tag{6-16}$$

将方程(6-16)与方程(6-14)相减得:

$$y_t - \lambda y_{t-1} = \alpha(1-\lambda) + \beta_0 x_{t-1} + (u_t - \lambda u_{t-1}) \tag{6-17}$$

经过整理后即得:

$$y_t = \alpha(1-\lambda) + \beta_0 x_t + \lambda y_{t-1} + (u_t - \lambda u_{t-1}) \tag{6-18}$$

这就是库伊克模型,上述变换过程称为库伊克变换。

令

$$\alpha^* = \alpha(1-\lambda), \beta_0^* = \beta_0, \beta_1^* = \lambda, u_t^* = u_t - \lambda u_{t-1}$$

则库伊克模式可变为:

$$y_t = \alpha^* + \beta_0^* x_t + \beta_1^* y_{t-1} + u_t^* \tag{6-19}$$

这是一个一阶自回归模型。

由此可见,库伊克变换可以将一个无限分布滞后模型变成一个只包含当期解释变量 x_t 和滞后一期的被解释变量 y_{t-1} 的一阶自回归模型,使模型结构得到极大简化,而且最大限度地保证了自由度,充分解决了难以确定滞后长度的问题。同时,滞后一期的被解释变量 y_{t-1} 与 x_t 的线性相关程度将远低于 x 的各滞后值之间的相关程度,从而也缓解了多重共线性的问题。

尽管库伊克变换具有上述优点,但其仍存在如下缺陷。

(1)它假定无限滞后分布呈几何滞后结构,即滞后影响按某固定的比例逐期递减,而这种假定可能对某些变量不适用。

(2)库伊克模型的随机扰动项形如:

$$u_t^* = u_t - \lambda u_{t-1} \tag{6-20}$$

说明新模型的随机扰动项 u_t^* 存在一阶自相关,且与解释变量 y_{t-1} 相关。

(3)将随机变量 y_{t-1} 作为解释变量引入模型不一定符合基本假定。

(4)库伊克变换为纯粹的数学运算结果,缺乏实际理论支撑。

这些缺陷,尤其是第二个缺陷,将会给模型的参数估计带来一定的困难。

案例 6-3

在能耗指标中,电力消费与经济增长有着密不可分的联系,电力是经济增长的一大重要因素,而我国各省市的电力消费因其能源资源情况、产业结构和经济发展水平的不同而存在很大的差异。宏观上明确电力消费与经济增长的关系,建立长期电力需求模型具有很强的现实意义。因此,本例采用1980—2007年国内生产总值(亿元)和电力消费量($\times 10^8$ W·h)的统计数据，运用库伊克模型进行估计，进一步研究经济增长与电力消费的关系。

基于数据设定模型：

$$y_t = \alpha + \beta_0 x_t + \beta_0 \lambda x_{t-1} + \beta_0 \lambda^2 x_{t-2} + \cdots + u_t$$

假定滞后解释变量 x_{t-i} 对被解释变量 y 的影响随着滞后期 $i(i=0,1,2,\cdots)$ 的增加按几何级数衰减：

$$\beta_k = \beta_0 \lambda^k, k = 0, 1 \cdots$$

方程可转换为：

$$y_t = \alpha^* + \beta_0^* x_t + \beta_1^* y_{t-1} + u_t^*$$

对数据（图 6-7）进行回归模型的拟合：

\>data = read.table("C:/Users/Administrator/Desktop/E7_3.csv",sep=",",header=T)
\>head(data)

```
  year    Y         Y_1       X
1 1980  4587.581       NA   3006.3
2 1981  4935.833  4587.581  3095.7
3 1982  5373.350  4935.833  3280.1
4 1983  6020.924  5373.350  3518.7
5 1984  7278.502  6020.924  3777.6
6 1985  9098.948  7278.502  4117.6
```

图 6-7　数据显示

\>test = data[2:28,2:4]

\>fit = lm(Y~Y_1+X,data = test)

\>summary(fit)

由于模型为：

$$y_t = \alpha^* + \beta_0^* x_t + \beta_1^* y_{t-1} + u_t^*$$

根据回归模型结果（图 6-8）得：

$$\alpha^* = -11750, \beta_0^* = 3.342, \beta_1^* = 0.7392$$

```
Call:
lm(formula = Y ~ Y_1 + X, data = test)

Residuals:
    Min      1Q  Median      3Q     Max
-4414.1 -2294.4  -410.9  1991.5 10298.1

Coefficients:
              Estimate Std. Error t value Pr(>|t|)
(Intercept) -1.175e+04  2.123e+03  -5.532 1.09e-05 ***
Y_1          7.392e-01  7.676e-02   9.631 1.02e-09 ***
X            3.342e+00  5.880e-01   5.683 7.47e-06 ***
---
Signif. codes:  0 '***' 0.001 '**' 0.01 '*' 0.05 '.' 0.1 ' ' 1

Residual standard error: 3231 on 24 degrees of freedom
Multiple R-squared: 0.9982,    Adjusted R-squared:  0.998
F-statistic:  6518 on 2 and 24 DF,  p-value: < 2.2e-16
```

图 6-8　回归模型结果

由于模型令：
$$\alpha^* = \alpha(1-\lambda), \beta_0^* = \beta_0, \beta_1^* = \lambda, u_t^* = u_t - \lambda u_{t-1}$$

因此可以算出，$\lambda = \beta_1^* = 0.7392$，这表示了分布滞后下降或衰减速度，而 $1-\lambda = 0.2608$ 被称为调整速度。因此，原方程中系数 $\beta_k = \beta_0 \lambda^k = 3.342 \times 0.7392^k$，$\alpha = \dfrac{\alpha^*}{1-\lambda} = \dfrac{-11750}{1-0.7392} = -45053.68$。

综上，原模型的估计方程为：
$$\hat{y}_t = -45053.68 + 3.342 x_t + 3.342 \times 0.7392 x_{t-1} + 3.342 \times 0.7392^2 x_{t-2} + \cdots$$

6.3.2 自适应预期模型

在现实中，人们经常会预判某些变量的未来走势，并根据"预期"来改变自己的行为决策。因此某些变量的变化会或多或少地受到另一些变量的预期值的影响，为了处理这种现象，我们可以通过引入解释变量的预期值来建立模型。例如，包含一个预期解释变量的模型形式如下：

$$y_t = \alpha + \beta x_t^* + u_t \tag{6-21}$$

式中，y_t 为被解释变量；x_t^* 为解释变量预期值；u_t 为随机扰动项。

在回归分析中，上述模型的难点是获取解释变量的预期值。预期是对未来情况的主观判断，实际上预测值是不可观测的。因此，在应用中需要对其作出假定，自适应预期假定即为其中之一，且这种假定较为切合实际，具有一定代表性。

自适应预期假定"经济行为主体将根据过去的经验修正他们的预期，特别是要从错误中学习"，即按照过去预测偏差的某一比例对当前期望值进行修正，使其适应新的经济环境。用数学式子可表达为：

$$x_t^* = x_{t-1}^* + \gamma(x_t - x_{t-1}^*) \tag{6-22}$$

式(6-22)中，参数 γ 为调节系数，也可称为适应系数。也就是说，本期预测值 x_t^* 等于前一期预期值 x_{t-1}^* 加上一个修正量，且该修正量是前一期预期误差的一部分。这一调整过程称为自适应过程。

将式(6-22)改写为：

$$x_t^* = \gamma x_t + (1-\gamma)x_{t-1}^* \tag{6-23}$$

式(6-23)说明本期预期值实际是上一期预期值和本期实际值分别以 γ 和 $1-\gamma$ 为权重的加权平均。一般情况下，$0 \leqslant \gamma \leqslant 1$。若 $\gamma = 1$，即 $x_t^* = x_t$，本期实际值即为预期值，说明本期预期与上一期预期无关。若 $\gamma = 0$，即 $x_t^* = x_{t-1}^*$，说明忽略了本期实际值，预期值并没有进行修正。

通常，解释变量预期值满足自适应调整过程的期望模型被称为自适应预期模型(adaptive expectation model)。根据自适应预期假定，自适应预期模型可转化为自回归形式。

将式(6-23)代入式(6-21)得：

$$y_t = \alpha + \beta[\gamma x_t + (1-\gamma)x_{t-1}^*] + u_t \tag{6-24}$$

同时，将式(6-24)滞后一期，并乘以 $1-\gamma$，得：

$$(1-\gamma)y_{t-1} = \alpha(1-\gamma) + \beta(1-\gamma)x_{t-1}^* + (1-\gamma)u_{t-1} \tag{6-25}$$

式(6-24)减去式(6-25),整理得:

$$y_t = \gamma\alpha + (1-\gamma)y_{t-1} + \gamma\beta x_t + [u_t - (1-\gamma)u_{t-1}] \tag{6-26}$$

令

$$\alpha^* = \gamma\alpha, \ \beta_0^* = \gamma\beta, \ \beta_1^* = 1-\gamma, \ u_t^* = u_t - (1-\gamma)u_{t-1}$$

则式(6-26)可变为:

$$y_t = \alpha^* + \beta_0^* x_t + \beta_1^* y_{t-1} + u_t^* \tag{6-27}$$

式(6-27)是一个一阶自回归模型。若能得到模型参数 α^*、β_0^*、β_1^* 的估计值,代入式(6-24),即可求得自适应预期模型式(6-21)的参数估计值。

案例 6-4

目前,环境库兹涅茨曲线(EKC 曲线)是分析环境质量和经济发展的重要工具,其指出环境污染与经济发展存在初始逐渐递增、然后逐渐下降的倒"U"形关系。由 EKC 曲线可知,早期工业发展阶段,经济水平较低,环境污染程度较小。但随着工业化进程的逐渐加快、自然资源的耗费,废气、废料的排放逐渐超过了环境的自净和还原能力,生态环境质量也在逐渐恶化。这种恶化的速度呈现不断加快的状态,环境与经济的可持续性不断减弱。经济发展到更高层次时,EKC 曲线将到达转折点或是越过转折点,生态环境质量在维持一段时间的稳态后会开始逐渐加快改善,环境与经济的可持续性将呈现出不断增强的趋势。在现阶段,我国经济的高速增长带来日益严重的环境问题,粗放型经济发展方式产生的工业污染对环境造成巨大冲击,生态环境承载力日益下降,已经成为我国经济发展的重要障碍。我国面对环境问题做出了积极的应对,但问题的解决不是一蹴而就的。本案例采用 1980—2010 年国内生产总值(亿元)和工业固体废物产生量($\times 10^4$ t)的统计资料,利用自适应预期模型研究环境污染与经济发展之间的关系。

设定模型:

$$y_t = \alpha + \beta x_t^* + u_t$$

式中,x_t^* 为预期最佳值。

假设自适应预期假定为:

$$x_t^* = \gamma x_t + (1-\gamma)x_{t-1}^*$$

方程可转换为:

$$y_t = \alpha^* + \beta_0^* x_t + \beta_1^* y_{t-1} + u_t^*$$

对数据(图 6-9)进行回归模型的拟合,代码及回归结果(图 6-10)如下:

```
>data = read.table("C:/Users/Administrator/Desktop/E7_4.csv",sep=",",header=T)
>head(data)
  year     Y        Y_1      X
1 1980  4587.581     NA    48725
2 1981  4935.833  4587.581 43055
3 1982  5373.350  4935.833 40501
4 1983  6020.924  5373.350 41185
5 1984  7278.502  6020.924 45211
6 1985  9098.948  7278.502 48409
```

图 6-9 数据显示

```
>test = data[2:31, 2:4]
>fit = lm(Y~Y_1+X, data = test)
>summary(fit)
```

```
Call:
lm(formula = Y ~ Y_1 + X, data = test)

Residuals:
     Min      1Q   Median      3Q     Max
-14837.5 -2640.2    120.9  2092.1  8690.1

Coefficients:
             Estimate Std. Error t value Pr(>|t|)
(Intercept) -2.233e+04  5.154e+03  -4.332 0.000183 ***
Y_1          8.725e-01  6.483e-02  13.458 1.72e-13 ***
X            5.254e-01  1.183e-01   4.442 0.000136 ***
---
Signif. codes:  0 '***' 0.001 '**' 0.01 '*' 0.05 '.' 0.1 ' ' 1

Residual standard error: 4999 on 27 degrees of freedom
Multiple R-squared:  0.9982,    Adjusted R-squared:  0.998
F-statistic:  7291 on 2 and 27 DF,  p-value: < 2.2e-16
```

图 6-10　案例 6-4 模型回归结果

由于模型为：

$$y_t = \alpha^* + \beta_0^* x_t + \beta_1^* y_{t-1} + u_t^*$$

根据回归模型结果得：

$$\alpha^* = -22330,\ \beta_0^* = 0.5254,\ \beta_1^* = 0.8725$$

令

$$\alpha^* = \gamma\alpha,\ \beta_0^* = \gamma\beta,\ \beta_1^* = 1-\gamma,\ u_t^* = u_t - (1-\gamma)u_{t-1}$$

可以算出,调整系数 $\gamma = 1 - \beta_1^* = 1 - 0.8725 = 0.1275$,这表示了预期修正的速度。原式中的 $\alpha = \dfrac{\alpha^*}{\gamma} = -\dfrac{22330}{0.1275} = -175137.3$,$\beta = \dfrac{\beta_0^*}{\gamma} = \dfrac{0.5254}{0.1275} = 4.1208$。

综上,原模型的估计方程为：

$$y_t = -175137.3 + 4.1208\, x_t^*$$

6.3.3　局部调整模型

在实际分析中,会遇到为了适应解释变量的变化,被解释变量有一个预期的、均衡的最优值与之对应,即解释变量的现值影响着被解释变量的预期值,存在如下的关系：

$$y_t^* = \alpha + \beta x_t + u_t \tag{6-28}$$

式中,y_t^* 为被解释变量的预期最优值；x_t 为解释变量的当期值。

由于技术、市场等各方面的限制,最优值是不可直接观测到的,同时被解释变量的预期水平在单一周期内一般不会完全实现,因此只能得到部分调整。局部调整假设认为,被解释变量的实际变化仅仅是预期变化的一部分,即：

$$y_t - y_{t-1} = \delta(y_t^* - y_{t-1}) \tag{6-29}$$

式中，δ 为调整系数，代表着调整的速度大小。一般情况下，$0 < \delta < 1$。δ 越接近 1，说明调整到预期最优水平的速度越快。若 $\delta = 1$，则 $y_t = y_t^*$，说明预期变动即为实际变动，调整在当期完全实现。若 $\delta = 0$，则 $y_t = y_{t-1}$，表明当期值与上一期值相同，完全没有进行调整。

满足局部调整假设的方程被称为局部调整模型（partial adjustment model）。局部调整假设也可写成：

$$y_t = \delta y_t^* + (1-\delta) y_{t-1} \tag{6-30}$$

即被解释变量实际值是当期预期最优值与上一期实际值分别以 δ 和 $1-\delta$ 为权数的加权平均。

将式(6-29)代入式(6-30)，可得局部调整模型的转换形式为：

$$\begin{aligned} y_t &= \delta(\alpha + \beta x_t + u_t) + (1-\delta) y_{t-1} \\ &= \delta\alpha + (1-\delta) y_{t-1} + \delta\beta x_t + \delta u_t \end{aligned} \tag{6-31}$$

令

$$\alpha^* = \delta\alpha, \ \beta_0^* = \delta\beta, \ \beta_1^* = 1-\delta, \ u_t^* = \delta u_t$$

则式(6-31)变为：

$$y_t = \alpha^* + \beta_0^* x_t + \beta_1^* y_{t-1} + u_t^* \tag{6-32}$$

上式说明局部调整模型的本质也是一个自回归模型。若能得到该模型的参数估计，代入式(6-28)就可求出原模型的参数估计。

案例 6-5

在经济活动中，为了适应环境污染的变化，经济发展会有一个预期的最优值与之对应的现象。基于案例 6-4 中采用的 1989—2010 年国内生产总值（亿元）和工业固体废物产生量（$\times 10^4$ t）统计数据，本例在上一例的基础上加入工业废水排放总量（$\times 10^4$ t）这一变量，运用局部调整模型进一步研究经济活动与环境污染之间的关系。

设定模型：

$$y_t^* = \alpha + \beta_1 x_{1t} + \beta_2 x_{2t} + u_t$$

式中，y_t^* 为被解释变量的预期最优值。

假设局部调整方程为：

$$y_t - y_{t-1} = \delta(y_t^* - y_{t-1})$$

则方程可转换为：

$$y_t = \delta\alpha + (1-\delta) y_{t-1} + \beta_1 \delta x_{1t} + \beta_2 \delta x_{2t} + \delta u_t$$

对数据进行回归模型的拟合，代码及回归结果（图 6-11）如下：

```
>data = read.table("C:/Users/Administrator/Desktop/BB.csv",sep=",",header=T)
>head(data)
>test=data[2:31,2:5]
>fit=lm(Y~Y_1+X1+X2, data = test)
>summary(fit)
```

```
Call:
lm(formula = Y ~ Y_1 + X1 + X2, data = test)

Residuals:
     Min       1Q   Median       3Q      Max
-10893.4  -3100.9   -481.7   3512.1   7522.8

Coefficients:
              Estimate Std. Error t value Pr(>|t|)
(Intercept) -5.648e+03  1.010e+04  -0.559 0.580761
Y_1          7.363e-01  9.497e-02   7.753 3.16e-08 ***
X1          -1.163e-02  6.147e-03  -1.891 0.069749 .
X2           7.710e-01  1.721e-01   4.479 0.000133 ***
---
Signif. codes:  0 '***' 0.001 '**' 0.01 '*' 0.05 '.' 0.1 ' ' 1

Residual standard error: 4776 on 26 degrees of freedom
Multiple R-squared:  0.9984,    Adjusted R-squared:  0.9982
F-statistic:  5326 on 3 and 26 DF,  p-value: < 2.2e-16
```

图 6-11　案例 6-5 模型回归结果

由于模型设定为：

$$y_t = \delta\alpha + (1-\delta)y_{t-1} + \beta_1\delta x_{1t} + \beta_2\delta x_{2t} + \delta u_t$$

令

$$\alpha^* = \delta\alpha,\ \beta_0^* = \beta_1\delta,\ \beta_1^* = 1-\delta,\ \beta_2^* = \beta_2\delta,\ u_t^* = \delta u_t$$

则模型可转换为：

$$y_t = \alpha^* + \beta_1^* y_{t-1} + \beta_0^* x_{1t} + \beta_2^* x_{2t} + \delta u_t$$

根据回归模型结果得：

$$\alpha^* = -5648,\ \beta_1^* = 0.7363,\ \beta_0^* = -0.0163,\ \beta_2^* = 0.7710$$

因此可以算出,调整系数 $\delta = 1 - \beta_1^* = 1 - 0.7363 = 0.2637$,这表示了局部调整的速度。原式中的 $\alpha = \dfrac{\alpha^*}{\delta} = -\dfrac{5648}{0.2637} = -21418.28$,$\beta_1 = \dfrac{\beta_0^*}{\delta} = \dfrac{-0.0163}{0.2637} = -0.0618$,$\beta_2 = \dfrac{\beta_2^*}{\delta} = \dfrac{0.7710}{0.2637} = 2.9238$。

综上,原模型的估计方程为：

$$\hat{y}_t^* = -21418.28 - 0.0618 x_{1t} + 2.9238 x_{2t} + u_t$$

6.4　自回归模型的估计

6.4.1　自回归模型估计的困难

本章已经讨论了库伊克、自适应预期和局部调整三个模型,并且三个模型在结构上有共同之处,即最终都可转换为一阶自回归形式：

$$y_t = \alpha^* + \beta_0^* x_t + \beta_1^* y_{t-1} + u_t^* \tag{6-33}$$

因此,对上述三个模型的估计即转换为对一阶自回归模型的估计。但值得注意的是,上述一阶自回归模型的解释变量中含有滞后的被解释变量 y_{t-1},且 y_{t-1} 是随机变量,可能与随机扰动项相关;同时,随机扰动项可能存在自相关,也就是说,模型可能违反古典假定,从而给模型的估计带来了一定的困难。下面先对三个模型对应的一阶自回归模型中的随机扰动项的特征进行考察。

库伊克模型为:
$$u_t^* = u_t - \lambda u_{t-1} \tag{6-34}$$

自适应预期模型为:
$$u_t^* = u_t - (1-\gamma)u_{t-1} \tag{6-35}$$

局部调整模型为:
$$u_t^* = \delta u_t \tag{6-36}$$

假定原模型中随机扰动项 u_t 满足古典假定,即:
$$\begin{cases} E(u_t) = 0 \\ \mathrm{Var}(u_t) = \sigma^2 \\ \mathrm{Cov}(u_i, u_j) = 0 (i \neq j) \end{cases} \tag{6-37}$$

(1)对于库伊克模型,有:
$$\begin{aligned} \mathrm{Cov}(u_t^*, u_{t-1}^*) &= E[u_t - \lambda u_{t-1} - E(u_t - \lambda u_{t-1})][u_{t-1} - \lambda u_{t-2} - E(u_{t-1} - \lambda u_{t-2})] \\ &= E(u_t, u_{t-1}) - \lambda E u_{t-1}^2 - \lambda E(u_t, u_{t-2}) + \lambda^2 E(u_{t-1}, u_{t-2}) \\ &= -\lambda E u_{t-1}^2 = -\lambda \sigma^2 \neq 0 \end{aligned} \tag{6-38}$$

(2)对于自适应预期模型,同理可证:
$$\begin{cases} \mathrm{Cov}(u_t^*, u_{t-1}^*) \neq 0 \\ \mathrm{Cov}(y_{t-1}, u_t^*) \neq 0 \end{cases} \tag{6-39}$$

(3)对于局部调整模型,有:
$$\begin{cases} \mathrm{Cov}(u_t^*, u_{t-1}^*) = E[\delta u_t - E(\delta u_t)][\delta u_{t-1} - E(\delta u_{t-1})] = \delta^2 E(u_t u_{t-1}) = 0 \\ \mathrm{Cov}(y_{t-1}, u_t^*) = \mathrm{Cov}(y_{t-1}, \delta u_t) = \delta \mathrm{Cov}(y_{t-1}, u_t) = 0 \end{cases} \tag{6-40}$$

由此可见,对自回归模型的估计主要存在以下两个问题:一是随机解释变量 y_{t-1} 可能与随机扰动项相关;二是随机扰动项可能会产生自相关,而库伊克模型和自适应预期模型的随机扰动项都会导致自相关,只有局部调整模型的随机扰动项无自相关。如果用最小二乘法直接估计自回归模型,则估计结果可能有偏,并且不是一致估计。因此,估计自回归模型重点要解决两个问题:一是设法消除 y_{t-1} 与随机扰动项相关性;二是需要检验随机扰动项是否存在自相关。

为了消除随机解释变量 y_{t-1} 与随机扰动项存在相关带来的估计偏差,可采用工具变量法解决;而检验一阶自回归模型扰动项是否存在自相关,可采用德宾 h 检验法。扰动项自相关的问题较为复杂,属于动态回归模型的深入内容,在此从略。

6.4.2 工具变量法

工具变量法的基本原理是,在进行参数估计时选择合适的工具变量,来代替原回归模型中同随机扰动项存在相关性的解释变量。选择工具变量时应按照以下准则：①与所代表的解释变量高度相关；②与随机扰动项不相关；③与其他的解释变量不相关，避免出现多重共线性问题。可以证明，运用工具变量法所得到的参数估计是一致估计。

在实际应用中，选择工具变量有多种方式。比如，选取 $\hat{y}_{t-1}$ 作为工具变量代替滞后被解释变量 y_{t-1} 进行估计，这时，一阶自回归模型就变为：

$$y_t = \alpha^* + \beta_0^* x_t + \beta_1^* \hat{y}_{t-1} + u_t^* \tag{6-41}$$

式中，$\hat{y}_{t-1}$ 是 $\hat{y}_t$ 的滞后值；$\hat{y}_t$ 是 y 对 x 的滞后值的回归，由回归方程得到：

$$\hat{y}_t = \hat{c}_0 + \hat{c}_1 x_{t-1} + \hat{c}_2 x_{t-2} + \cdots + \hat{c}_{2s} x_{t-2s} \tag{6-42}$$

滞后期 s 适当选取，一般选择 2 或 3。由于 x_t 与 u_t^* 不相关，$\hat{y}_t$ 作为对 x 滞后值的回归，也与 u_t^* 不相关，进而 $\hat{y}_{t-1}$ 与 u_t^* 也不相关。因此，对式 (6-41) 采用最小二乘法得到参数的一致估计。

6.4.3 德宾 h 检验

关于检验随机扰动项是否存在自相关，前面章节介绍过 DW 检验法，但这一检验法并不适用于方程含有滞后被解释变量的模型（详情可见 DW 检验的假设条件）。在自回归模型中，滞后被解释变量是随机变量，已有研究证明，如果用 DW 检验法，则 d 统计量值总趋近于 2。换句话说，在一阶自回归中，当随机扰动项存在自相关时，DW 检验倾向于得出非自相关的结论。德宾提出了检验一阶自相关的 h 统计量法。

h 统计量定义为：

$$h = \hat{\rho} \sqrt{\frac{n}{1 - n\mathrm{Var}(\hat{\beta}_1^*)}} = \left(1 - \frac{d}{2}\right) \sqrt{\frac{n}{1 - n\mathrm{Var}(\hat{\beta}_1^*)}} \tag{6-43}$$

式中，$\hat{\rho}$ 为随机扰动项一阶自相关系数 ρ 的估计量；d 为统计量；n 为有效样本容量；$\mathrm{Var}(\hat{\beta}_1^*)$ 为滞后被解释变量 y_{t-1} 的回归系数的估计方差。

德宾证明了在 $\rho = 0$ 的假定下，h 统计量的极限分布为标准正态分布。因此，在大样本的条件下，可以运用 h 统计量值判断随机扰动项是否存在一阶自相关。具体流程如下：

（1）对一阶自回归方程：

$$y_t = \alpha^* + \beta_0^* x_t + \beta_1^* \hat{y}_{t-1} + u_t^* \tag{6-44}$$

直接进行最小二乘估计，得到 $\mathrm{Var}(\hat{\beta}_1^*)$ 和 d 统计量值。

（2）将 $\mathrm{Var}(\hat{\beta}_1^*)$、$d$ 及有效样本容量 n 代入式 (6-43) 并计算 h 统计量的值。

（3）给定显著性水平 α，查标准正态分布表并得到临界值 h_α。若 $|h| > h_{\frac{\alpha}{2}}$，则拒绝原假设 $\rho = 0$，说明自回归模型存在一阶自相关；若 $|h| < h_{\frac{\alpha}{2}}$，则接受原假设 $\rho = 0$，说明自回归模型不存在一阶自相关。

对式 (6-44) 进行估计，得到 $d = 1.8$，$\mathrm{Var}(\hat{\beta}_1^*) = 0.005$，若有效样本容量 $n = 100$，则：

$$h = \left(1 - \frac{d}{2}\right) \sqrt{\frac{n}{1 - n\mathrm{Var}(\hat{\beta}_1^*)}} = \left(1 - \frac{1}{2} \times 1.8\right) \times \sqrt{\frac{100}{1 - 100 \times 0.005}} = 1.4142$$

取显著性水平 $\alpha=0.05$，查标准正态分布表得到临界值 $h_{\frac{\alpha}{2}}=1.96$，由于 $|h|=1.142<h_{\frac{\alpha}{2}}=1.96$，因此接受原假设 $\rho=0$，说明自回归模型不存在一阶自相关。

值得注意的是，德宾 h 检验可适用于任意阶的自回归模型，对应 h 统计量的式(6-43)仍然成立，即仅用到 y_{t-1} 回归系数的估计方差。除此之外，该检验法是针对大样本的，因此对小样本进行检验效果较差。当 $n\mathrm{Var}(\beta_1^*)>1$ 时，不能直接使用此方法。

案例 6-6

根据案例 6-3 回归结果：

$$y_t = -22330 + 0.5254\, x_t + 0.8725\, y_{t-1}$$
$$(-4.332)\quad(4.442)\qquad(13.458)$$
$$R^2 = 0.9982 \quad \mathrm{DW} = 1.6744$$

运用德宾 h 检验，检验是否存在自相关问题。式中：$d=1.6744$，$n=30$，$\hat{\beta}_1^*=0.8725$；$\mathrm{SE}(\hat{\beta}_1^*) = \dfrac{0.8752}{13.458} = 0.0650$，$\mathrm{Var}(\hat{\beta}_1^*) = \mathrm{SE}^2(\hat{\beta}_1^*) = 0.0650^2 = 0.0042$；则：

$$h = \left(1 - \frac{d}{2}\right)\sqrt{\frac{n}{1 - n\mathrm{Var}(\hat{\beta}_1^*)}}$$

$$= \left(1 - \frac{1}{2} \times 1.6744\right) \times \sqrt{\frac{30}{1 - 30 \times 0.0042}}$$

$$= 0.9538$$

h 小于 $h_{\frac{\alpha}{2}} = h_{0.025} = 1.96$，表明在 5% 显著性水平下不存在自相关性问题。

6.5 本章小结

本章涉及的主要公式汇总见表 6-1。

表 6-1　公式汇总表

滞后变量模型	一般式	$y_t = \alpha + \beta_0 x_t + \beta_1 x_{t-1} + \beta_2 x_{t-2} + \cdots + \beta_s x_{t-s} + \gamma_1 y_{t-1} + \gamma_2 y_{t-2} + \cdots + \gamma_q y_{t-q} + u_t$
	分布滞后模型	$y_t = \alpha + \beta_0 x_t + \beta_1 x_{t-1} + \beta_2 x_{t-2} + \cdots + \beta_s x_{t-s} + u_t$
	自回归模型	$y_t = \alpha + \beta_0 x_t + \gamma_1 y_{t-1} + \gamma_2 y_{t-2} + \cdots + \gamma_q y_{t-q} + u_t$
分布滞后模型的阿尔蒙法	基本模型	$y_t = \alpha + \beta_0 x_t + \beta_1 x_{t-1} + \beta_2 x_{t-2} + \cdots + \beta_s x_{t-s} + u_t$
	阿尔蒙变换	$\beta_i = \alpha_0 + \alpha_1 i + \alpha_2 i^2 + \cdots + \alpha_m i^m \ (i = 0,1,2,\cdots,s; m < s)$
	新模型	$y_t = \alpha + \alpha_0 z_{0t} + \alpha_1 z_{1t} + \alpha_2 z_{2t} + \cdots + \alpha_m z_{mt} + u_t$ $z_{it} = x_{t-1} + 2^i x_{t-2} + 3^i x_{t-3} + \cdots + s^i x_{t-s}$
库伊克模型	基本模型	$y_t = \alpha + \beta_0 x_t + \beta_1 x_{t-1} + \beta_2 x_{t-2} + \cdots + u_t$
	库伊克假定	$\beta_k = \beta_0 \lambda^k\ (0 < \lambda < 1, i = 0,1,2\cdots)$
	新模型	$y_t = \alpha^* + \beta_0^* x_t + \beta_1^* y_{t-1} + u_t^*$ $\alpha^* = \alpha(1-\lambda),\ \beta_0^* = \beta_0,\ \beta_1^* = \lambda,\ u_t^* = u_t - \lambda u_{t-1}$

续表 6-1

自适应预期模型	基本模型	$y_t = \alpha + \beta x_t^* + u_t$
	自适应预期假定	$x_t^* = x_{t-1}^* + \gamma(x_t - x_{t-1}^*)$
	新模型	$y_t = \alpha^* + \beta_0^* x_t + \beta_1^* y_{t-1} + u_t^*$ $\alpha^* = \gamma\alpha,\ \beta_0^* = \gamma\beta,\ \beta_1^* = 1-\gamma,\ u_t^* = u_t - (1-\gamma)u_{t-1}$
局部调整模型	基本模型	$y_t^* = \alpha + \beta x_t + u_t$
	局部调整假定	$y_t - y_{t-1} = \delta(y_t^* - y_{t-1})$
	新模型	$y_t = \alpha^* + \beta_0^* x_t + \beta_1^* y_{t-1} + u_t^*$ $\alpha^* = \delta\alpha,\ \beta_0^* = \delta\beta,\ \beta_1^* = 1-\delta,\ u_t^* = \delta u_t$
自回归模型 自相关检验	德宾 h 检验 （h 统计量）	$h = \hat{\rho}\sqrt{\dfrac{n}{1-n\mathrm{Var}(\hat{\beta}_1^*)}} = \left(1-\dfrac{d}{2}\right)\sqrt{\dfrac{n}{1-n\mathrm{Var}(\hat{\beta}_1^*)}}$

习 题

1. 判断以下说法的正误：

(1) 无限分布滞后模型不可以转换为一阶自回归模型。

(2) 局部调整模型变换后得到的一阶自回归模型可以应用 OLS 法估计。

(3) 估计自回归模型的问题仅在于滞后被解释变量的存在可能导致它与随机扰动项相关。

(4) 自回归模型的产生背景都是相同的。

2. 估计有限分布滞后模型会遇到哪些困难？

3. 什么是滞后现象？产生滞后现象的原因有哪些？

4. 设无限分布滞后模型为 $y_t = \alpha + \beta_0 x_t + \beta_1 x_{t-1} + \beta_2 x_{t-2} + u_t$，且该模型满足库伊克变换的假定，则长期影响系数为？

5. 设有分布滞后模型 $y_t = \alpha + \beta_0 x_t + \beta_1 x_{t-1} + \beta_2 x_{t-2} + \beta_3 x_{t-3} + u_t$，为了使模型的自由度达到 30，必须拥有多少年的原始观测资料？

6. 对于有限分布滞后模型，解释变量的滞后期长度每增加一期，可用的样本数据就会增加或减少多少？

7. 简述库伊克模型的特点。

8. 考察分布滞后模型 $y_t = \alpha + \beta_0 x_t + \beta_1 x_{t-1} + \beta_2 x_{t-2} + \beta_3 x_{t-3} + u_t$，假定我们要用多项式阶数为 2 的有限多项式估计这个模型，并根据一个有 60 个观测值的样本求出了二阶多项式系数的估计值为 $\hat{a}_0 = 0.3, \hat{a}_1 = 0.51, \hat{a}_2 = 0.1$，试计算 $\beta_i(i = 0,1,2,3)$，并计算其短期乘数、长期乘数。

9. 假设某投资函数 $I_t = \alpha + \beta_0 x_t + \beta_1 x_{t-1} + \beta_2 x_{t-2} + \cdots + \beta_s x_{t-s} + u_t$，其中 I_t 为 t 期的投资，x_t 表示 t 期的销售量。假定滞后形式为倒"V"形，若经验选择的权数为 $1/4, 2/4, 3/4, 2/4, 1/4$，则如何对模型进行估计。

10. 有以下估计模型。

投资函数：$I_t = 120 + 0.6 y_t + 0.8 y_{t-1} + 0.4 y_{t-2} + 0.2 y_{t-3}$

消费函数：$C_t = 280 + 0.58 y_t + 0.12 y_{t-1}$

式中，I_t 为投资；y_t 为收入；C_t 为消费。请分别计算投资、消费的短期乘数和长期乘数，并解释其经济含义。

11. 下表是 2000—2019 年国内生产总值（亿元）和能源消费总量（$\times 10^4$ t 标准煤）的统计资料，请利用经验加权估计法研究能源消费与经济发展之间的关系。

设定有限分布滞后模型为：

$$y_t = \alpha + \beta_0 x_t + \beta_1 x_{t-1} + \beta_2 x_{t-2} + \beta_3 x_{t-3} + u_t$$

运用经验加权估计法，选择下列三组权数：① 1, 1/2, 1/4, 1/8；② 1/4, 1/2, 2/3, 1/4；③ 1/4, 1/4, 1/4, 1/4 分别估计上述模型，并从中选择最佳的方程。

年份	能源消费总量/$\times 10^4$ t 标准煤	国内生产总值/亿元
2000	146964	100280.1
2001	155547	110863.1
2002	169577	121717.4
2003	197083	137422
2004	230281	161840.2
2005	261369	187318.9
2006	286467	219438.5
2007	311442	270092.3
2008	320611	319244.6
2009	336126	348517.7
2010	360648	412119.3
2011	387043	487940.2
2012	402138	538580
2013	416913	592963.2
2014	428334	643563.1
2015	434113	688858.2
2016	441492	746395.1
2017	455827	832035.9
2018	471925	919281.1
2019	487000	990865.1

12. 为了研究能源消费与经济发展之间的关系,利用 1983—2010 年国内生产总值(亿元)和能源消费总量($\times 10^4$ t 标准煤)的统计数据,采用了经验加权法估计分布滞后模型。尽管经验加权估计法具有一些优点,但是设置权数时主观随意性较大,要求研究者对实际要解决的问题具有较深刻的了解。因此,请在习题 11 的基础上运用阿尔蒙多项式进行估计。

13. 依旧使用习题 11 中的统计资料,运用库伊克模型进行估计,进一步研究经济增长与能源消费的关系。

14. 联系自己所学的专业选择一个实际问题,设定一个分布滞后模型或自回归模型,并自行收集样本,用本章的方法估计和检验这个模型,你如何评价自己所做的这项研究。

第 7 章 虚拟变量回归

定性分析和定量分析是经济学分析中的两大主要分支,而计量经济学的主要目的就是利用计量手段将对经济问题的分析从定性分析层面上升到定量分析层面。在这一过程中,常用的重要手段之一就是虚拟变量回归。

7.1 虚拟变量

7.1.1 概念

前面章节中大多涉及到的是可以被直接度量的解释变量和被解释变量,例如价格、投入、产出、人数、排放量、生产总值等。但现实经济生活中,除了这些可以被直接观测和度量的因素之外,很多时候会遇到一些无法被直接度量的定性因素,例如性别、区域、季节、职业、行业等。要对这些因素所产生的影响进行定量分析,一个基本的思路就是将之抽象出来,赋予一个确定的数值,从而利用常规的计量分析方法进行所需的定量分析。事实上,虚拟变量中的"虚拟"并非一般意义上的"不符合或不一定符合事实的情况",而是指将定性的变量抽象成为一个定量的变量,蕴含着数学中抽象建模的思想。例如,涉及到个人性别特征的研究可以将性别中定性的"男性"和"女性"抽象出来,构建一个新的虚拟的 0-1 二值变量,从而进行进一步的定量分析。

虚拟变量(dummy variable,简写为 D)又被称为虚设变量、名义变量或哑变量,在计量经济学中,虚拟变量是指人为构造的用于描述定性因素的变量,一般取 0 或 1。进一步地,虚拟变量回归是指模型中包含虚拟变量的回归,主要包括如下三种类型:①解释变量包含虚拟变量,但被解释变量为定量变量的模型,用来研究不同类别解释变量对被解释变量的影响;②解释变量为定量变量,但被解释变量为虚拟变量的模型,用来研究解释变量的变化会导致被解释变量处于何种类别;③解释变量和被解释变量同时包含虚拟变量的模型,用来研究不同类别解释变量会导致被解释变量处于何种类别。在本章的后续内容中,我们分别具体介绍了虚拟解释变量回归和虚拟被解释变量回归。

7.1.2 虚拟变量设定

科学地设定虚拟变量是进行虚拟变量回归的基础。虚拟变量的设定主要包括数值和个数两方面。

1. 虚拟变量数值

虚拟变量 D 的值一般取 0 或 1，包含着基本逻辑语言中"判断"的思想。虚拟变量 D 取值为 1 时常表示"是"，即具有某种属性；取 0 时常表示"否"，即不具有某种属性。例如，在原油市场的相关研究中，石油出口国往往扮演着特殊的角色，具有比其他国家更为主动的市场地位。此时，虚拟变量 D 表示"一个国家是否为石油出口国"，取值就可以设定为：

$$D = \begin{cases} 1, 该国是石油出口国 \\ 0, 该国不是石油出口国 \end{cases} \tag{7-1}$$

2. 虚拟变量个数

根据构建模型的类型不同，虚拟变量的个数选择也有两种情况。假设样本的某定性因素有 N 个分类，当模型设定中有截距项时（如一般的 OLS 估计），虚拟变量个数应当设定为 $N-1$ 个，否则就会出现完全多重共线性的现象；当模型设定中不包含截距项时（如过原点回归模型），虚拟变量的个数应当设定为 N 个，此时并不会出现多重共线性问题。

构造虚拟变量时一般要求定性变量分类的完全性和排他性。其中，完全性是指所有的样本都需要被划分到某一确定的类别中，否则生成的虚拟变量全部为零；排他性是指在一个分类体系下，任何样本只能被分到一个类别中，否则生成虚拟变量取值为 1 的个数将超过 1 个。简单来说，对于构造的 N 个虚拟变量 $D_i(i=1,2,\cdots,N)$，有 $\sum D_i = 1$。然而，现实世界往往不是非黑即白，在变量划分上也可能会遇到边界相对模糊的情况，从而导致难以对定性变量的类别进行划分。例如在性别问题上，除了男性和女性之外还可能存在第三性别或者不同的性别认同。因此，在进行虚拟变量定义前，要根据所研究问题对定性变量的分类进行合理且明确的规定。

7.1.3 资源环境案例

相较于传统的经济学，资源环境经济学中的研究很多时候会涉及到一些定性的分类指标，例如地区经济发展水平、资源种类、资源市场和环境政策变动等，因此想要对其进行定量的计量分析，就需要将其设定为虚拟变量。这里提供了一些资源环境研究中常见的虚拟变量设定的案例。

案例 7-1

地方政府在环境方面的投入很大程度上决定了地方环境保护成效如何。本案例收集了 2011—2017 年中国 31 个省（自治区、直辖市）的环境污染治理投资总额（亿元）、国内生产总值（即 GDP，做对数处理）、一般财政预算支出等数据，定量分析各省（自治区、直辖市）经济发展水平和地方政府环境保护投入之间的关系。众所周知，中国是一个区域发展不平衡现象特别明显的国家，沿海地区和内陆、东中西部在经济发展水平和环境保护政策上都存在着明显的差异。图 7-1 从大到小展示了 2017 年各省（自治区、直辖市）环境污染治理投资总额，能够看到东部省份的环境污染治理投资要明显高于西部地区。因此，要科学分析各省（自治区、直辖市）经济发展水平对地方政府环境保护投入的影响，就不得不将区域因素纳入到模型中来。将数据集导入 R 软件中，数据集命名为 X1。图 7-2 展示了前 10 个样本，其中环境污染治理投资 invest、财政一般预算支出 fin_expend、取对数后的国内生产总值 lnGDP 是定量因素，可以被直接度量。所处区域 region/region1 是一个定性指标,无法被直接度量,因此需要构造相应的虚拟变量来达到将其加入到计量模型这一目的。

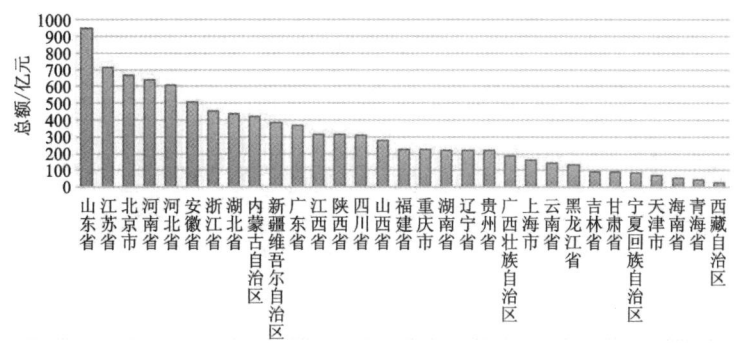

图 7-1 2017 年各省(自治区、直辖市)环境污染治理投资总额

	province	year	invest	fin_expend	lnGDP	region	region1
1	上海市	2011	144.80	391.4880	7.55986	东部	东部
2	云南省	2011	119.20	292.9600	6.79045	西部	非东部
3	内蒙古自治区	2011	395.90	298.9210	7.26961	西部	非东部
4	北京市	2011	213.10	324.5230	7.39338	东部	东部
5	吉林省	2011	101.20	220.1740	6.96308	东北	非东部
6	四川省	2011	140.10	467.4920	7.65096	西部	非东部
7	天津市	2011	174.90	179.6330	7.03062	东部	东部
8	宁夏回族自治区	2011	57.40	70.5910	5.34816	西部	非东部
9	安徽省	2011	267.50	330.2990	7.33307	中部	非东部
10	山东省	2011	614.10	500.2070	8.41984	东部	东部

图 7-2 基本数据格式

区域如果按照"东部沿海省份"和"其他内陆省份"来划分(即 region1),包含 2 个分类,则可构建 2 个区域虚拟变量来描述某省份所处地理区域。此时虚拟变量 D_1 和 D_2 可设定如下:

$$D_1 = \begin{cases} 1, 该省份是东部沿海省份 \\ 0, 该省份是其他内陆省份 \end{cases}, D_2 = \begin{cases} 1, 该省份是其他内陆省份 \\ 0, 该省份是东部沿海省份 \end{cases} \quad (7\text{-}2)$$

使用"nnet"包里的 class.ind 命令来构造虚拟变量,具体命令及窗口结果(图 7-3)如下:
library(nnet)
D=class.ind(X1$region)
head(D)

```
> library(nnet)
> D=class.ind(X1$region1)
> head(D)
     东部 非东部
[1,]   1     0
[2,]   0     1
[3,]   0     1
[4,]   1     0
[5,]   0     1
[6,]   0     1
```

图 7-3 分两类时的虚拟变量

命令展示了前 6 个样本的虚拟变量,此时已经生成了新的虚拟变量数据集 D,包含两个

虚拟变量"东部"和"非东部"。此时,再利用 cbind 命令将生成的虚拟变量数据集加入到原数据集中,并对虚拟变量进行统一命名为 D_1 和 D_2,相关命令和带有虚拟变量的新数据集如下(图 7-4):

X=cbind(X1,D)
Fix(X)

	province	year	invest	fin_expend	lnGDP	region	region1	D1	D2
1	上海市	2011	144.8	391.488	7.55986	东部	东部	1	0
2	云南省	2011	119.2	292.96	6.79045	西部	非东部	0	1
3	内蒙古自治区	2011	395.9	298.921	7.26961	西部	非东部	0	1
4	北京市	2011	213.1	324.523	7.39338	东部	东部	1	0
5	吉林省	2011	101.2	220.174	6.96308	东北	非东部	0	1
6	四川省	2011	140.1	467.492	7.65096	西部	非东部	0	1
7	天津市	2011	174.9	179.633	7.03062	东部	东部	1	0
8	宁夏回族自治区	2011	57.4	70.591	5.34816	西部	非东部	0	1
9	安徽省	2011	267.5	330.299	7.33307	中部	非东部	0	1
10	山东省	2011	614.1	500.207	8.41984	东部	东部	1	0

图 7-4 带有 2 个虚拟变量的新数据集

区域如果按照"东部""中部""西部"和"东北"来划分(即变量 region),则区域虚拟变量包含 4 个分类,就需要构建 4 个虚拟变量来表示该省所属的具体地理区域,虚拟变量可设定为:

$$D_1=\begin{cases}1,该省份属于东部\\0,该省份不属于东部\end{cases} \quad D_2=\begin{cases}1,该省份属于中部\\0,该省份不属于中部\end{cases}$$
$$D_3=\begin{cases}1,该省份属于西部\\0,该省份不属于西部\end{cases} \quad D_4=\begin{cases}1,该省份属于东北\\0,该省份不属于东北\end{cases} \quad (7-3)$$

$D_1=1$ 时表示该省份属于东部;$D_2=1$ 时表示该省份属于东部;$D_3=1$ 时表示该省份属于西部;$D_4=1$ 时表示该省份属于东北。当然,根据排他性原则,对一个省份 D_1、D_2、D_3 和 D_4,只有一个等于 1。

与上述操作类似,在生成虚拟变量后,得到附带虚拟变量的数据集如图 7-5 所示:

	province	year	invest	fin_expend	lnGDP	region	region1	东北	东部	西部	中部
1	上海市	2011	144.80	391.4880	7.55986	东部	东部	0	1	0	0
2	云南省	2011	119.20	292.9600	6.79045	西部	非东部	0	0	1	0
3	内蒙古自治区	2011	395.90	298.9210	7.26961	西部	非东部	0	0	1	0
4	北京市	2011	213.10	324.5230	7.39338	东部	东部	0	1	0	0
5	吉林省	2011	101.20	220.1740	6.96308	东北	非东部	1	0	0	0
6	四川省	2011	140.10	467.4920	7.65096	西部	非东部	0	0	1	0
7	天津市	2011	174.90	179.6330	7.03062	东部	东部	0	1	0	0
8	宁夏回族自治区	2011	57.40	70.5910	5.34816	西部	非东部	0	0	1	0
9	安徽省	2011	267.50	330.2990	7.33307	中部	非东部	0	0	0	1
10	山东省	2011	614.10	500.2070	8.41984	东部	东部	0	1	0	0

图 7-5 带有 4 个虚拟变量的新数据集

案例 7-2

不同行业往往有着不同的污染排放属性和环境规制压力,因此相应的企业也会在环保行为决策上有着不同的表现。例如,造纸业就比一般的金融服务业天然有着更多的污染物排放,也面临着更大的减排压力。因此,在进行企业环保行为或绿色创新等方面的实证研究时,通常需要考虑该企业所处行业带来的影响。此时,将行业分为"重污染行业"和"非重污染行

业"两类,若模型中考虑截距项,则表示"该企业是否属于重污染行业"的虚拟变量可以设定为:

$$D = \begin{cases} 1, \text{该企业属于重污染行业} \\ 0, \text{该企业不属于重污染行业} \end{cases} \quad (7-4)$$

有时我们可能不根据给定的定性因素分类,而是根据具体问题中的一些逻辑判断构造虚拟变量来完成相应的计量分析,此时可以直接用 R 语言中的 ifelse()命令来通过判断直接生成所需的虚拟变量。以案例 7-1 中环境污染治理投资数据为例,在探究时间因素对环境污染治理的影响时,我们需要将样本以 2014 年为分隔点分成两类而非直接按照年份构造虚拟变量,就可以用 ifelse()命令来构造 0-1 分组(图 7-6)。

X1＄S<-ifelse(X1＄year<=2014,1,0)

	province	year	invest	fin_expend	lnGDP	region	region1	S
119	贵州省	2014	170.4	354.2800	6.83156	西部	非东部	1
120	辽宁省	2014	271.5	508.0490	7.95951	东北	东部	1
121	重庆市	2014	168.4	330.4390	7.26281	西部	非东部	1
122	陕西省	2014	285.4	396.2500	7.47817	西部	非东部	1
123	青海省	2014	30.0	134.7630	5.43952	西部	非东部	1
124	黑龙江省	2014	182.1	343.4220	7.31584	东北	非东部	1
125	上海市	2015	220.3	619.1560	7.82897	东部	东部	0
126	云南省	2015	140.8	471.2830	7.21665	西部	非东部	0
127	内蒙古自治区	2015	536.4	425.2960	7.48614	西部	非东部	0
128	北京市	2015	412.5	573.7700	7.74130	东部	东部	0
129	吉林省	2015	110.8	321.7100	7.24873	东北	非东部	0

图 7-6　带有时间段虚拟变量的新数据集

7.2　虚拟解释变量回归

顾名思义,虚拟解释变量回归就是指解释变量(自变量)是虚拟变量的回归。在计量经济学中有两种将虚拟解释变量加入到回归模型中的基本方式,即加法方式和乘法方式,当然也有两种方式同时出现的情况。本节分别简要介绍这两种虚拟解释变量回归方式,并辅以相应的资源环境案例分析。

7.2.1　加法方式

将虚拟解释变量以加法方式引入到回归中的主要影响是改变了模型的截距项,其基本模型是在一般线性回归模型的基础上加上了虚拟变量这一项,模型设定如下:

$$y_t = a_0 + a_1 x_t + a_2 D + u_t \quad (7-5)$$

式中,y_t 为被解释变量;x_t 为解释变量;$(a_0 + a_2 D)$ 为截距项;u_t 为随机误差项。当 D 取 0 时,

截距项为 a_0；当 D 取 1 时，截距项变为 a_0+a_2。

以加法引入虚拟变量的模型主要包括两种情况。

1）模型中仅包含虚拟解释变量

模型中仅包含定性分类解释变量的模型被称为方差分析（analysis of variance, ANOVA）模型，由英国著名统计学家 R. A. Fisher 提出。方差分析的原理就是将不同组均值间的差异分解为组内差异和组间差异这两个不同的来源，并通过对组内方差和组间方差的估计来判断这两种来源在总离散中所占的重要程度。

根据分类解释变量个数的不同，方差分析可以分为单因素方差分析和多因素方差分析。以案例 7-1 提到的地区环境污染治理投资为例，现构建如下单因素方差分析模型：

$$\text{invest}_t = a_0 + a_1 D + u_t \quad (7\text{-}6)$$

当然，可以使用 R 语言中自带的方差分析函数 aov() 来实现方差分析。命令及其结果如下（图 7-7）：

anova = aov(invest~D1, data=X)

summary(anova)

```
> anova <- aov(invest~D1,data=X)
> summary(anova)
             Df  Sum Sq Mean Sq F value   Pr(>F)
D1            1 1350517 1350517   39.12 2.12e-09 ***
Residuals   215 7421952   34521
---
Signif. codes:  0 '***' 0.001 '**' 0.01 '*' 0.05 '.' 0.1 ' ' 1
```

图 7-7 单因素方差分析结果

图 7-7 中 D_1 对应的是组间数据，残差（Residuals）对应的是组内数据，自由度 D_f 分别为 $2-1=1, 217-2=215$，Sum Sq 的两行分别为组间方差和组内方差，Mean Sq 的两行分别为组间均方差和组内均方差，F 值即为组间均方差和组内均方差的比值。能够看到，F 值为 39.12，且在 1% 水平上显著，表明分组是在能够产生统计意义上显著的组间差异，即区域因素能够显著影响地方政府环境污染治理投资。

2）模型中包含虚拟解释变量和定量解释变量

实际问题中更多遇到的是模型中同时包含虚拟解释变量和定量解释变量的情况。以案例 7-1 中地区环境污染治理投资为例，式（7-7）中包含了一个定量解释变量 lnGDP 和一个虚拟解释变量 D_1，用以同时研究经济发展水平和区域因素对环境污染治理投资存在的影响：

$$\text{invest}_t = a_0 + a_1 \ln\text{GDP} + a_2 D_1 + u_t \quad (7\text{-}7)$$

这里选择最经典的 OLS 模型，在 R 语言中进行虚拟变量线性估计用到的命令也是 lm()。相应的命令和结果如下（图 7-8）：

fit <- lm(invest ~ D1 + lnGDP, data = X)

summary(fit)

```
> fit <- lm(invest ~ D1 + lnGDP, data = X)
> summary(fit)
Call:
lm(formula = invest ~ D1 + lnGDP, data = X)

Residuals:
    Min      1Q  Median      3Q     Max
-276.51 -102.21  -30.82   89.97  440.98

Coefficients:
            Estimate Std. Error t value Pr(>|t|)
(Intercept)  -715.80      78.99  -9.062   <2e-16 ***
D1             50.80      22.56   2.251   0.0254 *
lnGDP         132.86      11.10  11.966   <2e-16 ***
---
Signif. codes:  0 '***' 0.001 '**' 0.01 '*' 0.05 '.' 0.1 ' ' 1

Residual standard error: 144.1 on 214 degrees of freedom
Multiple R-squared:  0.4931,	Adjusted R-squared:  0.4884
F-statistic: 104.1 on 2 and 214 DF,  p-value: < 2.2e-16
```

图 7-8　包含虚拟和定量解释变量回归结果

图 7-8 中 Residuals 为残差的 5 个分位数，Coefficients 为最重要的回归系数及其相应参数。能够看到，lnGDP 的系数为 132.86，意味着当 lnGDP 提升 1 个单位时，invest 会平均提升 132.86 个单位；在 1% 的水平上显著为正，表明经济发展水平越高的省份，其环境污染治理投资也会显著提高。虚拟解释变量 D_1 的系数为 50.80，在 5% 的水平上显著为正，表明当 D_1 从 0 变成 1 时，invest 会平均提升 50.80。也就是说，在控制了经济发展水平因素之后，相比其他内陆省份（$D_1=0$），东部沿海省份（$D_1=1$）的环境污染治理投资会平均高 50.80 亿元。由此能够得出结论，相比其他内陆城市，东部沿海省份更加重视对环境污染的治理。

事实上，R 语言自带的 lm() 函数可以自动将字母型的变量转换为因子，因此可以选择先生成虚拟变量再进行回归，也可以直接使用 lm() 将定性分类变量加入到回归中进行自动转换。这里不再赘述，读者可自行尝试。

7.2.2　乘法方式

将虚拟解释变量以乘法方式引入到回归中，即在回归中加入虚拟变量和定量解释变量的交乘项，其基本模型如下：

$$y_t = a_0 + a_1 D \cdot x_i + a_2 x_j + u_t \tag{7-8}$$

由于虚拟变量 D 的存在，解释变量交乘项的系数 a_1 和一般解释变量的系数 a_2 有着不同的含义。当 $D=0$ 时，交乘项也等于 0，此时的回归系数 a_1 无意义，因此，a_1 仅表示当 $D=1$ 时解释变量 x_i 对被解释变量 y_t 的平均影响如何。相反，则表示全部样本的解释变量 x_j 对被解释变量 y_t 的平均影响。

以乘法方式将虚拟解释变量加入到模型中来的常见用法有三种：进行分段估计、检验模型结构变化以及考察变量交互效应。

1. 分段估计

在现实的经济生活中,变量间关系会随着所处水平的不同而发生改变,因此需要用不同的模型去描述这种不同的关系。换句话说,变量间关系有时候需要用分段函数来进行表示。在资源环境相关的研究中,一个常见的案例是废水排污费的收取标准问题。

案例 7-3

为了约束厂商的污染排放行为,环保部门会对工厂的废水排放征收一定的排污费。但在这一过程中,环保部门的收费标准往往不是一成不变的,而是在某条"红线"前后有着显著变化。当废水排放量较低时,每单位废水的收费往往处在一个较低的水平;而当排放量超过某个设定的"红线"后,对每单位废水的收费将会跃升至一个较高的水平,从而减少生产厂商进行过量废水排放的行为。假设废水排放量红线为 $\overline{W}$,则排污费征收额 F 和废水排放量 W 之间的变量关系可用以下模型来描述:

$$F = a_0 + a_1 W + a_2 (W - \overline{W}) \cdot D + u$$

$$D = \begin{cases} 1, W \geqslant \overline{W} \\ 0, W < \overline{W} \end{cases}$$

式中,a_1 为处在较低排放水平时的每单位废水收费;a_2 为较低和较高水平时每单位废水排放收费的差值。通过乘法方式将虚拟变量加入到模型中来,可以使模型设定更为简化和统一。

2. 模型结构变化

我们知道,运动是绝对的,现实生活中事物之间的关系总是在发生动态变化。很多变量间关系会随着时间、空间等定性条件的变化而发生或大或小的变化,这就导致在不同条件下模型可能存在结构变化。然而,这种模型在不同条件下的差异并不一定会导致模型系数在统计意义上的变化。这时,以乘法方式将分类虚拟变量加入到模型中,进而检验相应系数的显著性,就是一种十分方便的检验模型是否存在统计意义上显著的结构变化的方法。

在上面的地方环境污染治理案例中,由于不同区域存在着不同的环境污染治理倾向,经济发展水平和地方环境治理投入之间的变量关系就可能存在着一定的结构变化。要去检验和准确地刻画这种变量关系的结构变化,构造相应的虚拟变量并以乘法方式将其加入到模型中就是一个很好的办法。

模型可设定为:

$$\text{invest} = a_0 + a_1 D_1 + a_2 \ln\text{GDP} + a_3 \ln\text{GDP} \cdot D_1 + u \tag{7-9}$$

相应的命令和结果如下(图 7-9):

```
fit <- lm(invest ~ D1 + lnGDP + D1 * lngdp, data = X)
summary(fit)
```

从图 7-9 中可以看到,D_1 的系数和 $D_1 \times \ln\text{GDP}$ 的系数均在 1‰ 的置信水平上显著,这表明对于东部沿海省份和其他内陆省份而言,地方经济发展水平和环境污染治理投资总额之间的关系存在着明显的结构差异,并且这种差异在统计意义上显著。

第 7 章　虚拟变量回归

```
> fit <- lm(invest ~ D1 + lnGDP + D1*lnGDP, data = X)
> summary(fit)
Call:
lm(formula = invest ~ D1 + lnGDP + D1 * lnGDP, data = X)

Residuals:
    Min      1Q  Median      3Q     Max
-303.66  -88.25  -22.71   68.66  364.25

Coefficients:
            Estimate Std. Error t value Pr(>|t|)
(Intercept)  -469.41      89.60  -5.239 3.87e-07 ***
D1           -820.87     175.37  -4.681 5.08e-06 ***
lnGDP          97.81      12.64   7.737 4.02e-13 ***
D1:lnGDP      114.33      22.83   5.008 1.15e-06 ***
---
Signif. codes:  0 '***' 0.001 '**' 0.01 '*' 0.05 '.' 0.1 ' ' 1

Residual standard error: 136.7 on 213 degrees of freedom
Multiple R-squared:  0.5465,    Adjusted R-squared:  0.5401
F-statistic: 85.56 on 3 and 213 DF,  p-value: < 2.2e-16
```

图 7-9　包含虚拟和定量解释变量回归结果

除了空间因素，另一种可能导致模型出现结构变化的因素是时间因素。由于要探究随时间变化的模型结构变化，因此选择将年份变量为基础构建虚拟变量。假设选择 2014 年为结构变化点，构造虚拟变量及结果（图 7-10）如下：

X＄S<－ifelse(X＄year<＝2014,1,0)

fit<－lm(invest ~ S＋lnGDP＋S * lnGDP,data＝X)

summary(fit)

```
> X$S<-ifelse(X$year<=2014,1,0)
> fit <- lm(invest ~ S + lnGDP+S*lnGDP, data = X)
> summary(fit)
Call:
lm(formula = invest ~ S + lnGDP + S * lnGDP, data = X)

Residuals:
    Min      1Q  Median      3Q     Max
-241.03 -101.05  -31.93   79.00  446.80

Coefficients:
            Estimate Std. Error t value Pr(>|t|)
(Intercept)  -863.07     119.71  -7.209 9.64e-12 ***
S             142.63     154.86   0.921    0.358
lnGDP         154.57      15.87   9.739  < 2e-16 ***
S:lnGDP       -18.28      20.82  -0.878    0.381
---
Signif. codes:  0 '***' 0.001 '**' 0.01 '*' 0.05 '.' 0.1 ' ' 1

Residual standard error: 145.9 on 213 degrees of freedom
Multiple R-squared:  0.4833,    Adjusted R-squared:  0.4761
F-statistic: 66.42 on 3 and 213 DF,  p-value: < 2.2e-16
```

图 7-10　包含虚拟和定量解释变量回归结果

图 7-10 显示虚拟变量 S 和交乘项 $S×\ln GDP$ 的系数并不显著，这表明在 2014 年前后经济发展水平和环境污染治理投资间的关系虽然存在着差异，但这种差异比较微弱，并没有通过显著性检验，故而不存在所谓的模型结构变化。

3. 变量交互效应

在回归模型中,当各解释变量都以加法形式被加入时,其回归结果可以用来描述各解释变量各自对被解释变量存在的影响如何。这一过程暗含着这样的假定,即各变量是相互独立地在影响被解释变量。在现实经济问题中,这一假定有时是不成立的,解释变量 A 可能会影响解释变量 B 对被解释变量的作用。因此,有时我们不仅要讨论解释变量各自的作用,也要考虑不同解释变量的共同作用如何。这种共同作用或者说交互作用,就可以用解释变量交互项的回归结果来描述,并且常常会涉及到分类虚拟变量。

在涉及到虚拟变量的交互效应模型中,既可以是两个虚拟变量的交互,也可以是一个虚拟变量和一个连续变量的交互(这里仅讨论两个变量交互的情景,超过两个变量交互时的情景可以类推)。事实上,图 7-9 展示的是一个典型的虚拟变量(年份虚拟变量 S)和连续变量($\ln GDP$)交互的案例,其中交互项不显著也就表明二者并不存在显著的交互作用,其对被解释变量的影响是相互独立的。下面给出一个两虚拟变量交互的资源环境方面的案例。

案例 7-4

大学生的个人环保意识会受到个人的各种因素影响,包括性别、年龄、受教育背景,等等。在研究大学生消费群体的环保支出意愿如何受其性别和所学专业影响时,虚拟变量设定分别为:

$$G = \begin{cases} 1, 男生 \\ 0, 女生 \end{cases} 和 M = \begin{cases} 1, 资源环境相关专业 \\ 0, 其他无关专业 \end{cases}$$

事实上,鉴于专业属性,男生比女生选择资源环境相关专业的可能性更高,因此这两个虚拟变量并非相互独立,影响个人环保支出意愿时也可能存在相互影响。此时,可以设定如下的模型来考虑二者的交互作用:

$$Expend = a_0 + a_1 G + a_2 M + a_3 G \cdot M + a_4 x_i + u$$

式中,a_1 和 a_2 分别为性别因素和专业背景因素各自对被解释变量的影响如何,交互项系数 a_3 为二者对被解释变量的共同作用;a_4 为其他要考虑的独立解释变量对被解释变量的影响。如表 7-1 所示,当 a_1、a_2 和 a_3 显著性表现不同时,各虚拟解释变量对被解释变量的影响也有不同的情况。

表 7-1 交互作用结果表

a_3	a_1	a_2	变量作用
显著	显著	显著	性别和专业既能单独影响环保支出意愿,也会互相影响
	显著	不显著	性别能影响环保支出意愿,而专业要和性别一起作用才能影响环保支出意愿
	不显著	显著	专业能影响环保支出意愿,而性别要和专业一起作用才能影响环保支出意愿
	不显著	不显著	性别和专业能共同作用影响环保支出意愿
不显著			不存在交互效应,适用一般回归模型

7.3 虚拟被解释变量回归

在计量经济模型中,除了解释变量可以是虚拟变量之外,被解释变量(即因变量)也可以是虚拟变量,这样的回归就被称为虚拟被解释变量回归。一般来说,虚拟被解释变量模型常见于市场学、社会学或心理学等研究中,主要用于分析当研究对象受到不同因素影响时,其某个判断的结果为"是"或者"否"的概率如何,例如在不同条件下某人考试是否会及格?是否会选择购买节能电器?企业是否会选择生产绿色环保产品?由于被解释变量的取值只能为对应于"是"或者"否"的1或0,这样的模型也被称为二值选择模型。二值选择模型中,当解释变量 x 的取值在变化的时候,被解释变量 y 的取值只能为0或1:

$$y_t = a_1 + a_2 x_t + u_t, \quad y_t = 0 \text{ or } 1 \tag{7-10}$$

考虑到被解释变量取值概率变化可能是随着解释变量线性均匀变化的,也可能是非线性变化的,虚拟被解释变量模型可以分为线性概率模型和非线性概率模型两种类型。

7.3.1 线性概率模型

顾名思义,线性概率模型(linear probability model,LPM)简单来说就是被解释变量取某个值的概率随着解释变量发生线性变化的模型。换言之,考虑购买绿色节能冰箱和其价格之间的关系,基本线性概率模型可设定如下:

$$y_t = a_0 + a_1 x_t + u \tag{7-11}$$

式中,被解释变量 y_t 只能取1或0,分别表示"购买"或"不购买";解释变量 x_t 表示其价格,u 为随机误差项。与OLS一样,当随机误差项的期望等于0时,则:

$$E\left(\frac{y_i}{x_i}\right) = a_0 + a_1 x_i \tag{7-12}$$

线性概率模型中,若在价格 x_i 下消费者选择购买节能冰箱的概率是 $p_i(0 \leqslant p_i \leqslant 1)$,则:

$$E\left(\frac{y_i}{x_i}\right) = 1 \cdot p_i + 0 \cdot (1 - p_i) = p_i = a_0 + a_1 x_i \tag{7-13}$$

即被解释变量取1的概率是解释变量的线性函数。尽管线性概率模型的随机误差项并不服从正态分布,但在大样本条件下,使用OLS方法对其进行参数估计所产生的误差可以忽略不计。

线性概率模型存在一系列的局限性。首先,被解释变量取值概率要在0~1内,这就要求解释变量取值也要落在某个范围内,否则只能强制规定小于0的为0和大于1的为1。其次,采用OLS估计无法避免随机误差项的异方差问题,可能需要使用加权最小二乘法(WLS)来消除这一问题。由于这些局限性的存在,线性概率模型往往用于理论分析,而现实经济问题中更常用的是非线性概率模型。

案例7-5

在国家倡导节能减排的政策背景下,很多厂商开始选择生产绿色节能的环境友好型产品,此时市场上消费者对相关产品的购买决策就会成为厂商十分关注的问题。现在市场上有一种绿色节能冰箱,而消费者选择购买绿色节能冰箱与否的主要考虑因素是其价格。在不考

虑其他影响因素的情况下,探究购买绿色节能冰箱价格和消费者购买决策关系的基本线性概率模型可设定如下:

$$y_i = a_0 + a_1 \text{price}_i + u$$

R 语言中运用 OLS 来估计线性概率模型的命令和结果(图 7-11)如下:

fit <- lm(D ~ price, data = X)
summary(fit)

```
> fit <- lm(D ~ price, data = X)
> summary(fit)

Call:
lm(formula = D ~ price, data = X)

Residuals:
     Min       1Q   Median       3Q      Max
-0.64579 -0.18915 -0.00722  0.17471  0.66053

Coefficients:
              Estimate Std. Error t value Pr(>|t|)
(Intercept)  1.2584392  0.0311608   40.38   <2e-16 ***
price       -0.0048623  0.0001795  -27.09   <2e-16 ***
---
Signif. codes:  0 '***' 0.001 '**' 0.01 '*' 0.05 '.' 0.1 ' ' 1

Residual standard error: 0.2692 on 298 degrees of freedom
Multiple R-squared:  0.7113,    Adjusted R-squared:  0.7103
F-statistic: 734.1 on 1 and 298 DF,  p-value: < 2.2e-16
```

图 7-11　线性概率模型的 OLS 回归结果

从图 7-11 中能够看到,price 的回归系数为 -0.0023359,且在 1% 的水平上显著,表明节能冰箱价格与消费者购买决定存在着显著的负相关关系。价格每增加 1 个单位,消费者选择购买此款节能冰箱的概率就下降 0.0023359。保留 4 位小数的条件下,OLS 估计的回归模型为:

$$y_i = 1.324 - 0.002\,\text{price}_i$$

从模型中能看到,只有当 $162 \leqslant \text{price} \leqslant 662$ 时才能保证 y 落在 0~1 之间,而截距项为 $1.324 > 1$。因此,线性概率模型只能规定当 price>662 时 $y=1$,当 0<price<162 时 $y=0$。

7.3.2　非线性概率模型

线性概率模型中要求被解释变量取值概率随着解释变量的变化是线性的,但在现实生活中,这一要求往往是很难实现的。很多时候,当解释变量在不同水平上同样变化一个单位时,其造成被解释变量取值概率的变化往往是不同的。当解释变量改变一个单位,被解释变量取值的概率改变往往是随位置发生变化的,这种模型就是非线性概率模型。例如,假设当节能冰箱价格从 2000 降低到 1000 时,消费者选择购买该产品的可能性会提升 10%,但当价格从 2000 降低到 1900 时,选择购买的可能性提升一般都会小于 10%。

不同于线性概率模型中使用的 OLS 估计,非线性概率模型中使用的是极大似然估计(maximum likelihood estimation,MLE)。与 OLS 估计的统计性质类似,极大似然估计也具有一致性、渐进有效性和渐进正态性,而不同之处在于只有在样本较大时(如 $N>100$),极大似然估计才能够保持其似然估计的性质。

常见的非线性概率模型主要包括 Probit 模型和 Logit 模型(也叫 Logistic 模型),二者的区别主要在于对残差项 μ 的假设。在 Probit 模型中,残差项 μ 服从正态分布,方差为 1。在 Logit 模型中,残差项 μ 服从 Logistic 分布,其方差为 $\pi^2/3$。事实上,在大样本的条件下,Logit 模型和 Probit 模型估计得到的结果非常接近。图 7-12 展示了标准正态分布和 Logistic 分布的累积分布函数(cumulative distribution function,CDF),能够看到在均值附近二者之间的差距接近于 0。

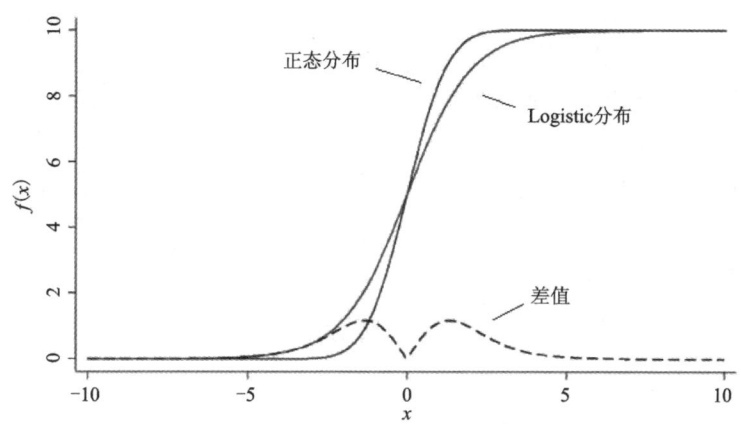

图 7-12 Probit 模型和 Logit 模型的累积分布函数

在 R 语言中,可以利用命令 glm()来估计一系列广义线性模型,其中包括 Probit 模型和 Logit 模型。下面以前面给出的消费者节能产品购买决策为例,分别给出 Probit 模型和 Logit 模型在 R 语言中的实操案例。

案例 7-6

1)Probit 模型

利用 Probit 模型进行估计的命令和相应结果(图 7-13)如下:

probit <− glm(D ~ price, family = binomial(link="probit"), data = X)
summary(probit)

```
> probit <- glm(D ~ price, family = binomial(link="probit"), data = X)
> summary(probit)

Call:
glm(formula = D ~ price, family = binomial(link = "probit"),
    data = X)

Deviance Residuals:
    Min       1Q   Median       3Q      Max
-2.26508  -0.03028   0.00001   0.03070   2.19883

Coefficients:
            Estimate Std. Error z value Pr(>|z|)
(Intercept)  6.970780   0.996577   6.995 2.66e-12 ***
price       -0.044004   0.006213  -7.082 1.42e-12 ***
---
Signif. codes:  0 '***' 0.001 '**' 0.01 '*' 0.05 '.' 0.1 ' ' 1

(Dispersion parameter for binomial family taken to be 1)

    Null deviance: 415.03  on 299  degrees of freedom
Residual deviance:  83.91  on 298  degrees of freedom
AIC: 87.91

Number of Fisher Scoring iterations: 9
```

图 7-13 Probit 模型基本回归结果

回归结果中解释变量 price 的系数为 -0.07692，且在 1% 的水平上显著。其中，AIC 表示赤池信息准则（Akaike information criterion），是衡量统计模型拟合优度的一种标准，由日本统计学家赤池弘次提出。其他常用的信息准则还有 BIC（Bayesian information criterion，贝叶斯信息准则）和 HQIC（Hannan-Quinn information criterion，汉南-奎因信息准则）。不同信息准则只是在模型的复杂程度和估计的准确性之间的权衡有所不同，但都服从信息准则越小模型拟合越好这一原则。另外需要注意的是，极大似然估计时模型使用的是服从正态分布的 z 统计量而非 OLS 中服从 t 分布的 t 统计量。

Probit 模型和 Logit 模型的回归系数只代表着某种相关性而并无实际意义，通常需要进一步去计算解释变量对被解释变量的边际效应。在 R 语言中，安装了"mfx"程序包之后可以使用其中的 probitmfx() 命令来估计 Probit 模型中解释变量的边际效应。响应的命令和结果（图 7-14）如下：

library(mfx)

logitmfx(D~price, atmean=F, data = X)

```
> library(mfx)
> probitmfx(D~price, atmean=F, data = X)
Call:
probitmfx(formula = D ~ price, data = X, atmean = F)

Marginal Effects:
            dF/dx     Std. Err.           z      P>|z|
price -3.3333e-03  3.8962e-12  -855536185  < 2.2e-16 ***
---
Signif. codes:  0 '***' 0.001 '**' 0.01 '*' 0.05 '.' 0.1 ' ' 1
```

图 7-14　Probit 模型平均边际效应结果

2）Logit 模型

利用 Logit 模型进行估计的命令与相应结果（图 7-15）如下：

logit<-glm(D ~ price, family = binomial(link="logit"), data = X)

summary(logit)

```
> logit <- glm(D ~ price, family = binomial(link="logit"), data = X)
> summary(logit)
Call:
glm(formula = D ~ price, family = binomial(link = "logit"), data = X)

Deviance Residuals:
    Min       1Q   Median       3Q      Max
-2.27106  -0.07822   0.00442   0.07822   2.20795

Coefficients:
            Estimate Std. Error z value Pr(>|z|)
(Intercept) 12.19205    1.88575   6.465 1.01e-10 ***
price       -0.07692    0.01177  -6.536 6.30e-11 ***
---
Signif. codes:  0 '***' 0.001 '**' 0.01 '*' 0.05 '.' 0.1 ' ' 1

(Dispersion parameter for binomial family taken to be 1)

    Null deviance: 415.035  on 299  degrees of freedom
Residual deviance:  85.531  on 298  degrees of freedom
AIC: 89.531

Number of Fisher Scoring iterations: 8
```

图 7-15　Logit 模型基本回归结果

进一步地,利用 logitmfx() 命令来估计 Logit 模型中解释变量的边际效应。结果(图 7-16)如下:

```
> library(mfx)
> logitmfx(D~price, atmean=F, data = X)
Call:
logitmfx(formula = D ~ price, data = X, atmean = F)

Marginal Effects:
           dF/dx   Std. Err.      z    P>|z|
price -0.0033333  0.0010198 -3.2686 0.001081 **
---
Signif. codes:  0 '***' 0.001 '**' 0.01 '*' 0.05 '.' 0.1 ' ' 1
```

图 7-16 Logit 模型平均边际效应结果

其中解释变量 price 的平均边际效应为 -0.0033,且通过了 1% 的显著性检验。能够看到,在样本量足够大的情况下,Logit 模型和 Probit 模型的估计结果是比较接近的。当然,实际问题中的选择还要考虑残差项的分布更倾向于正态分布还是 Logistic 分布。

7.4 本章小结

本章主要介绍了涉及虚拟变量的计量回归模型,主要包括虚拟解释变量回归和虚拟被解释变量回归两大类。本章的主要知识点如下:

(1)虚拟变量是指人为构造的用于描述定性因素的变量,一般取 0 或 1。

(2)当某个定性因素有 N 个相斥的分类时,在有截距项的模型中需加入 $N-1$ 个虚拟变量,而在无截距项的模型中则需要加入 N 个虚拟变量。

(3)虚拟解释变量加入模型的形式包括加法形式和乘法形式,其中加法形式可用于分析虚拟变量对被解释变量的单独影响;乘法形式可用于分析变量的交互作用。

(4)虚拟被解释变量加入模型时,由于其取值只能为 1 或 0,因此其条件期望实际上是其在某个解释变量条件下取 1 的条件概率。

(5)线性概率模型同样可以用 OLS 估计,但由于固有的局限性往往用于理论分析。

(6)在现实问题中常用的是非线性概率模型,主要包括残差服从正态分布的 Probit 模型和残差服从 Logistic 分布的 Logit 模型。与线性概率模型不同,非线性概率模型使用极大似然估计。

在资源环境的相关研究中,常常会遇到一些定性因素,而要在定量模型中考虑定性因素与其他因素之间的关系,就需要构建虚拟变量将其加入到模型中。本章在理论介绍的基础上提供了一些生动的资源环境经济学案例,希望能够为初学者提供一些指导和启发。

习题

1.结合本章学习内容,说明什么是虚拟变量,并进一步指出虚拟变量在模型中有什么作用。

2.虚拟变量回归是指模型中包含虚拟变量的回归,主要包括哪几种类型?

3. 虚拟变量有哪几种引入方式？它们分别适用什么情况？

4. 请说明什么情况下会造成虚拟变量陷阱？

5. 线性概率模型(linear probability model, LPM)简单来说就是被解释变量取某个值的概率随着解释变量发生线性变化的模型。根据所学说明线性概率模型有什么局限性。

6. 简要说明非线性概率模型有哪些以及这些模型之间的区别。

7. 请结合所学知识说明引入虚拟变量有什么作用。

8. 下表为湖北省1978—2008年能源消耗总量(发电煤计算法)数据。

年份	能源消耗总量/$\times 10^4$ t 标准煤	年份	能源消耗总量/$\times 10^4$ t 标准煤	年份	能源消耗总量/$\times 10^4$ t 标准煤
1978	755.57	1990	1742.48	2002	1461.12
1979	641.81	1991	1548.52	2003	1948.37
1980	652.74	1992	1629.22	2004	3569.15
1981	725.65	1993	1732.04	2005	4369.93
1982	931.8	1994	1816.63	2006	3838.33
1983	1139	1995	2139.48	2007	4115.37
1984	1250	1996	2174.17	2008	5335.98
1985	1352.42	1997	2074.69		
1986	1322.29	1998	1990.98		
1987	1468.05	1999	1415.57		
1988	1677.34	2000	1612.32		
1989	1874.8	2001	1816.72		

注：资源来源于EPS数据平台。

(1) 请画出湖北省1978—2008年能源消费总量的时间序列图形。

(2) 请结合本章知识建立关于湖北省能源消耗总量的计量经济模型。

9. 下表是我国2007—2016年国内生产总值及资源储量统计数据。

年份	国内生产总值/亿元	石油储量/$\times 10^4$ t	天然气储量/$\times 10^8$ m^3
2007	270092.3237	283253.77	32123.63
2008	319244.6128	289043	34049.62
2009	348517.7437	294919.8	37074.2
2010	412119.2558	317435.3	37793.2
2011	487940.1805	323967.9	40206.4

续表

年份	国内生产总值/亿元	石油储量/$\times 10^4$ t	天然气储量/$\times 10^8$ m³
2012	538579.9535	333258.33	43789.88
2013	592963.2295	336732.81	46428.84
2014	643563.1045	343335	49451.78
2015	688858.218	349610.7	51939.5
2016	746395.0595	350120.3	54365.46

(1) 运用所学的统计学知识，对石油储量和天然气储量进行方差分析，计算组间方差、组内方差。

(2) 运用虚拟变量的计量方法，对石油储量和天然气储量两组数据进行方差分析。

(3) 对已进行的分析结果进行比较，你能得出什么有趣的发现？

10. 众所周知，气候变化是人类面临的全球性问题，随着二氧化碳的排放，温室气体猛增，对生命系统构成了严重威胁，因此全国各地都更加重视环境问题，更加关注地区二氧化碳排放量的控制。请结合下表全国各行政区2019年二氧化碳排放量进行相关分析。

行政区	二氧化碳排放量/$\times 10^4$ t	行政区	二氧化碳排放量/$\times 10^4$ t
北京	11346.20722	河南	52648.96015
天津	19553.84788	湖北	38025.71255
河北	94675.37401	湖南	31551.03684
山西	109167.4329	广东	68060.98656
内蒙古自治区	105297.109	广西壮族自治区	26336.39453
辽宁	83309.43583	海南	7585.210246
吉林	24062.09429	重庆	15456.71462
黑龙江	36288.89751	四川	33248.90009
上海	27060.5347	贵州	27973.95309
江苏	86992.70152	云南	24994.39416
浙江	46589.32511	陕西	53667.75246
安徽	42506.5816	甘肃	21152.63809
福建	32069.68292	青海	5924.272938
江西	23981.36395	宁夏回族自治区	30686.16139
山东	150828.4585	新疆维吾尔自治区	60879.6775

注：数据由8种主要化石能源消费折算得到，化石能源数据来自中国能源数据库。

请结合所学的虚拟变量的知识,构建恰当的模型对我国二氧化碳排放量数据进行分析。(提示:将全国各地区分为东部地区、中部地区、西部地区、东北地区,考虑二氧化碳排放量在各地区的变化。)

11. 随着全球人口急剧增长及经济的快速发展,过量使用的化石燃料导致全球气候变化,进而使得经济、社会发展受阻及粮食短缺。这些问题在全世界范围内得到密切关注,并要求相关部门采取量化、监测等措施帮助减少温室气体的排放。研究人类活动和人口数量对二氧化碳排放量的影响对发展低碳循环经济、实现土地利用碳减排、促进土地低碳可持续利用具有重要的现实意义。从《湖北省统计年鉴》中选取湖北省1997—2016年的建设用地面积和碳排放总量作为样本。

年份	建设用地面积$/\times 10^4 \mathrm{hm}^2$	碳排放总量$/\times 10^4 \mathrm{t}$
1997	121.74	2855.57
1998	122.25	2894.40
1999	123.71	3190.45
2000	125.54	3534.40
2001	128.14	3993.93
2002	133.52	4491.08
2003	134.44	4541.40
2004	135.54	4701.30
2005	136.8	5136.12
2006	137.8	5361.42
2007	139.66	5366.06
2008	140.04	4237.77
2009	142.78	4921.59
2010	146.35	5594.11
2011	152.47	7303.29
2012	158.34	8139.07
2013	163.16	9760.57
2014	166.77	10825.05
2015	169.6	11810.29
2016	171.65	12430.21

(1)请分别设定模型表示建设用地面积随时间变化以及碳排放总量随时间变化的计量经济模型。

(2)比较你所设定模型的结果,你能从中得出什么样的结论?

12.联系所学的专业选择一个包含属性变量的实际问题进行研究,通过可操作性的实际研究复习所学知识,设定一个虚拟变量的计量经济模型,搜集数据进行估计和检验,根据研究结果,你能得到什么有意义的结果?

第8章 时间序列模型

8.1 伪回归与平稳性检验

8.1.1 平稳时间序列

对于计量经济学问题,我们在分析时常需要对其先做一些基本假设。在经典时间序列建模分析中,通常的建模技术假定时间序列数据是平稳的。平稳的基本思想是:时间序列的行为不随时间而改变。根据不同的平稳性定义,平稳时间序列分为严平稳时间序列与宽平稳时间序列。

1. 严平稳时间序列

严平稳时间序列是指随机序列的联合概率分布函数具有对时间推移不变的性质,也称强平稳序列。如果时间序列 $\{x_t\}$,对于时间 t 的任意 n 个值 $t_1 < t_2 < \cdots < t_n$,序列中的随机变量 x_{t_1+k},x_{t_2+k},$\cdots$,x_{t_n+k} 联合分布与任意正整数 k 无关,即:

$$F_{t_1,t_2,\cdots,t_n}(x_{t_1},x_{t_2},\cdots,x_{t_n}) = F_{t_1+k,t_2+k,\cdots,t_n+k}(x_{t_1+k},x_{t_2+k},\cdots,x_{t_n+k}) \tag{8-1}$$

则序列 $\{x_t\}$ 为严平稳序列。

2. 宽平稳时间序列

宽平稳时间序列认为序列的统计特性主要由低阶矩决定,所以只要保证序列的低阶矩(二阶矩)平稳,其统计特性就不会随时间而变化。如果时间序列 $\{x_t\}$ 具有有穷的二阶矩,且满足如下三个条件:

(1)任取 $t \in T$,则 $E(x_t^2) < \infty$;

(2)任取 $t \in T$,则 $E(x_t) = C$,C 为常数;

(3)任取 $m,n,k \in T$,且 $k+n-m \in T$,则 $\gamma(m,n) = \gamma(k,k+n-m)$,则可以认为序列 $\{x_t\}$ 为宽平稳序列或弱平稳序列。

宽平稳序列放宽了条件,一般时间序列分析所研究的都是宽平稳序列。

8.1.2 随机过程

所谓随机过程,就是随机现象的动态变化过程。部分随机现象用一个随机变量就可以表示,如某路段一天的人流量、某单位一天的耗电量。还有一些随机现象需要若干个随机变量刻画,如某机器一天的运行情况(产量、次品率、耗电量等)。更有一些随机现象需要考虑到其动态变化的过程,如企业某一年的年利率 R 是一个随机变量,若考虑该企业的年利率随时间变化的过程,$\{R_t\}$ 即为一个随机过程。

一般地,若对于每一特定的 $t(t \in T)$,x_t 为一个随机变量,则称这一簇随机变量 $\{x_t\}$ 为一个随机过程。其中,若 T 为连续区间,则 $\{x_t\}$ 为连续型随机过程,若 T 为一离散集合,则 $\{x_t\}$ 为离散型随机过程。经济分析中常用的时间序列数据都是离散型随机过程,通常被称为随机型时间序列,简称时间序列。

对于简单的随机时间序列 $\{x_t\}$,若满足:

$$x_t = \mu_t, \mu_t \sim N(0,\sigma^2) \tag{8-2}$$

即该序列是一个具有零均值同方差的独立分布序列,那么,随机时间序列 $\{x_t\}$ 被称为是一个白噪声,白噪声序列是常见的平稳随机时间序列。

另一个常见的随机时间序列是随机游走序列,该序列的生成过程即为随机游走过程,也被称为一个单位根过程。若随机时间序列 $\{x_t\}$ 满足:

$$x_t = x_{t-1} + \mu_t, \mu_t \sim N(0,\sigma^2) \tag{8-3}$$

根据残差 μ_t 为一个均值为 0、方差为 σ^2 的白噪声过程,那么对于序列的均值,易得 $E(x_t) = E(x_{t-1})$。对于该序列的方差,可假定随机时间序列 $\{x_t\}$ 的初值为一个常数 x_0,那么:

$$\begin{cases} x_1 = x_0 + \mu_1 \\ x_2 = x_1 + \mu_2 = x_0 + \mu_1 + \mu_2 \\ \cdots\cdots \\ x_t = x_0 + \mu_1 + \mu_2 + \cdots + \mu_t \end{cases} \tag{8-4}$$

易得 $Var(x_t) = t\sigma^2$,这意味着序列 $\{x_t\}$ 的方差随时间的推移而变化,因此,随机游走序列是一个非平稳的时间序列。

从上述定义可以得到,含一个单位根的过程 $\{x_t\}$ 的一阶差分:

$$\Delta x_t = x_t - x_{t-1} = \mu_t \tag{8-5}$$

为一个平稳过程,这种通过一次差分后变平稳的序列被称为一阶单整序列,记作 $\{x_t\} \sim I(1)$。一个序列如果经过二次差分后才变成平稳序列,则称为二阶单整序列,记作 $\{x_t\} \sim I(2)$。若序列 $\{x_t\}$ 经过 $d-1$ 次差分后表现不平稳,但 d 次差分后平稳,那么该序列被称为 d 阶单整序列,记作 $\{x_t\} \sim I(d)$。

8.1.3 伪回归

实际上,很多经济时间序列都是非平稳的,采用非平稳时间序列建立经典计量经济学结构模型,很容易产生伪回归,也称为虚假回归。1974 年,Granger 和 Newbold 进行了非平稳序列的模拟试验。首先,拟合两个随机游走序列:

$$x_t = x_{t-1} + \mu_t, \mu_t \sim N(0,\sigma_\mu^2) \tag{8-6}$$

$$y_t = y_{t-1} + v_t, v_t \sim N(0,\sigma_v^2) \tag{8-7}$$

式中残差满足 $Cov(\mu_t, v_s) = 0, \forall t, s \in T$。

其次,构建时间序列 $\{y_t\}$ 关于 $\{x_t\}$ 的简单回归模型 $y_t = \beta_0 + \beta_1 x_t + \varepsilon_t$,对该模型的参数进行显著性检验

$$H_0: \beta_1 = 0 \leftrightarrow H_1: \beta_1 \neq 0 \tag{8-8}$$

由于 $\{y_t\}$ 和 $\{x_t\}$ 是两个独立的随机游走序列，理论上二者之间不存在显著的相关关系，因此，模型的检验结果应接受原假设 $\beta_1 = 0$ 的假定。如果检验结果显著接受备择假设 $\beta_1 \neq 0$，那么就会犯第一类错误，也称为拒真错误。

我们通常使用 t 统计量对参数进行显著性检验：

$$t = \frac{\beta_1}{\sigma_\beta} \tag{8-9}$$

当序列 $\{y_t\}$ 和 $\{x_t\}$ 都表现平稳时，该统计量服从自由度为 n（样本容量）的 t 分布。若 $|t| \leqslant t_{\frac{\alpha}{2}}(n)$，则犯拒真错误的概率可以被控制在显著性水平 α 以内。

当序列 $\{y_t\}$ 和 $\{x_t\}$ 不平稳时，统计量 $t = \frac{\beta_1}{\sigma_\beta}$ 将不再服从 t 分布，此时，样本分布的方差远远大于 t 分布的方差。若继续采用 t 分布的临界值检验参数的显著性，拒真错误的概率会远远超过 α，从而产生伪回归问题。

Granger 和 Newbold 通过大量的随机拟合得到显示拒真概率为 75%。这一发现表明非平稳时间序列即使在经济意义上不存在显著相关关系，也能在统计上显示出较强相关性。

8.1.4 平稳性检验

1. 平稳性的图示判断

对于某个随机时间序列，可以通过该序列的时序图和自相关图初步判断其平稳性。根据平稳时间序列的统计性质，其时序图应该显示为围绕一个常数上下随机波动的过程，且波动范围是有界的。若一个序列的时序图显示出明显的周期特征或呈现明显的趋势（上涨或下降），那么该序列通常为非平稳时间序列。

案例 8-1

以 1994 年 1 月至 2018 年 3 月的世界石油总供给量序列为例，我们可以在 R 语言中输入如下指令绘制时序图。

>data=read.table("E:/R/data/石油总供给量.csv",sep=",",header=T)
>World.oil.supply=ts(data$World_oil_supply,start=c(1994,1),frequency=12)
>plot(World.oil.supply,ylab="world oil supply/thousand barrels",xlab="Time")

时序图 8-1 显示出世界石油总供给量呈现明显递增趋势，所以可以判断它为非平稳时间序列。

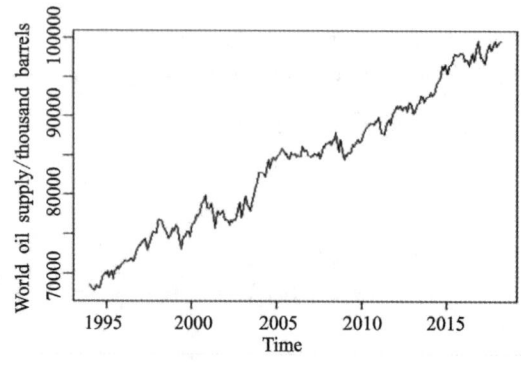

图 8-1 世界石油总供给量序列时序图

绘制 1994 年 1 月至 2018 年 3 月的欧洲石油总供给量序列的时序图。

时序图 8-2 显示出欧洲石油总供给量呈现明显递减趋势,所以可以判断它为非平稳时间序列。

Europe.oil.supply=ts(data＄Europe_oil_supply,start=c(1994.1),frequency=12)
plot(Europe.oil.supply,ylab="Europe oil supply/thousand barrels",xlab="Time")

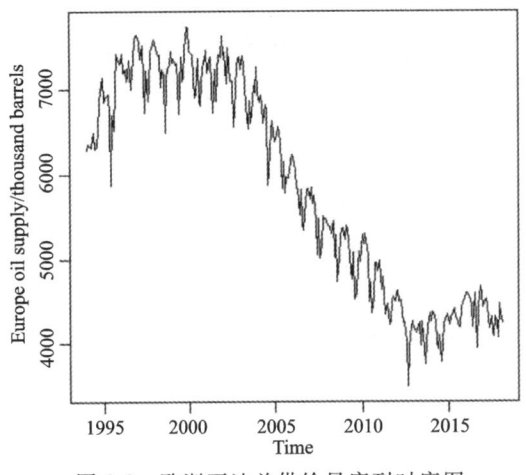

图 8-2 欧洲石油总供给量序列时序图

案例 8-2

环境空气污染物的种类有很多,在全国空气质量的总体情况有好转的背景下,我们通过分析拉萨空气中一氧化碳(CO)含量数据,探究拉萨空气质量现状。以 2013 年 12 月至 2021 年 7 月的空气中一氧化碳(CO)含量时序作为研究对象,绘制其时序图。

＞data=read.table("E:/R/data/拉萨空气质量.csv",sep=",",header=T)

＞CO=ts(data＄CO,start=c(2013,12),frequency=12)

＞plot(CO,ylab="CO/％",xlab="Time")

时序图 8-3 显示出拉萨空气中一氧化碳含量始终在 0.6 附近随机波动,没有发现明显的趋势或周期,可以基本判断为平稳序列。

另一种判断时间序列数据平稳性的图示法是绘制自相关图。对于随机时间序列,它的自相关函数(ACF)可以表示为:

$$\rho_k = \frac{\gamma_k}{\gamma_0} \tag{8-10}$$

式中,γ_k 为序列滞后 k 期的协方差;γ_0 为方差。这表明自相关函数(ACF)是关于滞后期 k 的递减函数。那么对于时间序列的样本自相关函数则可以定义为:

$$r_k = \frac{\sum_{t=1}^{n-k}(x_t - \bar{x})(x_{t+k} - \bar{x})}{\sum_{t=1}^{n}(x_t - \bar{x})^2}, k = 1, 2, 3, \cdots \tag{8-11}$$

随着延迟期数 k 的增加,样本自相关函数会下降且趋于 0。事实上,平稳的时间序列通常

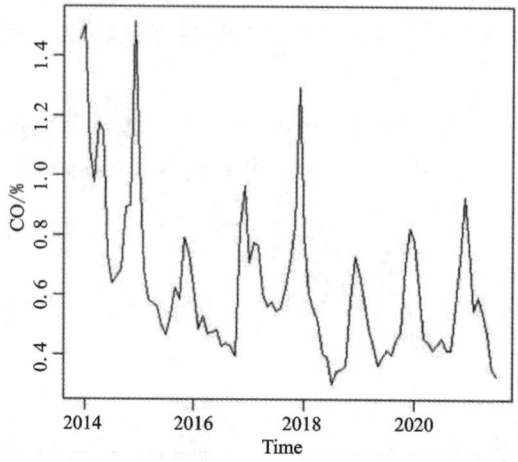

图 8-3 拉萨空气中一氧化碳含量序列时序图

具有短期相关性,这意味着对于平稳的时间序列,其自相关系数会很快地衰减向零,而对于非平稳序列,其自相关系数衰减向零的速度较慢。由此,我们可以通过平稳时间序列的这一性质,绘制序列的自相关图,从而判断其平稳性。

案例 8-3

以 1994 年 1 月至 2018 年 3 月的世界石油总供给量序列为例,我们可以在 R 语言中输入如下指令绘制自相关图。

>data=read.table("E:/R/data/石油总供给量.csv",sep=",",header=T)
>World.oil.supply=ts(data$World_oil_supply,start=c(1994,1),frequency=12)
>acf(World.oil.supply)

图 8-4 显示出世界石油总供给量序列的自相关系数衰减向零的速度相当缓慢,这是具有单调趋势的非平稳时间序列的一种典型的自相关图表现。

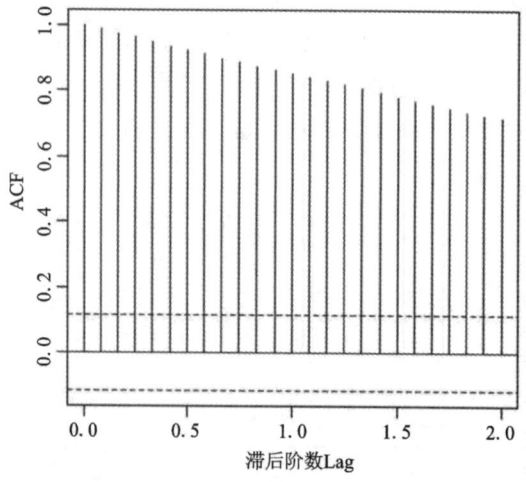

图 8-4 世界石油总供给量序列自相关图

绘制 1994 年 1 月至 2018 年 3 月的欧洲石油总供给量序列的自相关图。图 8-5 中欧洲石油总供给量序列的自相关系数衰减向零的速度表现更慢，这与前面提到的这种具有单调趋势的非平稳时间序列的自相关图特征一致。

>data＝read.table("E:/R/data/石油总供给量.csv",sep＝",",header＝T)
>Europe.oil.supply＝ts(data＄Europe_oil_supply,start＝c(1994.1),frequency＝12)
>acf(Europe.oil.supply)

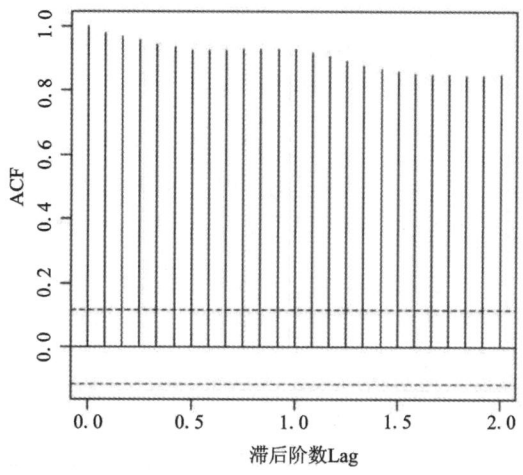

图 8-5　欧洲石油总供给量序列自相关图

案例 8-4

绘制拉萨 2013 年 12 月至 2021 年 7 月的空气中一氧化碳（CO）含量时序的自相关图。
>data＝read.table("E:/R/data/拉萨空气质量.csv",sep＝",",header＝T)
>CO＝ts(data＄CO,start＝c(2013,12),frequency＝12)
>acf(CO)

图 8-6 显示拉萨空气中一氧化碳含量序列的自相关系数在 0 附近波动并逐渐收敛于 0。因此，初步判断该时间序列表现平稳。

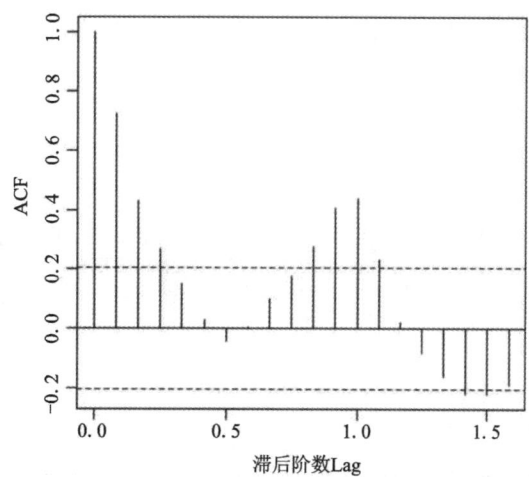

图 8-6　拉萨空气中一氧化碳（CO）含量序列自相关图

2. 平稳性的单位根检验

前面介绍的通过图示判断来检测时间序列的平稳性带有很强的主观色彩,实验结果可能并不准确,因此需要进一步通过统计检验进行判别。

假设数据序列由如下自回归模型生成:

$$y_t = \gamma y_{t-1} + \varepsilon_t, \varepsilon_t \sim N(0,\sigma^2) \tag{8-12}$$

显然,$\gamma = 1$ 时,序列 $\{y_t\}$ 为一个随机游走序列,也称为随机变量 y_t 有一个单位根。根据前面的介绍,随机游走序列是一种典型的非平稳的时间序列。因此,要判断某时间序列是否表现平稳,可通过式(8-12)判断它是否有单位根。这就是时间序列平稳性的单位根检验。检验的原假设即 $H_0: \gamma = 1$,该回归系数的 OLS 估计为:

$$\hat{\gamma} = \frac{\sum y_{t-1} y_t}{\sum y_{t-1}^2} \tag{8-13}$$

对序列进行 t 检验:

$$t = \frac{\hat{\gamma} - \gamma}{\hat{\sigma}_{\hat{\gamma}}} \tag{8-14}$$

在原假设成立时,t 统计量为:

$$t = \frac{\hat{\gamma} - 1}{\hat{\sigma}_{\hat{\gamma}}} \tag{8-15}$$

1976 年,Dickey 和 Fuller 研究发现:原假设成立的条件下,该统计量不再服从传统的 t 分布,因此,采用 t 检验不再有效。Dickey 和 Fuller 提出,该 t 统计量的极限分布存在,称为 Dickey-Fuller 分布(DF 分布),根据这一分布所作的检验称为 DF 检验。在进行 DF 检验时,比较 t 统计量值与 DF 检验临界值,就可在某个显著性水平上判断序列是否存在单位根。

(1) t 统计量值<DF 检验临界值,那么拒绝原假设 $H_0: \gamma = 1$,说明该序列不存在单位根,即为平稳序列。

(2) t 统计量值≥DF 检验临界值,那么接受原假设 $H_0: \gamma = 1$,说明该序列存在单位根,即为非平稳序列。

然而,DF 检验假设残差项 ε_t 是白噪声,但在实际检验过程中,残差项可能存在自相关,这样可能使得 DF 检验无效。对此,为保证这一检验的有效性,扩展 DF 检验,形成 ADF 检验(Augmented Dickey-Fuller test),由如下三种类型完成:

$$y_t = \gamma y_{t-1} + \mu_t \tag{8-16}$$

$$y_t = \alpha + \gamma y_{t-1} + \mu_t \tag{8-17}$$

$$y_t = \alpha + \beta t + \gamma y_{t-1} + \mu_t \tag{8-18}$$

式中,μ_t 为一个一般的平稳过程的残差项。当其存在自相关性时,ADF 检验的模型中将引入 $\Delta y_{t-i}(i=1,2,\cdots,p)$ 消除自相关性,保证残差项是白噪声,此时,ADF 检验的三个模型为如下形式:

$$y_t = \gamma y_{t-1} + \sum_{i=1}^{p} \alpha_i \Delta y_{t-i} + \varepsilon_t \tag{8-19}$$

$$y_t = \alpha + \gamma y_{t-1} + \sum_{i=1}^{p} \alpha_i \Delta y_{t-i} + \varepsilon_t \tag{8-20}$$

$$y_t = \alpha + \beta t + \gamma y_{t-1} + \sum_{i=1}^{p} \alpha_i \Delta y_{t-i} + \varepsilon_t \tag{8-21}$$

在 R 语言中，tseries 程序包中的 adf.test 函数可用于上述平稳性检验。在用 library 函数调用 tseries 程序包之前，首先需要下载该程序包。adf.test 函数的命令格式为 adf.test(x,k)，其中 x 为待检测序列，k 为延迟阶数。

(1) k 设置为 0 时，进行 DF 检验。

(2) k 为整数且大于 0 时，进行 ADF 检验，一般建议滞后阶 k 不超过 $(\text{length}(x)-1)\wedge(1/3)$。

案例 8-5

以 1994 年 1 月至 2018 年 3 月的世界石油总供给量序列为例，我们可以在 R 语言中输入如下指令进行平稳性检验（图 8-7）：

```
>library(tseries)
>data=read.table("E:/R/data/石油总供给量.csv",sep=",",header=T)
>World.oil.supply=ts(data$World_oil_supply,start=c(1994,1),frequency=12)
>adf.test(World.oil.supply)
```

```
    Augmented Dickey-Fuller Test

data:  World.oil.supply
Dickey-Fuller = -3.2662, Lag order = 6, p-value = 0.07719
alternative hypothesis: stationary
```

图 8-7 原始序列平稳性检验

对上述世界石油总供给量序列一阶差分后的序列进行平稳性检验。

一阶差分运算：

```
>dWorld.oil.supply=diff(World.oil.supply)
```

对一阶差分序列进行平稳性检验（图 8-8）：

```
>adf.test(dWorld.oil.supply)
```

```
    Augmented Dickey-Fuller Test

data:  dWorld.oil.supply
Dickey-Fuller = -7.5071, Lag order = 6, p-value = 0.01
alternative hypothesis: stationary
```

图 8-8 一阶差分序列平稳性检验

上述结果显示，世界石油总供给量序列在显著性水平为 5% 时，P 值高于显著性水平，因此不能拒绝原假设 H_0：序列存在单位根。在前面的随机过程中，通常可对序列进行差分处理使其变得平稳，结果表明，通过一阶差分，该序列的 P 值小于 5%，因此可以认为，世界石油总供给量序列为非平稳序列，但经过一阶差分后变为平稳序列。

案例 8-6

以拉萨 2013 年 12 月至 2021 年 7 月空气中一氧化碳（CO）含量时序为例，检验序列平稳性。

```
>data=read.table("E:/R/data/拉萨空气质量.csv",sep=",",header=T)
>CO=ts(data$CO,start=c(2013,12),frequency=12)
>adf.test(CO)
```

检验结果表明(图 8-9),拉萨空气中一氧化碳(CO)含量时序在 5%的显著性水平下为平稳序列。

```
Augmented Dickey-Fuller Test

data: CO
Dickey-Fuller = -4.9547, Lag order = 4, p-value = 0.01
alternative hypothesis: stationary
```

图 8-9　CO 含量序列平稳性检验

8.2　协整

8.2.1　协整概念

在现实生活中,某些序列可能本身是非平稳的,然而序列与序列之间却具有长期均衡关系。这正是协整的思想,即多个非平稳序列的某个线性组合是平稳的,那么这几个时间序列之间是协整的。根据 1987 年 Engle 和 Granger 提出的协整概念,对于解释变量序列 $\{x_1\}$,$\{x_2\}$,…,$\{x_k\}$ 和被解释变量 $\{y_t\}$,构造如下模型:

$$y_t = \beta_0 + \sum_{i=1}^{k} \beta_i x_{it} + \varepsilon_t \tag{8-22}$$

若残差序列 $\{\varepsilon_t\}$ 平稳,则可以称解释变量序列 $\{x_1\}$,$\{x_2\}$,…,$\{x_k\}$ 和被解释变量 $\{y_t\}$ 之间存在协整关系。此外,前面介绍的伪回归之所以会产生,是因为残差序列不平稳,这意味着几个非平稳的序列之间如果存在协整关系,就不会产生伪回归问题。

8.2.2　协整检验

协整检验主要有 EG 两步法和 JJ 检验,本书主要介绍 EG 两步法,其实质是对解释变量和被解释变量建立 OLS 回归,通过检验回归残差的平稳性判断序列之间是否存在协整关系。

协整检验前提:一般要求序列为同阶单整,但如果变量个数多于两个,可放宽条件为被解释变量的单整阶数不应高于任一个解释变量的单整阶数,且若存在解释变量的单整阶数高于被解释变量的单整阶数,则这样的解释变量必须存在至少两个。

案例 8-7

近年来,贵金属的经济和金融属性,在实践和学术界都受到了相当大的关注。特别是黄金和白银,作为硬通货的代表,不仅是全球投资者广泛使用的投资工具,还能通过其价格变动和交易量反映全球经济动态。在近年复杂的经济形势下,黄金和白银市场波动加剧,由于二者的性质相近,用途相似,所以自古以来人们就将黄金和白银市场联系在一起。

投资者一直在试图确定他们所考虑的投资工具的未来状态和价格,为了确定影响投资工具价格的变量以及这些变量之间的关系,发展了各种计量模型。为探究黄金和白银期货价格之间是否存在长期均衡关系,我们采用 2008 年 1 月至 2021 年 7 月黄金和白银期货收盘价,借助 R 语言工具,对其进行 EG 检验。

导入数据并检测黄金价格平稳性(图 8-10):

```
>data=read.table("E:/R/data/贵金属期货月数据.csv",sep=",",header=T)
>gold=ts(data$黄金,start=c(2008,1),frequency=12)
>silver=ts(data$白银,start=c(2008,1),frequency=12)
>adf.test(gold)
```

```
        Augmented Dickey-Fuller Test

data:  gold
Dickey-Fuller = -1.7077, Lag order = 5, p-value = 0.6983
alternative hypothesis: stationary
```

图 8-10　黄金价格平稳性检验

检测黄金价格一阶差分平稳性(图 8-11):

```
>adf.test(diff(gold))
```

```
        Augmented Dickey-Fuller Test

data:  dgold
Dickey-Fuller = -4.4013, Lag order = 5, p-value = 0.01
alternative hypothesis: stationary
```

图 8-11　黄金价格一阶差分平稳性检验

检测白银价格平稳性(图 8-12):

```
>adf.test(silver)
```

```
        Augmented Dickey-Fuller Test

data:  silver
Dickey-Fuller = -1.7296, Lag order = 5, p-value = 0.6891
alternative hypothesis: stationary
```

图 8-12　白银价格平稳性检验

检测白银价格一阶差分平稳性(图 8-13):

```
>adf.test(diff(silver))
```

```
        Augmented Dickey-Fuller Test

data:  dsilver
Dickey-Fuller = -4.6421, Lag order = 5, p-value = 0.01
alternative hypothesis: stationary
```

图 8-13　白银价格一阶差分平稳性检验

对两个同阶单整（$\{gold_t\} \sim I(1), \{silver_t\} \sim I(1)$）做 OLS 回归（图 8-14）：

>fit＝lm(gold～silver)

>summary(fit)

```
Call:
lm(formula = gold ~ silver)

Residuals:
    Min      1Q  Median      3Q     Max
-533.83 -108.45   11.66   95.80  537.12

Coefficients:
             Estimate Std. Error t value Pr(>|t|)
(Intercept)  838.874     50.214   16.71   <2e-16 ***
silver        25.748      2.325   11.08   <2e-16 ***
---
Signif. codes:  0 '***' 0.001 '**' 0.01 '*' 0.05 '.' 0.1 ' ' 1

Residual standard error: 205.2 on 161 degrees of freedom
Multiple R-squared:  0.4325,    Adjusted R-squared:  0.4289
F-statistic: 122.7 on 1 and 161 DF,  p-value: < 2.2e-16
```

图 8-14　OLS 回归结果

检验回归残差的平稳性（图 8-15）：

>resid＝ts(fit $ residual)

>adf.test(resid)

```
        Augmented Dickey-Fuller Test

data:  resid
Dickey-Fuller = -3.8125, Lag order = 5, p-value = 0.02015
alternative hypothesis: stationary
```

图 8-15　回归残差平稳性检验

步骤 1：对黄金和白银期货收盘价进行平稳性检验，ADF 检验结果表明黄金和白银序列的 P 值都显著高于显著性水平 5%，即二者均为非平稳序列。

步骤 2：对黄金和白银序列进行一阶差分处理，ADF 检验结果表明二者的一阶差分序列均为平稳序列，这意味着黄金和白银序列都是一阶单整序列。由于二者表现为同阶单整，可以对其进行协整检验。

步骤 3：对同阶单整序列黄金和白银做 OLS 回归，并检验回归残差的平稳性。检验结果显示，在 5% 的显著性水平下，回归残差序列表现平稳，这意味着黄金和白银期货收盘价之间存在协整关系，二者之间的长期均衡关系可以由如下回归模型表示：

$$gold_t = 838.874 + 25.748\, silver_t$$

8.2.3　误差修正模型

协整模型用于描述变量之间的长期均衡关系，误差修正模型（ECM 模型）则可以补充解释序列之间的短期波动关系。对于两个非平稳的序列 $\{y_t\}$ 和 $\{x_t\}$，若二者之间存在协整，则回归模型为：
$$y_t = \beta x_t + \varepsilon_t \tag{8-23}$$
式中，残差序列表现平稳，即 $\varepsilon_t = y_t - \beta x_t \sim I(0)$。

在式(8-23)两边同时减去 y_{t-1}：
$$y_t - y_{t-1} = \beta x_t - y_{t-1} + \varepsilon_t \tag{8-24}$$

将 $y_{t-1} = \beta x_{t-1} + \varepsilon_{t-1}$ 代入式(8-24)中：
$$y_t - y_{t-1} = \beta x_t - \beta x_{t-1} - \varepsilon_{t-1} + \varepsilon_t \tag{8-25}$$

假定系数 β 的 OLS 估计为 $\hat{\beta}$，那么 $\hat{\varepsilon}_{t-1} = y_{t-1} - \hat{\beta} x_{t-1}$ 即代表上一期的误差，记作 ECM_{t-1}，由此引入如下 ECM 模型衡量上一期误差对当期波动的影响：
$$\nabla y_t = \beta_0 \nabla x_t + \beta_1 \text{ECM}_{t-1} + \varepsilon_t \tag{8-26}$$

式中，β_1 为误差修正系数，衡量 ECM_{t-1}（误差修正项）对 ∇y_t（当期波动）的修正力度。值得注意的是，误差修正系数为负，这也意味着误差修正机制为负反馈机制。

案例 8-8

我们进一步对 2008 年 1 月至 2021 年 7 月黄金和白银期货收盘价序列构造 ECM 模型，分析二者之间的短期波动关系，R 语言代码及分析结果（图 8-16）如下：

```
>ECM=fit$residual[1:162]
>fitECM=lm(diff(gold)~0+diff(silver)+ECM)
>summary(fitECM)
```

```
Call:
lm(formula = diff(gold) ~ 0 + diff(silver) + ECM)

Residuals:
    Min      1Q  Median      3Q     Max
-116.110 -24.034   3.383  29.299 177.806

Coefficients:
            Estimate Std. Error t value Pr(>|t|)
diff(silver) 20.75539    1.52836  13.580   <2e-16 ***
ECM          -0.02900    0.01834  -1.581    0.116
---
Signif. codes:  0 '***' 0.001 '**' 0.01 '*' 0.05 '.' 0.1 ' ' 1

Residual standard error: 47.38 on 160 degrees of freedom
Multiple R-squared:  0.5366,    Adjusted R-squared:  0.5308
F-statistic: 92.64 on 2 and 160 DF,  p-value: < 2.2e-16
```

图 8-16 ECM 修正结果

在案例 8-7 OLS 回归的基础上，提取除最后一期以外的回归残差序列，对黄金当期波动与白银当期波动和上一期误差之间进行 OLS 回归拟合，根据上述结果，黄金和白银期货收盘价序列之间的误差修正模型为：
$$\nabla \text{gold}_t = 20.75539 \, \nabla \text{silver}_t - 0.029 \, \text{ECM}_{t-1}$$

这意味着，白银期货收盘价的当期波动对黄金期货收盘价的当期波动的影响很大，每升高 1 单位的白银价格，会增加 20.75539 个单位的黄金价格，但误差修正项对黄金价格当期波动的调整幅度较小，单位调整比例为 -0.029，而且这一系数在 5% 的显著性水平下没有通过。

8.3 格兰杰因果关系检验

8.3.1 格兰杰因果关系

前面介绍的协整可以说明序列之间的长期关系,而格兰杰因果检验可以补充考察序列之间的因果关系。这里的因果关系指的是,如果序列 $\{x_t\}$ 是序列 $\{y_t\}$ 变化的原因,那么序列 $\{x_t\}$ 应该先于序列 $\{y_t\}$ 变化,且 $\{x_t\}$ 的前期变化有助于解释 $\{y_t\}$ 的变化。如果序列 $\{x_t\}$ 是序列 $\{y_t\}$ 变化的原因,那么:

$$y_t = \sum_{i=1}^{s} \alpha_i y_{t-i} + \mu_{1t} \tag{8-27}$$

$$y_t = \sum_{i=1}^{s} \alpha_i y_{t-i} + \sum_{i=1}^{m} \beta_i x_{t-i} + \mu_{2t} \tag{8-28}$$

无约束回归[式(8-28)]相比有约束回归[式(8-27)]应该显著提高回归模型的解释能力,若没有提高回归模型的解释能力,则序列 $\{x_t\}$ 不是序列 $\{y_t\}$ 的格兰杰原因。

8.3.2 格兰杰因果检验

根据上述格兰杰因果关系的定义,检验序列 $\{x_t\}$ 是序列 $\{y_t\}$ 的格兰杰原因的零假设为 $H_0: \beta_1 = \beta_2 = \cdots = \beta_m = 0$,即不存在从 x 到 y 的格兰杰原因。其实质是检验 x 滞后变量的回归参数的显著性,这一检验可以通过如下 F 统计量完成:

$$F = \left(\frac{\text{RSS}_R - \text{RSS}_U}{m}\right) \Big/ \left(\frac{\text{RSS}_U}{n-(s+m)}\right) \tag{8-29}$$

式中,RSS_R 和 RSS_U 分别为有约束回归[式(8-27)]和无约束回归[式(8-28)]的残差平方和。在零假设成立的条件下,检验统计量 $F \sim F[m, n-(s+m)]$,在显著性水平 α 下,若 $F > F_\alpha[m, n-(s+m)]$,表明拒绝零假设,这意味着接收变量 x 是变量 y 的格兰杰原因。值得注意的是,格兰杰因果检验要求数据平稳。

案例 8-9

当前关于空气质量的相关预测工作,主要依赖于气象预测、数值模拟以及过往经验相结合的方式进行,这一方式需耗费大量资金,运行的成本较高。空气质量状况的检测可以通过探究空气污染物之间的关系进行初步的分析。

一氧化碳(CO)作为空气质量的重要指标之一,其化学性质较为稳定,且源排放较为单一,与其他空气污染物相比,更有助于方便监测预报空气质量。我们以武汉市空气情况为例,通过检验 2013 年 12 月至 2021 年 7 月武汉市空气质量指标(AQI)和空气中一氧化碳含量(CO)的格兰杰因果关系,初步探索检测空气中 CO 含量变化是否有助于预测空气质量变化,为提高空气质量的预测技术提供参考。

导入数据并检验 AQI 数据平稳性(图 8-17):

```
>data=read.table("E:/R/data/武汉市空气质量.csv",sep=",",header=T)
>AQI=ts(data$AQI,start=c(2013,12),frequency=12)
```

> adf.test(AQI)

```
        Augmented Dickey-Fuller Test

data:  AQI
Dickey-Fuller = -4.9456, Lag order = 4, p-value = 0.01
alternative hypothesis: stationary
```

图 8-17　AQI 数据平稳性检测

检测 CO 数据平稳性（图 8-18）：
> CO=ts(data $ CO, start=c(2013,12), frequency=12)
> adf.test(CO)

```
        Augmented Dickey-Fuller Test

data:  CO
Dickey-Fuller = -6.4514, Lag order = 4, p-value = 0.01
alternative hypothesis: stationary
```

图 8-18　CO 数据平稳性检测

检验 AQI 与 CO 的格兰杰因果关系（图 8-19）：
> library(NlinTS)
> model1 = causality.test (AQI, CO, 2)
> model1 $ summary ()

```
--------------------
    Test summary
--------------------
The lag parameter: p = 2
The Granger causality Index: GCI = 0.213682
The value of the F-test: 10.1247
The p_value of the F-test: 0.000113752
The critical value with 5% of risk:: 3.105
```

图 8-19　AQI 与 CO 的格兰杰因果关系

检测 CO 与 AQI 的格兰杰因果关系（图 8-20）：
> model2 = causality.test (CO, AQI, 2)
> model2 $ summary ()

```
--------------------
    Test summary
--------------------
The lag parameter: p = 2
The Granger causality Index: GCI = 0.0991982
The value of the F-test: 4.43212
The p_value of the F-test: 0.0147587
The critical value with 5% of risk:: 3.105
```

图 8-20　CO 与 AQI 的格兰杰因果关系

步骤 1：格兰杰因果检验要求数据平稳，据此，首先通过 ADF 检验检测数据的平稳性，结果显示空气质量指标 AQI 和一氧化碳含量序列在 5% 的显著性水平下皆表现为平稳序列。

步骤 2：在 R 语言中，可以通过调用 NlinTS 程序包，使用 causality.test 函数检验序列之间的格兰杰因果关系，这一检验的原假设为待检测序列 2 不是待检测序列 1 的格兰杰原因，指令为 causality.test(ts1, ts2, lag)，其中 ts1 为待检测序列 1；ts2 为待检测序列 2；lag 为滞后阶数。

上述结果表明，在 5% 的显著性水平下，一方面显著拒绝原假设"空气中一氧化碳含量不是空气质量的格兰杰原因"（$p=8.79531\times10^{-5}$），另一方面也拒绝原假设"空气质量不是空气中一氧化碳含量的格兰杰原因"（$p=0.0154961$）。这意味着武汉市空气质量和一氧化碳（CO）含量之间存在双向的格兰杰因果关系。

8.4 ARIMA 模型

许多非平稳的序列经过差分后会变得平稳，这种差分平稳序列可以使用求和自回归移动平均模型(ARIMA 模型)对其进行拟合，ARIMA 模型的实质就是差分运算与如下自回归移动平均模型(ARMA 模型)的组合：

$$\begin{cases} x_t = \varphi_0 + \varphi_1 x_{t-1} + \cdots + \varphi_p x_{t-p} + \varepsilon_t - \theta_1 \varepsilon_{t-1} - \cdots - \theta_q \varepsilon_q \\ \varphi_p \neq 0, \theta_q \neq 0 \\ E(\varepsilon_t) = 0, \mathrm{Var}(\varepsilon_t) = \sigma_\varepsilon^2, E(\varepsilon_t \varepsilon_s) = 0, s \neq t \\ E(x_s \varepsilon_t) = 0, \forall s < t \end{cases} \quad (8\text{-}30)$$

若 $\varphi_0 = 0$，则为中心化 ARMA(p, q) 模型，可简写为：

$$x_t = \varphi_1 x_{t-1} + \cdots + \varphi_p x_{t-p} + \varepsilon_t - \theta_1 \varepsilon_{t-1} - \cdots - \theta_q \varepsilon_q \quad (8\text{-}31)$$

引入延迟算子，ARMA(p, q) 模型可记作：

$$\Phi(B) x_t = \Theta(B) \varepsilon_t \quad (8\text{-}32)$$

式中，$\Phi(B) = 1 - \varphi_1 B - \cdots - \varphi_p B^p$ 为 p 阶自回归系数多项式，$\Theta(B) = 1 - \theta_1 B - \cdots - \theta_q B^q$ 为 q 阶移动平均系数多项式。

(1) 当 $p=0$ 时，ARMA(p, q) 模型即退化为 MA(q) 模型，被称作 q 阶移动平均模型。

(2) 当 $q=0$ 时，ARMA(p, q) 模型即退化为 AR(p) 模型，被称作 p 阶自回归模型。

据此，ARIMA 模型的结构如下：

$$\begin{cases} \Phi(B) \nabla^d x_t = \Theta(B) \varepsilon_t \\ E(\varepsilon_t) = 0, \mathrm{Var}(\varepsilon_t) = \sigma_\varepsilon^2, E(\varepsilon_t \varepsilon_s) = 0, s \neq t \\ E(x_s \varepsilon_t) = 0, \forall s < t \end{cases} \quad (8\text{-}33)$$

式中，$\nabla^d = (1-B)^d$，$\Phi(B) = 1 - \varphi_1 B - \cdots - \varphi_p B^p$ 为平稳可逆 ARMA(p, q) 模型的 p 阶自回归系数多项式，$\Theta(B) = 1 - \theta_1 B - \cdots - \theta_q B^q$ 为平稳可逆 ARMA(p, q) 模型的 q 阶移动平均系数多项式。易知，当 $d=0$ 时，ARIMA(p, d, q) 模型即退化为 ARMA(p, q) 模型。

在 R 语言中，可以通过自相关图和偏自相关图判断滞后阶 p 和 q 的取值，规律见表 8-1。

第8章 时间序列模型

表 8-1 滞后阶的取值依据

模型	自相关系数	偏自相关系数
AR(p)	拖尾	p 阶截尾
MA(q)	q 阶截尾	拖尾
ARMA(p,q)	拖尾	拖尾

对时间序列进行 ARIMA 建模的指令过程通过如下案例演示。

案例 8-10

原油价格变动受到世界各国重视,不仅关系到大量产业的生产成本变动,其他商品市场也会受到溢出影响,从而使得金融体系、实体经济受到冲击。影响油价的不确定因素很多,且各因素之间的相互作用错综复杂,因此,难以彻底厘清影响油价变动的机理。然而,原油期货价格的变动过程必然存在规律,我们基于 ARIMA 模型研究 2008 年 1 月至 2021 年 7 月的 WTI 原油期货收盘价序列,这对于我们理解原油价格波动特征、探索其价格变化的规律具有重要意义。

数据预处理(取对数,绘制时序图,如图 8-21 所示):

```
>data=read.table("E:/R/data/原油期货数据.csv",sep=",",header=T)
>head(data)
>WTI=ts(data$WTI原油,start=c(2008,1),frequency=12)
>lnwti=log(WTI)
>plot(lnwti)
```

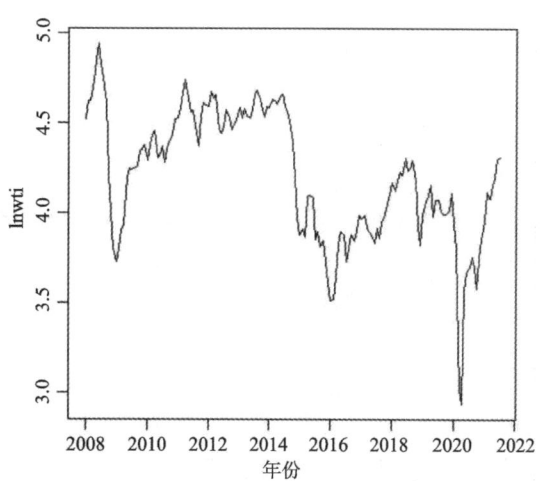

图 8-21 WTI 原油期货收盘价的对数序列时序图

绘制一阶差分序列的时序图、自相关图和偏自相关图(图 8-22~图 8-24):

```
>plot(diff(lnwti))
>acf(diff(lnwti))
>pacf(diff(lnwti))
```

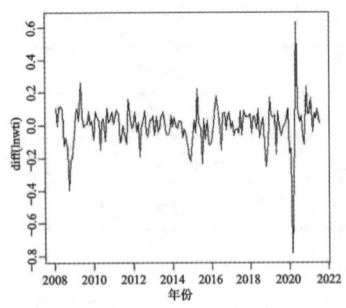 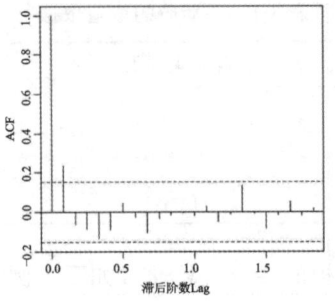 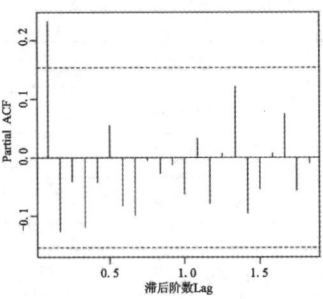

图 8-22　差分后序列时序图　　图 8-23　差分后序列自相关图　　图 8-24　差分后序列偏自相关图

拟合 ARIMA(1,1,1)模型（图 8-25）：
>fit＝arima(lnwti,order＝c(1,1,1))
>summary(fit)

```
Call:
arima(x = lnWTI, order = c(1, 1, 1))

Coefficients:
         ar1     ma1
      -0.1357  0.4002
s.e.   0.2554  0.2347

sigma^2 estimated as 0.01449:  log likelihood = 113.07,  aic = -220.13
```

图 8-25　拟合结果

检验残差序列是否为白噪声（图 8-26）：
>for(i in 1:2) print(Box.test(fit$residual,lag＝6*i))

```
        Box-Pierce test

data:   fit1$residuals
X-squared = 4.029, df = 6, p-value = 0.6728


        Box-Pierce test

data:   fit1$residuals
X-squared = 5.9517, df = 12, p-value = 0.9185
```

图 8-26　白噪声检验结果

步骤 1:对数序列的时序图（图 8-21）显示出明显的线性趋势,表现为非平稳时间序列,因此需要对数据进行预处理,一般可以通过对序列差分使其平稳。

步骤 2:R 语言中可以通过 diff 函数对序列进行差分,其指令为 diff(x, lag＝,differences＝),其中,x 为待差分的序列;lag 为差分的步长,若不指定则默认为 1;differences 为差分次数,若不指定则默认为 1。

p 阶差分是指对 $p-1$ 阶差分后的序列再进行一次差分,即 $\nabla^p x_t = \nabla^{p-1} x_t - \nabla^{p-1} x_{t-1}$, k 步差分为相距 k 期的两个序列之间的差值,即 $\nabla_k x_t = x_t - x_{t-k}$。常见的差分指令有:

(1) 1 阶差分 diff(x)。

(2) 2 阶差分 diff(x,1,2)。

(3) p 阶差分 diff(x,1,p)。

(4) k 步差分 diff(x,k,1),也可简写为 diff(x,d)。

采用 diff 函数对 WTI 原油期货收盘价进行一阶差分后,该序列的时序图(图 8-22)表现为围绕均值上下波动,且其自相关图 8-23 显示除了延迟 1 阶的自相关系数以外,其他阶数的自相关系数均在 2 倍的标准差范围之内,并很快衰减到 0,因此,可以认为 1 阶差分序列平稳。

步骤 3:通过综合考虑该差分序列的自相关图和偏自相关图,可以发现二者都呈现明显的拖尾特征,因此,可以尝试对原序列采用 ARIMA(1,1,1) 模型进行拟合,拟合结果为:

$$\text{lnwti}_t = 1.1357 \text{lnwti}_{t-1} - 0.1357 \text{lnwti}_{t-2} + \varepsilon_t + 0.4002 \varepsilon_{t-1}$$

最后采用 R 语言中的 Box.test 函数对回归残差序列进行白噪声检验,结果支持残差为白噪声序列,这意味着该回归模型是显著的。

案例 8-11

黄金在 2008 年的次贷危机中表现突出,这一特殊的贵金属一直以来就是国际市场上重要的避险工具,黄金储备在维持或影响汇率水平、稳定国民经济、抑制通货膨胀等方面有着特殊的作用。对此,我们基于 ARIMA 模型,对 2008 年 1 月至 2021 年 7 月的黄金期货收盘价的变化规律进行深入探究。

数据预处理(绘制时序图,如图 8-27 所示):

```
>data=read.table("E:/R/data/黄金-美元指数期货月数据.csv",sep=",",header=T)
>head(data)
>gold=ts(data$黄金,start=c(2008,1),frequency=12)
>plot(gold,ylab="黄金/(美元/盎司)",xlab="年份")
```

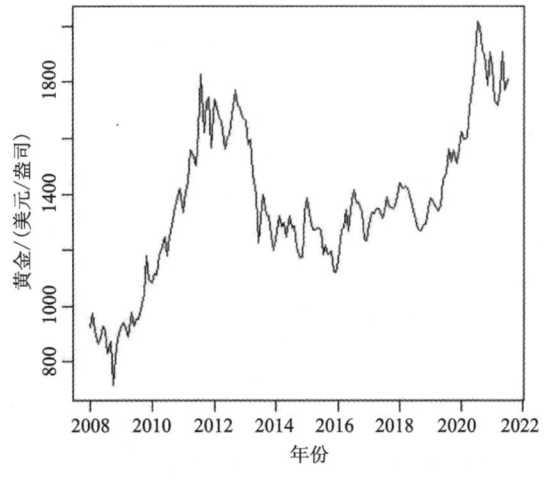

图 8-27 黄金期货收盘价序列时序图

绘制一阶差分序列的时序图、自相关图和偏自相关图(图 8-28～图 8-30)：

>plot(diff(gold))

>acf(diff(gold))

>pacf(diff(gold))

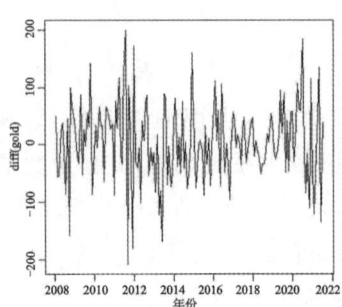
图 8-28　案例 8-11 差分后序列时序图

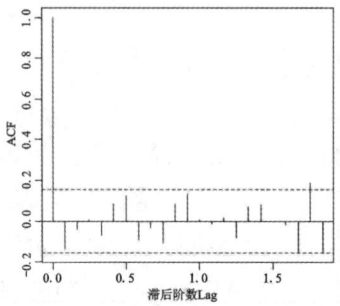
图 8-29　案例 8-11 差分序列自相关图

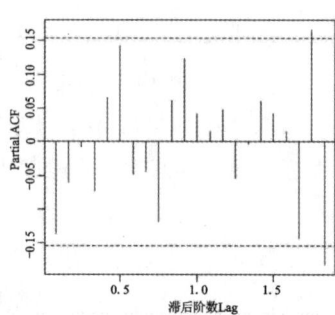
图 8-30　案例 8-11 差分序列偏自相关图

检验序列拟合情况(图 8-31)：

>library(forecast)

>fit=auto.arima(gold)

>summary(fit)

```
Series: gold
ARIMA(0,1,1)

Coefficients:
          ma1
       -0.1410
s.e.    0.0802

sigma^2 = 4725:  log likelihood = -914.69
AIC=1833.37   AICc=1833.45   BIC=1839.55
```

图 8-31　案例 8-11 序列拟合结果

检验残差序列是否为白噪声(图 8-32)：

>for(i in 1:2) print(Box.test(fit$residual,lag=6*i))

```
        Box-Pierce test

data:   fit$residuals
X-squared = 4.8527, df = 6, p-value = 0.5628


        Box-Pierce test

data:   fit$residuals
X-squared = 13.064, df = 12, p-value = 0.3644
```

图 8-32　案例 8-11 白噪声检验结果

序列的时序图(图 8-27)显示原始序列表现为非平稳时间序列,1 阶差分后,该序列的时序图(图 8-28)表现为围绕均值上下波动,结合其自相关图(图 8-29)可以认为黄金期货收盘价 1 阶差分后的序列表现平稳。考虑到该差分序列的自相关图和偏自相关图呈现明显的拖尾特征,且无法明显定阶,我们这里调用 forecast 程序包,采用自动定阶函数 auto.arima 拟合序列,拟合结果为:

$$\text{gold}_t = \text{gold}_{t-1} + \varepsilon_t - 0.141\varepsilon_{t-1}$$

此外,最后对回归残差序列进行白噪声检验,结果支持残差为白噪声序列,这意味着该回归模型是显著的。

8.5 GARCH 模型

资源环境领域的金融数据常表现出如下特征:序列的波动在大部分时段表现平稳,在部分时段波动持续偏大或偏小,这种动态波动的特征被称为波动集群。序列的波动可以用方差来描述,集群效应意味着时间序列的条件方差会随着时间而变动。基于方差齐性的分析模型无法刻画这一特征,本节介绍一种广泛采用的异方差处理方法——条件异方差模型。

自回归条件异方差模型(ARCH 模型)也被称为条件异方差模型,构造原理为:假设回归残差序列具有异方差,即 $\text{Var}(\varepsilon_t) = h_t$,这一异方差也等价于残差平方的均值,即 $E(\varepsilon_t^2) = h_t$,在正态分布的假定条件下有 $\varepsilon_t/\sqrt{h_t} \sim N(0,1)$。那么,可以通过残差序列的自相关系数 $\rho_k = \frac{\text{Cov}(\varepsilon_t^2, \varepsilon_{t-k}^2)}{\text{Var}(\varepsilon_t^2)}$ 探究异方差函数的自相关性。若存在某个自相关系数非零,那么,可以通过构造具有如下结构的 ARCH(q) 模型提取残差平方序列中的信息,从而描述这一异方差波动的特征:

$$\begin{cases} x_t = f(t, x_{t-1}, x_{t-2}, \cdots) + \varepsilon_t \\ \varepsilon_t = \sqrt{h_t}\, e_t \\ h_t = \omega + \sum_{j=1}^{q} \lambda_j \varepsilon_{t-j}^2 \end{cases} \quad (8\text{-}34)$$

式中,$x_t = f(t, x_{t-1}, x_{t-2}, \cdots) + \varepsilon_t$ 代表序列的水平信息,$h_t = E(\varepsilon_t^2) = \omega + \sum_{j=1}^{q} \lambda_j \varepsilon_{t-j}^2$ 代表序列的波动信息。上述 ARCH 模型通过残差平方序列的 q 阶移动平均回归拟合异方差函数,考虑到移动平均模型的自相关系数具有 q 阶截尾的特征,这意味着 ARCH 模型只适用于拟合具有短期自相关特征的异方差函数。为修正这一限制,1985 年,Bollerslov 提出了如下广义自回归条件异方差模型,即 GARCH(p,q) 模型:

$$\begin{cases} x_t = f(t, x_{t-1}, x_{t-2}, \cdots) + \varepsilon_t \\ \varepsilon_t = \sqrt{h_t}\, e_t \\ h_t = \omega + \sum_{i=1}^{p} \eta_i h_{t-i} + \sum_{j=1}^{q} \lambda_j \varepsilon_{t-j}^2 \end{cases} \quad (8\text{-}35)$$

由此可知,GARCH 模型的实质是在 ARCH 模型的基础上增加了异方差函数的 p 阶自相关性,因此,当 p 值为零时,GARCH 模型就简化为 ARCH(q) 模型。

值得注意的是,拟合 GARCH 模型之前需进行 ARCH 检验,也称为异方差检验。只有具有 ARCH 效应,才能拟合上述 GARCH 模型,在 R 语言中,可以通过对残差平方序列进行纯随机性检验来判断序列是否具有 ARCH 效应,指令由如下案例演示。

案例 8-12

绿色市政债的发展为绿色投资提供了巨大机会,不仅能方便地方政府融资,还能促进资金向绿色产业流动。我国目前尚未发展绿色市政债,绿色发展作为我国的五大发展理念之一,积极探索适应我国国情的绿色市政债,对于未来健康发展这一债券具有重要意义。借鉴美国的经验,我们借助 R 语言这一工具,对 2014 年 6 月 30 日至 2021 年 5 月 14 日的美国绿色市政债券指数进行分析。

导入数据,并绘制序列时序图(图 8-33):

```
>data=read.table("E:/R/data/标普美国市政绿色债券指数.csv",sep=",",header=T)
>Green.Bond=ts(data$Green.Bond.Index,start=c(2014,6,30),frequency=365)
>plot(Green.Bond)
```

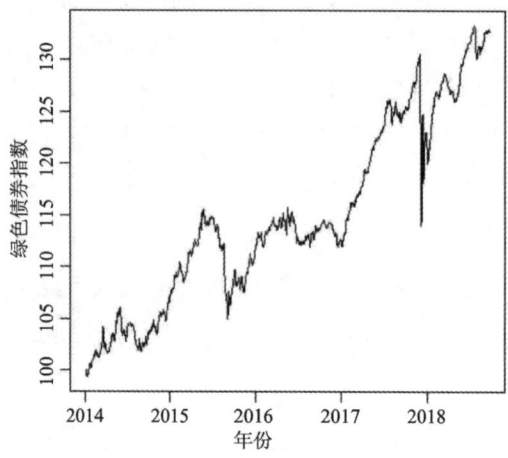

图 8-33 市政绿色债券指数序列时序图

一阶差分序列性质(图 8-34～图 8-36):

```
>plot(diff(Green.Bond))
>acf(diff(Green.Bond))
>pacf(diff(Green.Bond))
>for(i in 1:2) print(Box.test(diff(Green.Bond),lag=6*i))
```

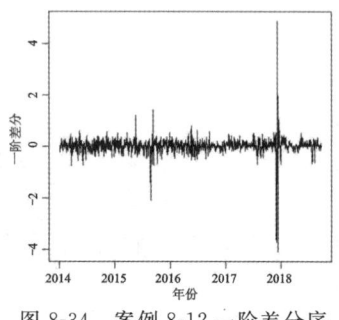
图 8-34 案例 8-12 一阶差分序列时序图

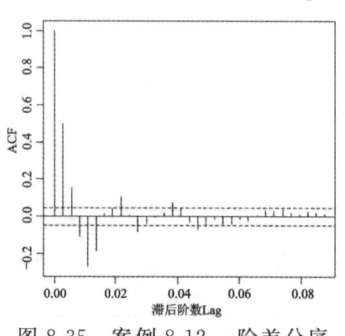
图 8-35 案例 8-12 一阶差分序列自相关图

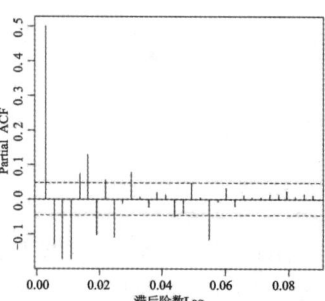
图 8-36 案例 8-12 一阶差分序列偏自相关图

提取水平信息(图 8-37):

>library(forecast)

>fit1=auto.arima(Green.Bond)

>summary(fit1)

```
Series: Green.Bond
ARIMA(4,1,4) with drift

Coefficients:
          ar1      ar2     ar3      ar4     ma1     ma2     ma3     ma4    drift
       -0.2691  -0.2092  0.0222  -0.5472  0.8055  0.6160  0.2343  0.3994  0.0191
s.e.    0.0665   0.0545  0.0617   0.0385  0.0700  0.0756  0.0784  0.0428  0.0097

sigma^2 = 0.06946:  log likelihood = -142.72
AIC=305.44   AICc=305.57   BIC=359.94
```

图 8-37 案例 8-12 水平信息提取结果

残差白噪声检验(图 8-38):

>for(i in 1:6) print(Box.test(fit1 $ residual,type="Ljung－Box",lag=i))

```
        Box-Ljung test

data:   fit2$residuals
X-squared = 0.0058225, df = 1, p-value = 0.9392


        Box-Ljung test

data:   fit2$residuals
X-squared = 0.21885, df = 2, p-value = 0.8964


        Box-Ljung test

data:   fit2$residuals
X-squared = 1.0781, df = 3, p-value = 0.7824


        Box-Ljung test

data:   fit2$residuals
X-squared = 1.6528, df = 4, p-value = 0.7993


        Box-Ljung test

data:   fit2$residuals
X-squared = 2.2589, df = 5, p-value = 0.8123


        Box-Ljung test

data:   fit2$residuals
X-squared = 2.3378, df = 6, p-value = 0.8862
```

图 8-38 案例 8-12 白噪声检验结果

异方差检验(图 8-39):
>for(i in 1:6) print(Box.test(fit1 $ residual^2,type="Ljung-Box",lag=i))

```
        Box-Ljung test

data:   fit2$residuals * 2
X-squared = 0.0058225, df = 1, p-value = 0.9392


        Box-Ljung test

data:   fit2$residuals * 2
X-squared = 0.21885, df = 2, p-value = 0.8964


        Box-Ljung test

data:   fit2$residuals * 2
X-squared = 1.0781, df = 3, p-value = 0.7824


        Box-Ljung test

data:   fit2$residuals * 2
X-squared = 1.6528, df = 4, p-value = 0.7993


        Box-Ljung test

data:   fit2$residuals * 2
X-squared = 2.2589, df = 5, p-value = 0.8123


        Box-Ljung test

data:   fit2$residuals * 2
X-squared = 2.3378, df = 6, p-value = 0.8862
```

图 8-39 案例 8-12 异方差检验结果

提取波动信息,拟合 GARCH(1,1)模型(图 8-40):
>library(tseries)
>fit2=garch(fit1 $ residual,order=c(1,1))
>summary(fit2)

```
Call:
garch(x = fit2$residuals, order = c(1, 1))

Model:
GARCH(1,1)

Residuals:
     Min       1Q   Median       3Q      Max
-7.27706 -0.53078  0.04479  0.60380  5.77313

Coefficient(s):
    Estimate  Std. Error  t value Pr(>|t|)
a0 0.0022982   0.0003911    5.876 4.21e-09 ***
a1 0.1940303   0.0166708   11.639  < 2e-16 ***
b1 0.7626530   0.0190067   40.125  < 2e-16 ***
---
Signif. codes:  0 '***' 0.001 '**' 0.01 '*' 0.05 '.' 0.1 ' ' 1

Diagnostic Tests:
        Jarque Bera Test

data:  Residuals
X-squared = 823.53, df = 2, p-value < 2.2e-16


        Box-Ljung test

data:  Squared.Residuals
X-squared = 0.044635, df = 1, p-value = 0.8327
```

图 8-40 案例 8-12 模型拟合结果

步骤 1：时序图 8-33 呈现明显的上升趋势，可以判断美国市政绿色债券指数为非平稳序列，故对其进行一阶差分处理。

步骤 2：首先，由一阶差分序列的时序图（图 8-34）可以看出序列具有明显的波动集群效应，大部分时段一阶差分序列的波动较为平缓，然而在 2015 年末以及 2018 年附近表现出剧烈的波动。其次，一阶差分序列的自相关图（图 8-35）表现为较快的衰减到 0 值附近，可以判断该指数经过一阶差分处理后变为平稳序列。最后，一般可以观察序列的自相关图与偏自相关图大致识别 ARIMA 模型的滞后阶数，进一步比较不同滞后阶下的 ARIMA 模型拟合结果中的 AIC、BIC 等值，通过这些信息准则选取最优的滞后阶 p 和 q。此外，值得注意的是，对于白噪声序列而言，序列值之间不存在任何相关关系，这意味着白噪声序列的历史信息没有任何统计规律，对这样的序列进行统计分析没有意义。因此，在对一阶差分序列采用 ARIMA 模型拟合其水平相关信息之前，需要对该序列进行纯随机性检验，即白噪声检验。在 R 语言中，可以通过 Box.test 函数检验序列的纯随机性，具体指令为 Box.test(x,type=,lag=)，x 为待检测的序列；type 为检验统计量的类型，有两种选择，type="Box-Pierce"（采用 Q 统计量检验序列纯随机性，如不指定，该函数默认采用此统计量）和 type="Ljung-Box"（采用 LB 统计量检验序列纯随机性）；lag 为滞后阶数，考虑到平稳序列通常具有短期相关性，因此滞后阶不需选择过长。

为一次性得到滞后 6 阶和 12 阶的纯随机性检验结果,我们这里采用 for 函数(循环函数),结果表明 P 值显著小于显著性水平 0.05,因此拒绝原假设 H_0:该序列为白噪声。这意味着可以继续采用 ARIMA 模型拟合一阶差分序列,从而提取该序列的水平信息。这里通过观察一阶差分序列的自相关图(图 8-35)和偏自相关图(图 8-36),可以发现无论是自相关系数还是偏自相关系数都表现出拖尾的特征,且无法看图识别滞后阶。因此,我们调用 forecast 程序包,采用 auto.arima 函数自动定阶。

步骤 3:检验经过上述 ARIMA(4,1,4)模型拟合后的残差序列的纯随机性,结果表明回归残差序列的 P 值显著大于显著性水平 0.05,因此无法拒绝残差序列为白噪声的原假设,这意味着我们对一阶差分序列采用 ARIMA 模型拟合的结果较好,对于水平信息的提取比较充分。

步骤 4:考虑到一阶差分序列的水平信息已经提取,在提取序列的波动信息之前需要对其进行 ARCH 效应检验。我们采用 1983 年 Mcleod 和 Li 提出的 Portmanteau Q 统计方法检验序列的 ARCH 效应,其实质是对残差平方序列进行自相关检验。该检验的原假设为残差平方序列是白噪声,备择假设为残差平方序列存在自相关。因此,R 语言可以通过检验残差平方序列的纯随机性判断是否存在异方差。我们的检验结果表明:残差平方序列的 P 值显著小于显著性水平 0.05,因此拒绝原假设,这意味着该序列具有自相关性,等价于认为序列存在异方差,需进一步提取序列的波动特征。

步骤 5:采用使用最广泛的 GARCH(1,1)模型拟合序列中的波动信息,可以通过 tseries 程序包中的 garch 函数完成,其指令为 garch(x,order=),其中,x 为待拟合的序列;order 为拟合 GARCH(p,q)模型所选择的阶数 order=(p,q)。

综合上述水平模型和波动模型,可以得到对于美国市政绿色债券指数的一阶差分序列 (x_t)的拟合模型为

$$\begin{cases} x_t = 0.0191 - 0.2691\,x_{t-1} - 0.2092\,x_{t-2} + 0.0222\,x_{t-3} - 0.5472\,x_{t-4} + \varepsilon_t + \\ \qquad 0.8055\,\varepsilon_{t-1} + 0.616\,\varepsilon_{t-2} + 0.2343\,\varepsilon_{t-3} + 0.3994\,\varepsilon_{t-4} + \nu_t, \nu_t \sim N(0,0.06949) \\ \nu_t = \sqrt{h_t}\,e_t \\ h_t = 0.762653\,h_{t-1} + 0.1940303\,\nu_{t-1}^2 \end{cases}$$

习题

1. 2019 年 3 月至 2021 年 12 月我国原油产量($\times 10^4$ t)如下所示(行数据),绘制该序列时序图,并判断该系列是否平稳。

1654.2	1571.1	1623	1610	1628.7	1618.2
1564.3	1611.3	1570.4	1606.5	1656.3	1587.5
1645.6	1624.2	1646.3	1665.1	1609.6	1641.2
1596.5	1626.8	1709.4	1640.7	1702.8	1666.8
1687.2	1702.8	1661	1682.6	1631.1	1646.8

2. 绘制 2019 年 3 月至 2021 年 12 月我国发电量($\times 10^8$ kW·h)序列时序图,数据如下所示(行数据),并判断该系列是否平稳。

5697.9	5440.2	5589	5833.9	6573.1	6682.4
5908.4	5714.2	5889.8	6544.2	5525.1	5542.7
5932.4	6304.1	6801.2	7238.3	6315.2	6094.5
6418.7	7277.2	6579	6230.1	6478.4	6860.5
7586.2	7383.5	6751.2	6393.5	6540.4	7233.7

3. 绘制 2019 年 3 月至 2021 年 12 月的天然气产量($\times 10^8$ m^3)自相关图,数据如下所示(行数据)。

150.6	140.8	144.2	139.2	139	138.1
135.2	145.6	150.8	160.2	168.6	161.4
159.4	151.9	142.4	142.1	145.9	163.2
168.6	187.1	184.7	168.6	168.8	172.2
157.6	158.7	156.8	164.5	177.3	191.9

4. 我国 2019 年 3 月至 2021 年 12 月的原煤产量($\times 10^4$ t)数据如下所示(行数据),绘制该数据的自相关图。

29835.3	29429	31239.4	33335	32222.7	31602
32414.1	32486.8	33405.7	33174.2	33726	32212.1
31884	33427.6	31794.1	32580.9	33107.3	33662.8
34727.3	35189.3	34076.2	32221.7	32628.9	32318.6
31417.4	33524	33409.8	35708.9	37084.4	38466.8

5. 对我国 2019 年 3 月至 2021 年 12 月的原油产量数据进行平稳性的单位根检验,数据见习题 1。

6. 对 2019 年 3 月至 2021 年 12 月的我国发电量数据进行平稳性的单位根检验,数据见习题 2。

7. 从《中国统计年鉴》中取得中国 1978—2020 年的财政收入 y 和税收 x 的数据(亿元),判断二者的平稳性,并检验二者之间是否具有协整关系。

8. 从《中国统计年鉴》中取得中国 1978—2020 年的财政收入 y 和税收 x 的数据(亿元),探究二者之间的格兰杰因果关系。

9. 探究中国货物进出口额之间是否存在格兰杰因果关系,二者是否相互影响,选择 1978—2020 年中国货物进出口额序列,进口额为 x,出口额为 y,数据来源于《中国统计年鉴》。

10. 基于 ARIMA 模型研究 1949—2020 年每年铁路货运量($\times 10^4$ t),数据如下表所示。

年份	铁路货运量	年份	铁路货运量	年份	铁路货运量	年份	铁路货运量
1949	5589	1967	43089	1985	130709	2003	224248
1950	9983	1968	42095	1986	135635	2004	249017
1951	11083	1969	53120	1987	140653	2005	269296
1952	13217	1970	68132	1988	144948	2006	288224
1953	16131	1971	76471	1989	151489	2007	314237
1954	19288	1972	80873	1990	150681	2008	330354
1955	19736	1973	83111	1991	152893	2009	333348
1956	24605	1974	78772	1992	157627	2010	364271
1957	27421	1975	88955	1993	162794	2011	393263
1958	38109	1976	84066	1994	163216	2012	390438
1959	54410	1977	95309	1995	165982	2013	396697
1960	67219	1978	110119	1996	171024	2014	381334
1961	44988	1979	111893	1997	172149	2015	335801
1962	35261	1980	111279	1998	164309	2016	333186
1963	36418	1981	107673	1999	167554	2017	368865
1964	41786	1982	113495	2000	178581	2018	402631
1965	49100	1983	118784	2001	193189	2019	438904
1966	54951	1984	124074	2002	204956	2020	455236

11. 基于 ARIMA 模型研究 2019 年 3 月—2021 年 12 月我国原油产量,数据选用习题 1。

12. 分析拟合 2019 年 3 月—2021 年 12 月我国原油产量。数据选用习题 1。

13. 分析拟合 2019 年 3 月—2021 年 12 月我国发电量。数据选用习题 2。

14. 分析拟合 2019 年 3 月—2021 年 12 月我国天然气产量。数据选用习题 3。

15. 分析拟合 1949—2020 年我国铁路货运量,数据选用习题 10。

16. 分析拟合 2019 年 3 月—2021 年 12 月我国原煤产量,数据选用习题 4。

参考文献

高铁梅,2006.计量经济分析方法与建模:Eviews应用及实例[M].北京:清华大学出版社.

古扎拉蒂ＤＮ,2000.计量经济学[M].林少宫,译.第3版.北京:中国人民大学出版社.

吉扎拉蒂ＤＮ,2011.计量经济学基础[M].费剑平,译.第5版.北京:中国人民大学出版社.

李子奈,叶阿忠,2012.高级应用计量经济学[M].北京:清华大学出版社.

庞皓,2019.计量经济学[M].第4版.北京:科学出版社.

王少平,杨继生,欧阳志刚,2011.计量经济学[M].北京:高等教育出版社.

王燕,2005.应用时间序列分析[M].北京:中国人民大学出版社.

伍德里奇,2010.计量经济学导论[M].费剑平,译.第4版.北京:中国人民大学出版社.